21世纪高等院校
会展管理精品教材

会展文案

Exhibition

许传宏　编著

copywriting

清华大学出版社
北京

内 容 简 介

现代会展是包含会议、展览、节事、演出、赛事等在内的一个完整的体系。因而,本书在阐述会展文案的基本理论之后,重点围绕会展立项策划文案、会展主题文案写作、会展宣传文案、会议文案、展览文案、节事文案、演艺文案、赛事文案等进行写作指导。本书在编写体例上简明、新颖、实用,每一章都包括学习目标、基本概念、正文、本章前沿问题、练习与思考等内容安排,给读者带来学习上的方便与直观。本书可以作为会展及相关专业的教材使用,也可以作为会展从业人员的培训、进修及参考书使用。

本书封面贴有清华大学出版社防伪标签,无标签者不得销售。
版权所有,侵权必究。举报:010-62782989,beiqinquan@tup.tsinghua.edu.cn。

图书在版编目(CIP)数据

会展文案/许传宏编著. 一北京:清华大学出版社,2013(2023.9重印)
(21世纪高等院校会展管理精品教材)
ISBN 978-7-302-32763-9

Ⅰ. ①会… Ⅱ. ①许… Ⅲ. ①展览会—文书—写作—高等学校—教材 Ⅳ. ①H152.3

中国版本图书馆 CIP 数据核字(2013)第 131083 号

责任编辑:陆浥晨
封面设计:张　冉
责任校对:宋玉莲
责任印制:宋　林

出版发行:清华大学出版社
网　　址:http://www.tup.com.cn,http://www.wqbook.com
地　　址:北京清华大学学研大厦 A 座　　邮　编:100084
社 总 机:010-83470000　　邮　购:010-62786544
投稿与读者服务:010-62776969,c-service@tup.tsinghua.edu.cn
质 量 反 馈:010-62772015,zhiliang@tup.tsinghua.edu.cn

印 装 者:三河市君旺印务有限公司
经　　销:全国新华书店
开　　本:185mm×230mm　　印　张:16.75　　字　数:350 千字
版　　次:2013 年 7 月第 1 版　　印　次:2023 年 9 月第 11 次印刷
定　　价:45.00 元

产品编号:045350-02

编 委 会

总主编：冯学钢
副主编：张凌云　邹统钎　高　峻　徐红罡
编　委：（按姓氏笔画为序）

王春雷　王江英　由亚男　冯娴慧
许传宏　刘德艳　刘明广　江金波
何会文　吴　泓　李　玺　李智玲
汤亚东　庞　华　罗秋菊　张跃西
胡　平　黄　彬　蓝　星　焦　黎
辜应康　戴光全

总 序

2011年年底,商务部出台了《关于"十二五"期间促进会展业发展的指导意见》,明确了"十二五"期间,促进会展业发展的指导思想、基本原则、主要任务和保障措施,是我国会展业发展的第一个中长期指导性文件。文件提出的"整合资源、错位发展、提高质量、调控总量"的发展宗旨,有利于我国会展业健康发展。我想把这十六个字放在会展教育领域也是非常适合的。

整合资源。进入21世纪以来,我国会展经济硕果累累,会展教育也得到了迅速发展,会展教育资源能否得到充分利用,是一个绕不开的话题,不过如何整合资源是一个重大课题,是用市场手段,行政手段,还是两种手段皆有之?整合资源必然会损害某些业者的利益,如何处理这些关系,或采取某些兼并措施,都是值得研究的课题。

错位发展。会展教育有高等学校,有中等学校,有本科,有专科,还有研究生,学校如何错位?是项目的错位?城市之间的错位?错位需要规划。如果我国能在整合资源及错位发展上下真功夫,或者会牺牲部分人的利益。资源整合与错位发展,说说容易,做起来还要下工夫。

提高质量。如果前八字是手段,真正的目的就是这四个字,像贫富悬殊一样,好的特别好,差的不堪入目,大部分处于中间浮移状态。特别差的当然要砍掉,所以提高质量主要是指处于中间状态的会展教育机构,这部分量大而难搞。如何提高,如何转型,如何整合,如何扶持,等等,都是重要课题。

调控总量。就会展专业本科而言,全国已经有40多所学校开设,部分城市的学校也比较集中。不过毕业生签约率不高的信号已经传出,因此总量是否应该适当控制呢?这是一个值得研究的话题。

改革开放30多年来,我国会展的发展速度是惊人的,成绩是主旋律,会展业对国民经济的贡献也是很大的。我们在欢欣鼓舞的同时,也必须保持冷静的态度,尤其是会展工作管理者、研究者更应以实事求是的精神去认识、总结经验,吸取教训,那么我们对我国会展业更健康成长必然有期望,尽早实现在世界会展舞台高端运行也会更加有期望。

中国会展经济研究会会展教育与培训专业委员会和清华大学出版社联合全国多家知名高校编辑一套全新的会展教材,我们认为是有必要的,一是因为"后奥运"和"后世博"时代我国会展经济出现了一些新的特点,需要及时认识,及时总结;二是会展教育和会展产业的同步性与适应性进一步协调,这些都对会展教材提出了新的要求。因此,尽管会展教材从数量上来看并不少了,但是新形势背景下的教材还是需要的,这也体现了我国的会展教育正在与时俱进,整合推进的发展。

参加本套教材编写的作者源于华东师范大学、上海师范大学、东华大学、上海对外贸易学院、浙江大学、中山大学、华南理工大学、北京联合大学、南开大学、上海工程技术大学、上海第二工业大学、新疆师范大学、新疆财经大学、澳门城市大学。

编写教材是一件吃力不讨好的工作,需要作者们的辛勤工作,因此向本套教材的作者表示敬意,同时也希望他们的劳动获得社会的认可,希望这一套教材能够为我国会展教育贡献力量。

中国会展经济研究会会展教育与培训专业委员会
21世纪高等院校会展管理精品教材编委会
2013年春

序

党的十八大胜利召开,我国各项事业都面临着新的发展形势,会展业也继续保持了蓬勃发展的良好势头。我国"十二五"规划已经提出了"促进会展业健康发展"的目标。规划实施两年来,会展业出现许多新的东西,诸如:新的会展业态、新的活动形式、新的理论观点、新的实践探索。其中"大会展"的概念就逐步明晰,"大会展"的内容也更加丰富。目前,"大会展"的范围涵盖了展览、会议、节庆、赛事、演艺及奖励旅游等多个方面,成为会展城市广泛关注的领域。此外,会展产业与文化创意产业的联系与结合也日益紧密;商务部作为全国会展业的政府主管部门,又先后出台了《指导意见》《资金扶持》等文件,并在上海、天津建设国家级会展项目。这些都是中国会展业发展的新背景、新情况,新特点。为此,我国的会展教育工作者必须关注这些变化和动向;相应的,会展教材也需要与时俱进,及时更新。

知悉中国会展经济研究会会展教育与培训专业委员会和清华大学出版社联合全国多家知名高校编辑了这套全新的会展教材,并着力体现上述情况和精神,我感到非常欣慰,并愿为这套教材做序。在与编委会及部分作者交流探讨以及对书稿研读之后,我感受到本套教材确有一些值得推荐的亮点。

一、选题精准。本套教材主要围绕"大会展"的概念进行编写,提出了会展业在开展"大会展"活动中面临的一些焦点、热点和难点问题,并相应进行了理论思考,因此具有选题精准、视野宽广、观点较新的显著特点。

二、作者较强。本套教材的作者群既有来自高校的教师,又有来自行业的经营者;既有重点大学的本科专业教师,也有专科层次的老师;还有境外的专业师资参与;故阵容比较强大。

三、体系完整。本套会展教材围绕导论、新业态和管理职能等方面,进行多角度、多模块的组合,努力做到理论与实务相结合,体现了"出精品,成系列,建体系"的指导思想。

四、配置灵活。本套新编教材吸取了以往各种会展教材的长处和经验,既考虑到使用本教材不同院校的共同需求,又力求使每本教材各具特色,便于不同院校有所取舍。所以,它的配置是很灵活的。

应该说,编写一套教材就是一项系统工程,需要作者们和出版社的辛勤工作与大量付出;也需要会展业界的广泛支持和集思广益。希望这套教材能够满足会展教育在会展新形势下的新需求,并为我国的会展教学、理论研究和教材编写起到承上启下、开拓创新的作用,为推动我国会展教育事业的发展贡献力量。

中国会展经济研究会

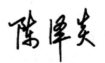

2013 年春

前　言

会展文案的写作是以语言文字为工具，在逻辑完整、资料妥当的基础上，遵循一定的写作规范和文章体式，以记录和传递实用性会展信息为目的，以揭示会展活动的规律为宗旨，全面推进会展策划、组织、运营和管理等各项工作的完成而进行的一种实践活动。本书包含了会展组织工作者日常工作中常用的文案类型，并重点就会展立项策划文案、会展主题文案写作、会展宣传文案、会议文案、展览文案、节事文案、演艺文案、赛事文案等进行系统的写作指导。通过丰富的范例，详细介绍了会展文案的特点、作用、格式、写作要求。

本书编写注重吸收国内外会展文案相关理论研究的新成果，突出教材的创新性特点，编写逻辑体系独特，特色鲜明：

一是突出学习目标，提出所要解决的问题；

二是理论与概念阐述精要，便于掌握记忆；

三是通过案例解析，文案示范，重点突出；

四是语言简洁明快，内容实用，具有很强的针对性和指导性；

五是练习作业充分考虑会展文案写作的特点，形式多样，效果突出。

全书为文案写作人员提供了宝贵的系统指导和参考资料，观点鲜明、内容翔实、案例典型、宜教宜学。

本书在编写过程中，得到了清华大学出版社刘志彬主任、陆浥晨编辑等的大力支持；同时，作为会展学科专业质量内涵建设成果之一，也得到了上海市教委内涵建设项目"艺术与科技特色专业建设与卓越人才培养"（项目编号：B-8932-12-0109）以及上海工程技术大学教学建设项目（项目编号：A-2600-12-01080）的支持，在这里，一并表示深深地感谢！

许传宏

2013年5月于上海

目 录

第一章　会展文案概述 ... 1

学习目标 ... 1
基本概念 ... 1
第一节　会展文案的含义与种类 ... 1
　一、关于文案 ... 1
　二、会展文案的含义 ... 2
　三、会展文案的种类 ... 2
第二节　会展文案的特点和作用 ... 5
　一、会展文案的特点 ... 5
　二、会展文案的作用 ... 6
第三节　会展文案写作的基本要求 ... 7
　一、主题要鲜明集中 ... 7
　二、材料要典型可靠 ... 7
　三、结构要完整规范 ... 8
　四、语言要精练准确 ... 9
第四节　会展文案范例 ... 9
　一、中国正式确认参加 2015 年意大利米兰世博会 ... 9
　二、上海世博会中国馆展示概念策划方案（节选） ... 10
　三、中非合作论坛第五届部长级会议北京宣言 ... 12
本章前沿问题 ... 15
练习与思考 ... 15

第二章　会展项目立项策划文案 ... 17

学习目标 ... 17
基本概念 ... 17

第一节　会展项目立项策划文案的概念和特点 …… 17
　　一、关于会展项目立项策划 …… 17
　　二、会展项目立项策划文案的概念 …… 18
　　三、会展项目立项策划文案的特点 …… 18
第二节　会展项目立项策划文案的主要内容 …… 19
　　一、会展项目申办报告 …… 20
　　二、会展项目市场调查文案 …… 24
　　三、会展项目可行性论证报告 …… 26
第三节　会展项目策划书 …… 30
　　一、会展项目策划书的概念 …… 30
　　二、会展项目策划书的内容 …… 30
第四节　会展立项策划文案范例 …… 33
　　一、北京奥运会《申办报告》简报 …… 33
　　二、国际会展中心建设项目投资可行性研究报告纲目 …… 35
　　三、2011年上海旅游节"都市精品"系列方案 …… 39
本章前沿问题 …… 44
练习与思考 …… 44

第三章　会展主题文案写作 …… 47

学习目标 …… 47
基本概念 …… 47
第一节　会展主题的概念与类型 …… 47
　　一、会展主题的概念 …… 47
　　二、会展主题的类型 …… 48
第二节　会展主题的选择与确定 …… 51
　　一、影响会展主题选择与确定的因素 …… 51
　　二、会展主题选择与确定的原则 …… 54
第三节　会展主题文案的写作要点 …… 56
　　一、结合时势变化 …… 56
　　二、突出竞争优势 …… 57
　　三、体现专业性质 …… 57
　　四、拓展发展空间 …… 59
第四节　会展主题文案范例 …… 59
　　一、2010年上海世博会的主题 …… 59

        二、博鳌亚洲论坛的主题 ………………………………………… 61
        三、上海双年展的主题 …………………………………………… 62
    本章前沿问题 ………………………………………………………… 63
    练习与思考 …………………………………………………………… 63

第四章　会展宣传文案　　　　　　　　　　　　　　　　　　　65

    学习目标 ……………………………………………………………… 65
    基本概念 ……………………………………………………………… 65
    第一节　会展宣传的概念与类型 …………………………………… 65
        一、会展宣传的概念 ……………………………………………… 65
        二、会展宣传的类型 ……………………………………………… 66
    第二节　会展宣传的内容与原则 …………………………………… 67
        一、会展宣传的内容 ……………………………………………… 67
        二、会展宣传的原则 ……………………………………………… 68
    第三节　会展宣传文案的写作 ……………………………………… 68
        一、会展广告的写作 ……………………………………………… 68
        二、会展新闻宣传文案 …………………………………………… 72
        三、公关活动文案 ………………………………………………… 74
    第四节　会展宣传文案范例 ………………………………………… 77
        一、蓉城创意服饰节宣传与活动设计 …………………………… 77
        二、北京国际科技产业博览会的宣传推广 ……………………… 80
        三、中国国际创意设计大赛征稿公告 …………………………… 84
    本章前沿问题 ………………………………………………………… 90
    练习与思考 …………………………………………………………… 91

第五章　会议文案　　　　　　　　　　　　　　　　　　　　　93

    学习目标 ……………………………………………………………… 93
    基本概念 ……………………………………………………………… 93
    第一节　会议文案写作概述 ………………………………………… 93
        一、会议的概念 …………………………………………………… 93
        二、会议文案的种类 ……………………………………………… 94
        三、会议文案的写作要求 ………………………………………… 95
    第二节　会议准备文案 ……………………………………………… 96
        一、会议策划方案 ………………………………………………… 96

二、会议通知写作 ·· 102
　　三、会议手册编制文案 ··· 107
第三节　会议接待方案 ··· 109
　　一、会议接待方案的含义 ··· 109
　　二、会议接待方案的基本内容 ·· 109
　　三、会议接待方案的编写 ··· 110
第四节　会议文案范例 ··· 110
　　一、第十八届中国兰州投资贸易洽谈会总体方案 ·································· 110
　　二、第28届国际天文学联合会大会志愿者招募文案 ····························· 116
　　三、中国(深圳)国际创新大会方案 ··· 119
本章前沿问题 ·· 122
练习与思考 ·· 122

第六章　展览文案 124

学习目标 ··· 124
基本概念 ··· 124
第一节　展览计划的写作 ··· 124
　　一、展览计划的概念 ·· 124
　　二、展览计划的类型 ·· 124
　　三、展览计划的写作 ·· 125
第二节　展览会刊制作文案 ··· 129
　　一、展览会刊的概念 ·· 129
　　二、展览会刊的主要内容 ··· 129
　　三、展览会刊的编写要求 ··· 132
第三节　招展招商文案写作 ··· 132
　　一、招展文案 ··· 132
　　二、招商文案 ··· 135
第四节　展览合同编制文案 ··· 137
　　一、展览合同的概念 ·· 137
　　二、展览合同的主要内容 ··· 138
　　三、展览合同的编制要求 ··· 141
第五节　展览文案范例 ··· 143
　　一、第111届中国进出口商品交易会出口展参展手册 ··························· 143
　　二、中国(北京)国际服务贸易交易会展商须知 ····································· 146

三、展览设计搭建服务合同书 ………………………………………… 148
　本章前沿问题 …………………………………………………………………… 150
　练习与思考 ……………………………………………………………………… 150

第七章　节事文案 ……………………………………………………………… 153

　学习目标 ………………………………………………………………………… 153
　基本概念 ………………………………………………………………………… 153
　第一节　节事文案写作概述 …………………………………………………… 153
　　一、节事与节事文案 ………………………………………………………… 153
　　二、节事文案的类型 ………………………………………………………… 154
　　三、节事文案的写作要求 …………………………………………………… 155
　第二节　商贸节事活动组织文案 ……………………………………………… 156
　　一、商贸节事活动概述 ……………………………………………………… 156
　　二、商贸节事活动策划文案 ………………………………………………… 156
　　三、商贸节事活动现场管理文案 …………………………………………… 158
　第三节　婚庆活动策划文案 …………………………………………………… 161
　　一、婚庆活动策划的概念 …………………………………………………… 161
　　二、婚庆活动策划的流程 …………………………………………………… 162
　　三、婚庆活动策划书 ………………………………………………………… 164
　第四节　节事文案范例 ………………………………………………………… 169
　　一、中国豆腐文化节简介 …………………………………………………… 169
　　二、第22届青岛国际啤酒节参节指南 ……………………………………… 173
　　三、经典主题婚庆策划方案 ………………………………………………… 177
　本章前沿问题 …………………………………………………………………… 178
　练习与思考 ……………………………………………………………………… 179

第八章　演艺文案 ……………………………………………………………… 181

　学习目标 ………………………………………………………………………… 181
　基本概念 ………………………………………………………………………… 181
　第一节　演艺文案写作概述 …………………………………………………… 181
　　一、演艺文案的概念 ………………………………………………………… 181
　　二、演艺活动的特点 ………………………………………………………… 182
　　三、演艺文案的写作要求 …………………………………………………… 182

第二节　演艺活动策划案的内容 …… 183
一、演艺活动策划的概念 …… 183
二、演艺活动策划的基本流程 …… 183
三、演艺活动策划案的主要内容 …… 185

第三节　演艺活动策划手册的编写 …… 185
一、演艺活动策划手册的概念 …… 185
二、演艺活动策划手册的主要内容 …… 186
三、演艺活动工作单样本——联系名单 …… 190

第四节　演艺文案范例 …… 193
一、《印象·刘三姐》演艺文化的成功范本 …… 193
二、世界工程师大会"工程师之夜"演艺方案 …… 196
三、民族运动会开幕式文艺表演总策划的六大亮点 …… 198

本章前沿问题 …… 200
练习与思考 …… 200

第九章　赛事文案　202

学习目标 …… 202
基本概念 …… 202

第一节　赛事文案写作概述 …… 202
一、赛事文案的概念 …… 202
二、赛事活动的策划与组织 …… 203
三、赛事文案的写作要求 …… 203

第二节　赛事活动策划文案 …… 204
一、赛事活动策划文案的特性 …… 204
二、赛事活动策划文案的构成 …… 205
三、赛事活动策划文案的主要内容 …… 205

第三节　赛事报道文案写作 …… 210
一、赛事报道文案的概念 …… 210
二、赛事报道文案的特征 …… 210
三、赛事报道文案的写作要点 …… 211

第四节　赛事文案范例 …… 212
一、2013世界超级模特大赛中国冠军赛 …… 212
二、"李宁杯"全国极限精英邀请赛策划书 …… 217
三、中央电视台2012年伦敦奥运会报道方案 …… 219

本章前沿问题 ……………………………………………………………… 223
　　练习与思考 ………………………………………………………………… 223

第十章　会展评估与总结文案　　224

　学习目标 …………………………………………………………………… 224
　基本概念 …………………………………………………………………… 224
　第一节　会展评估文案 …………………………………………………… 224
　　一、会展评估的概念 …………………………………………………… 224
　　二、会展评估的工作程序 ……………………………………………… 225
　　三、会展评估报告的撰写 ……………………………………………… 226
　第二节　会展总结文案 …………………………………………………… 228
　　一、会展总结的含义及作用 …………………………………………… 228
　　二、会展总结与展后评估报告 ………………………………………… 228
　　三、会展总结报告的主要内容 ………………………………………… 228
　第三节　会展评估与总结文案范例 ……………………………………… 229
　　一、第二届中国—东盟博览会评估报告（总体评价部分） ………… 229
　　二、第18届中国义乌（国际）小商品博览会参展商数据分析 ……… 237
　　三、2012汉诺威工业博览会展后报告 ……………………………… 240
　本章前沿问题 ……………………………………………………………… 242
　练习与思考 ………………………………………………………………… 242

第十一章　会展文案人员的专业素质与培养　　244

　学习目标 …………………………………………………………………… 244
　基本概念 …………………………………………………………………… 244
　第一节　会展文案人员的素质要求 ……………………………………… 244
　　一、文化素质 …………………………………………………………… 244
　　二、能力素质 …………………………………………………………… 245
　　三、经验素质 …………………………………………………………… 245
　第二节　会展文案人员专业素质的培养 ………………………………… 246
　　一、学校教育 …………………………………………………………… 246
　　二、公司实践 …………………………………………………………… 246
　　三、其他途径 …………………………………………………………… 247
　第三节　与会展文案写作人员共勉 ……………………………………… 247
　　一、会展对你来说很重要 ……………………………………………… 247

二、要有惊人的统筹力 …………………………………… 248
三、充满挑战与机会 ……………………………………… 248
本章前沿问题 ………………………………………………… 249
练习与思考 …………………………………………………… 249

参考文献 ……………………………………………………… **251**

第一章

会展文案概述

学习目标

1. 掌握会展文案的概念、种类。
2. 了解会展文案的特点、作用与基本要求。

基本概念

会展文案　会展文案分类、主要特点、作用　会展文案的主题、材料、结构、语言

第一节　会展文案的含义与种类

一、关于文案

什么是文案？不同的人会有不同的答案。如果你还是一名大学生，你可能会说：噢，应该是专业课程，属于应用写作，是需要写出来的东西；如果你已经是一名公司职员，你可能会说：很重要，文案是一种职业角色，是文案人员的工作内容。

当然，美工人员会认为，文案是那些支撑自己所提供的艺术作品、设计或图片的文字；批评家则会说，文案是我们每天都能听到、看到的那些东西，它有时很讨厌，有时又能给你带来信息，但时常给人带来强迫的感觉，只希望这种东西不要那么多。

上海辞书出版社出版的《辞海》关于"文案"的解释有两种。

（1）指公文案卷。《南史·宋彭城王义康传》："义康性好吏职，锐意文案。纠剔是非，靡不精尽。"《京本通俗小说·碾玉观音》："临安府把文案呈上郡王。"

（2）指旧时衙署中草拟文牍、掌管档案的幕僚。在内签押房办公的，与长官关系密切，得预闻机要，称为"内文案"。

显然，《辞海》中关于"文案"的两种含义"公文案卷"与"草拟文牍、掌管档案的"职位至今沿用，不过，其基本的意义已有了新的发展。而且，现代文案的基本含义以与公务活动有关的文书和由文书整理归档的案卷为主。

二、会展文案的含义

在现实生活中,名目繁多的博览会、展览展销活动、大型会议、体育竞技运动、文化活动、节庆活动等司空见惯,这种在一定地域空间,由许多人聚集在一起形成的、定期或不定期、制度或非制度的传递和交流信息的群众性社会活动就是现代会展。

会展文案是因会展活动的需要而产生的,它在会展管理和举办过程中使用,以语言文字为主要工具,记载会展信息。它表现为围绕会展活动的各种应用性文书材料及其整理归档后的案卷。

因此,会展文案既可以指会展活动当前正在运转、发挥现实效用的会展文件或会展文书,又可以指经过系统化整理立卷并归档、正在或即将发挥历史效用的会展档案。

从信息学的角度来看,会展活动的过程是一种信息集散和信息互动的过程。在会展活动中,各类信息高度密集、高度共享,其来源主要有会展管理过程中产生的信息和会展活动本身产生的信息等。会展信息的载体也是多种多样的,我们把用纸质或电子载体记录的文字或图表类会展信息叫作会展文案。

三、会展文案的种类

根据划分标准的不同,会展文案有多种分类方法。

(一)按会展文案的功能分

1. 管理规范类文案

会展在我国还是新兴的行业,会展活动亟待管理和规范。不论从政府管理部门还是从行业协会、会展企业单位内部来说,有关会展管理的法规、通知、通报、报告等文案都是必不可少的。

具体到会议或展会组织的章程、会议议事规则、参展须知、会议议程、选举办法、表决程序等,都需要通过文案的形式发布或传播。

2. 策划申办类文案

策划申办是从会展活动具体的执行层面来说的,即展会的主办方或承办方在会展活动策划和申办阶段所必需的文案。如,会展项目可行性论证报告、会展活动总体方案、申请报告、会展接待方案、招展方案、开幕式方案等。

3. 商务契约类文案

在会展活动中,反映会展主办者、承办者、参展商、与会者等相互之间经济联系,契约承诺的文案属于商务契约类文案。如,招商招展公告、招展邀请函、参展手册、招标书、投标书、会展承办合同、参展合同等。

4．信息宣传类文案

会展活动经常需要发布各类信息、宣传会展形象，由此而制作和使用的文案就属于信息宣传类文案。如，会展广告、会展新闻发布稿、会展简报、会展调查报告、会展总结、展览评估报告等。

5．礼仪事务类文案

为了做好会展的礼仪工作和会展事务工作等，需要使用会展礼仪事务类文案。比如，会展活动邀请函、请柬、会展活动通知、会展活动致辞、签到簿、报道注册表、作息时间表等。

6．会展成果类文案

会展活动往往可以达成许多一致的意见或认同，这就形成了用于记载会展活动成果类的文案。如，会议的各种报告、议案、提案、决议、决定、纪要、公告、合同、协议、意向书、条约、协定、谅解备忘录、声明、宣言、计划、纲领等。

（二）按会展文案形成的时间阶段分

1．会展准备过程文案

古人云："凡事预则立，不预则废。"会展活动要想取得成功，充分的准备是必不可少的。常见的会展市场调查报告、会展申办报告、会展项目立项可行性研究报告以及会展策划、会展活动申办书等都是在会展准备过程中就必须完成的文案。

2．会展进行中的文案

在会展活动的举办过程中，会有许多文案产生与运行。以会议为例，文案主要有会议简报、纪要、会议报道、会议议案、提案、决议、公告、公报、联合声明、宣言、倡议书、协议、意向书、谅解备忘录等。

3．会展活动后的文案

会展活动结束以后，文案工作并没有结束。对会展活动的宣传、报道以及跟踪调查、总结、评估都非常重要。当然，对本次展会活动有价值的文案进行整理、归档也是这一时期所必须做的工作。

（三）按会展文案的行文关系分

在一般公文写作中，根据公文所发给的单位不同可分为上行文、下行文和平行文等。

1．上行文

一般的上行文是指下级机关或业务部门向所属上级领导机关或业务主管部门的一种行文。上行文在会展活动中也经常使用。例如，在会展申办阶段的相关请示、报告、项目建议书、可行性论证方案等。

2. 下行文

下行文是指上级机关或主管部门对下级机关或业务部门的一种行文。在会展活动中,常见的下行文有通知、通报、批复等。

3. 平行文

平行文是指平级之间的行文。在会展活动中,常见的平行文有通知、函、会议纪要、邀请书等。

此外,还有某些特定机关或单位根据工作需要,在自己的职权内同时向社会各方面告知或要求遵照执行、办理的行文也称辐射行文。常见的辐射行文有公告、通告、公报等。

(四)按会展文案的保密要求分

1. 保密性会展文案

一般来说,在内容上涉及国家秘密或商业秘密、暂时不宜公开的文案就属于保密性会展文案。

(1) 国家秘密文件

凡涉及重大国家安全、经济以及政治利益的消息都属于国家秘密文件。在等级上,《中华人民共和国保守国家秘密法》又将其分为绝密、机密和秘密三种。

绝密级国家秘密是最重要的国家秘密,泄露会使国家安全和利益遭受特别严重的损害;机密级国家秘密是重要的国家秘密,泄露会使国家安全和利益遭受严重的损害;秘密级国家秘密是一般的国家秘密,泄露会使国家安全和利益遭受损害。在会展活动中,凡涉及国家秘密的文件,在阅读或使用过程中,必须严格遵守相关规定。

(2) 商业秘密文件

商业秘密文件是在商务性的会议或展览等活动中形成的涉及商业秘密的文件。凡是涉及商业秘密的会展文件在流转过程中,相关人员要约定承担保密义务。所有的商业秘密文件要放置在安全场所。如果使用电子邮件和语音信箱,则密码要进行防护,发出信息时要多加小心,以确保安全。

2. 内部性会展文案

内部性会展文案是指内容涉及会展主办方、承办方以及参加方等内部事项的文案。这类文案只适合在内部商议、传达,不宜公开。如,尚处于讨论阶段未完稿的会展策划方案、会展计划等。

3. 公开性会展文案

公开性会展文案是指内容不涉及国家机密或会展主办方、承办方以及参加方等内部事项的文案。如,需要周知的会展法规、通知、决定、意见等。公开性会展文案往往需要广为宣传。

第二节　会展文案的特点和作用

一、会展文案的特点

（一）行文简洁准确

古人所谓"为情而造文""为事而造文"是说写作具有目的性。会展文案也不例外。会展文案是"为事而造文"，"事"就是会展活动。会展文案在写作上具有很强的实用性。不论是上行的请示、申请、报告，还是平行的通知、通告、函，都务求简洁、准确、实用。

（二）结构体式规范

会展文案的结构、体式要符合法定规范和标准。2000年，国务院发布了《国家行政机关公文处理办法》；1999年，国家质量技术监督局发布了《国家行政机关公文格式》等，都对公文等的结构、体式作了相关规定。这些也是会展文案在写作中所要遵守的。

此外，会展文案写作的结构、体式还要符合社会约定的规范。随着市场全球化和经济一体化进程的加快，办公自动化和管理信息化越来越重要，不同地域之间、不同国家之间、不同民族之间的经济和文化往来日趋频繁，文化差异正在逐渐融合、消除。只有彻底实现会展文案结构、体式的规范化和标准化，才能有利于推广、传播会展活动信息，也才能更加便捷地实现会展文案的拟写、传输、处理、归档的自动化和网络化。

（三）传播对象特定

从传播学的角度来说，信息传播都有一定的受众群体。会展文案在传播对象上是特定的，主要表现：一是会展文案通过主送机关、抄送机关、称呼等格式项目来明确表达具体的对象；二是无特定的主送、抄送机关或称呼，但采取定向发送方式，如参展手册、会展调查报告、会展评估报告等；三是公开发布，如商业性的会展文案为扩大影响力，可以通过报刊、网络等媒体增大传播途径和公众认知度，但其传播对象总是特定行业的或者特定专业内的目标客户和潜在的合作伙伴。

（四）制发讲求实效

作为新兴行业的会展业，快速、革新是它的时代特点。会展活动本身的实效性在客观上要求会展文案在制发上必须讲求实效。这表现在，一般会展活动的主题创意、申请报批、筹划运作、如期举办等诸多环节必须环环相扣；在重大的会展活动中，如宣传报道中的新闻稿、现场采访报道等文案都必须及时、迅速、讲实效，否则，都将给展会的整体形象与工作带来不利的影响。

二、会展文案的作用

（一）决策依据作用

会展文案种类繁多,对于会展的主办方或者承办方来说,会展策划案的撰写是会展筹划阶段一项非常重要的工作,它体现了主办方或者承办方对会展活动的整体安排和构想。会展策划案是会展文案的一部分,它应该是建立在科学预测、理智分析和大胆创意基础上的,并且经过严谨咨询、论证程序,是会展文案人员智慧的结晶。作为一种备选方案,会展策划文案对于会展活动的决策机构来说具有建议和提供决策依据的作用。

（二）指导执行作用

在会展文案中,比如,公告、通告、通知、会展策划案等,一旦经决策机构确认后,就转化为实施方案,对会展活动的各项筹备工作具有指导作用。各筹备工作部门在工作中应当贯彻、体现该文案的意图。以策划文案为例,一份全面的会展策划案从拟定策略,到方案的实施,再到指导会展活动后的追踪与评价都有详细的方案。也有人说,会展策划案就是会展实施战略的总指导书。

（三）保障服务作用

会展保障与服务是指在会展举办过程中,由主办方或承办方以及其他服务商向与会者、参会者、客商、观众以及记者所提供的各项服务;服务的内容包括策划、信息、接待、翻译、记录、广告、观光、考察、礼仪、布展、撤展、物流、通关等诸多方面。会展文案则提供各种会展保障服务的文本规划,以使参加对象了解有关会展活动的目标、主题、背景、方式、服务项目等重要信息,便于其决定是否参会、参展,或者选择自己需要的服务项目。

（四）促进交流作用

会展是一种信息密集的交流活动,会展文案则是促进会展参加对象信息交流与沟通的媒介。会议议案、会展简报、大会报告、展品介绍等会展文案能使信息以最快的速度在参加对象之间相互交流,从而发挥沟通思想、交换意见、弥合分歧、促进知识、协调关系、宣传品牌、达成交易等作用。

（五）参考借鉴作用

在会展活动中形成的各种文案,反映了会展的举办、组织与管理过程,以及相关各方参与会展活动的情况。一项会展活动完成后,从广义的方面来说,会展活动所留下的文字、音像、数据等材料,都可以称做是文案。在这些文案中,具有保存价值的部分经过立卷、归档,便转化为档案,成为会展活动的历史见证,可以供参考、研究和利用,为其后实施会展管理、举办会展活动提供借鉴。

第三节 会展文案写作的基本要求

会展文案写作有很强的目的性,一方面,作为会展活动的举办者,为了举办会展活动而必须准备相关文件与材料;另一方面,为了传递与会展活动相关的某些信息,说明与会展活动相关的某些问题,表达与会展活动相关的某些意图也必须写作出相关文案。为了实现会展文案写作的目的,在会展文案的主题、材料、结构以及语言方面都必须符合最基本的写作规范与要求。

一、主题要鲜明集中

"意犹帅也",主题是展会活动的灵魂,也是保持展会活动魅力的源泉。如何选择独特、恰当、富有魅力的主题创意视角,可以说是一门艺术。会展文案的主题一定要鲜明集中。

(一)文案观点必须旗帜鲜明

会展文案中所表达的立场、观点、态度、原则,必须旗帜鲜明;文案中所涉及的是非、可否、褒贬、奖惩,应当泾渭分明,不可似是而非、含糊笼统、模棱两可。这就要求会展文案中提出的任务、要求、措施、办法应当清楚、明白,有鲜明的针对性。

(二)会展主题精神统一集中

根据会展文案种类的不同,每一种会展文案都有相应的主题要求,会展文案的主题精神要明确、统一、集中。如果关注面过于广泛、涉及层次过于繁复,势必造成会展文案的主题分散,同时,也会给将来的归卷、存档造成麻烦。

二、材料要典型可靠

文案写作离不开材料。凡是在文案中用来说明相关主题的事实、数据、公理、原理、引文、资料等,都可称为材料。会展文案写作在材料方面的具体要求有以下几点。

(一)会展文案材料要典型

会展文案是通过个别材料来反映会展活动的一般规律的。为了使会展文案的主题能够得到最大限度的体现,就需要运用既有广泛代表性,又能够深刻反映事物本质规律的材料。

因此，在写作会展文案时，一定要选取典型的材料。例如，在会展市场调查文案的写作中，写作者就必须要提供一手的调查资料，选取与本会展项目最相关联、最具典型意义的论证材料，这样写出的报告才有价值。

（二）会展文案材料要真实可靠

会展文案是为了帮助会展主体（包括主办者、与会者、参展者、客商、观众）正确把握会展活动的规律，有利于会展主体之间的交流和沟通，因此材料必须真实、可靠。具体应当做到以下几点。

1. 坚持调查研究

为了提高会展文案材料的准确性和可靠性，加强材料的核实和检验是必须的。在文案写作过程中，要重点收集第一手材料；对二手材料要认真分析、研究，在确认其可靠性后方可写入会展文案。不仅如此，还要严格把好会展文案的起草、修改、审核和校对关，避免因手工书写、电脑输入和印刷排版错误造成文案材料的误差。

2. 真实反映现实社会和工作的实际情况

会展文案的写作，无论是汇报情况、报告工作、总结经验，还是分析形势、布置任务，都要坚持实事求是的科学态度，做到一是一、二是二，客观、真实、全面、系统。坚决反对在会展文案中弄虚作假、隐瞒事实、欺骗或者愚弄参加对象。

比如，记录性和成果性会展文案具有极其重要的凭证和依据作用，写作时一定要忠实于会展活动的实际情况，既要反映正面结果，也要记录负面结果；既要体现大多数参加对象的意志，也不能遗漏少数人的不同意见。

3. 会展文案中重要的引文应标明出处

从尊重知识产权的角度来说，在会展文案的写作中，如需要引用其他文案，一般应当先引标题，后引发相关内容；引用法律、法规和规章，还应当标明所援引的条款；引用相关数据，须注明依据和由来；引用其他人的观点和材料，则必须要注明出处。

三、结构要完整规范

（一）结构要完整

会展文案的结构一般由标题、主送机关、开头、主体、结尾、成文时间等要素构成，每个部分之间相互联系，共同组成会展文案的整体。

所谓结构完整，首先，要求会展文案的各个部分相对齐备；其次，各个部分应详略得当、首尾呼应，使会展文案的结构表现出整体性。

完整的会展文案正文，其各部分要做到一脉相通、逻辑缜密。在会展文案中，对相关政策的理解、对会展主题的阐释、对会展任务的描述必须具有统一、固定的标准和方式。

(二) 结构要规范

会展文案的结构规范具体表现在以下几个方面。

首先,会展文案结构的每一部分具有特定的功能。比如,标题应当揭示会展文案的主题或事由;正文一般包括开头、主体、结尾三部分,开头要阐明制发会展文案的目的、依据和原因,主体应当详细说明情况、经过、任务、要求、办法、意见等,结尾或发出号召,或提出希望,或请求批复,或予以强调。

其次,会展文案结构的每一个部分都有相对固定的位置,不可随意变动。比如,标题应当置于文案的首部并居中;主送机关或称呼应当在正文的上方顶格书写等。

四、语言要精练准确

会展文案传播面广、受众量大,语言要求清晰、明白、精练、准确。

(一) 语言精练

会展文案写作的一项重要原则是简明、高效,而语言的精练是贯彻这一原则的重要因素。语言精练、篇幅精干的会展文案不仅便于传递和储存,而且能激发受众的阅读兴趣,同时,还能大大减少阅读的时间,提高阅读效率。

(二) 语言准确

会展文案的写作概念要明确,句子应合乎语言学要求、词语搭配应恰当、标点符号应正确,尽量避免增加理解和执行上的困难。

会展文案代表着会展机构的整体形象,并与会展参与者之间产生一定的关联,具有一定的权威性,因此,为与之相适应,会展文案的语言应当十分庄重。一般来说,要使用规范化的书面语,以生动、形象的语言,明白通畅、稳妥庄重地表达内涵。

第四节　会展文案范例

一、中国正式确认参加 2015 年意大利米兰世博会

中国贸促会会长万季飞 30 日在北京代表中国政府向意大利驻华大使严农祺正式递交了中国参加 2015 年意大利米兰世博会的确认文件,这标志着中国将全面启动参加意大利米兰世博会的筹备工作。

2015 年米兰世博会主题为"滋养地球,为生命加油"。万季飞在确认文件中表示,这

一主题非常符合当前全球面临的形势,是全世界普遍关注的可持续发展问题。中国政府愿通过此次参展,全面介绍中国在粮食及可持续发展方面所面临的挑战以及取得的成果,并与意大利及其他参展国家分享经验,开展食品领域的交流与合作,预祝意大利米兰世博会取得圆满成功。

米兰世博会将于2015年5月1日至10月31日在意大利米兰市举办,为期184天,是经国际展览局正式批准的继2010年上海世博会之后的新一届注册类世博会。

受国务院委托,中国贸促会负责组织、协调、监督、管理中国参加国际展览局和世界博览会的相关工作。自1982年起,中国贸促会一直代表国家组织中国馆参加世博会。

(资料来源:http://news.xinhuanet.com/world/2011-09/30/C-122112998.htm)

范例分析:

会展新闻是会展文案中最常见的一种文体。新闻本身具有真实性、时效性、可读性等特性。我们看到,新华网在第一时间(2011年10月1日)客观地报道了"中国贸促会会长万季飞代表中国政府向意大利驻华大使正式递交了中国参加2015年意大利米兰世博会的确认文件"这一事件。

二、上海世博会中国馆展示概念策划方案(节选)

(一)展示理念的确定

1. 中国国家馆展示"城市发展中的中华智慧"

2. 展示理念与主题的对应(一般性)

和世界各国城市一样,中国城市的发展,既满足了千百万人的生活需求,也面临着不少矛盾和挑战,在人与人、人与自然关系方面存在各种不协调现象。在解决矛盾、创造城市可持续发展模式的过程中,中华民族逐步形成、凝练出不少精神、品质、道德和聪明才智。"城市发展中的中华智慧"就是展示在城市的成长、更新、生活、建设及文明演变过程中,中华文化有哪些因素,以及这些因素如何推动促成"城市,让生活更美好"。

3. 展示理念与中华文化的对应(特殊性)

与其他国家相比,中国的城市发展实践有很鲜明的独特性:中国城市历经千年,生生不息;中国城市的文化多元万象,底蕴深厚;中国城市的营建顺应自然、惠及万物,与当今世界的可持续发展理念不谋而合。追根溯源,这些特点扎根在深厚的中华文化土壤中。可以说,指导中国城市发展的价值观、方法论是中华文化中的亮点,中华智慧在城市这个载体上得到了淋漓尽致的表现。因此,选取"城市发展中的中华智慧"作为中国馆的切入口,不仅为主题演绎提供了极为丰富的素材,更能向千百万参观者展示中华文化与中国未来发展趋势的必然联系。

(二)"中华智慧"的选择

1. 选择的原则

中华文化博大精深,其中,引领"城市发展"的中华智慧,内涵极其丰富。而展馆所传递的信息必须简洁、透彻,因此需要对"智慧"进行界定。世博会上展示的是"大智慧",即通过城市这个载体,展现对中华民族的发展有指导意义的思想、精神、观点、方法,中华文明中的核心内容与基因,中国千古精神的根本。具体讲,就是展现中华民族在城市发展中的判断力(聪明才智)、包容力(道德观)、创造力(创新思维)。

反映中华文明的"大智慧",不仅扎根于传统文化之中,更应当具有现实意义。在现代中国政治、经济、文化生活中发挥重要作用的独立自主、自力更生、锐意进取、改革开放、重视民生、和谐共处等理念,是五千年中华文明在新时期的逻辑延伸。因此,在选择"大智慧"时,还应当符合两个原则,即"当代性",所选取的智慧能充分反映今日中国的发展方向;"包容性",所选取的智慧内涵丰富,体现出人类多元思考和实践的结晶。

2. 选择的思路

中华伟大文明包天容地,刚柔相济。这样的中华智慧,是进取与包容统一的人生观,变化与秩序并存的世界观,能容能止、气象光明的立世之德和崇尚智慧、辩证睿智的方法论。今日之中国,正在以和平发展的负责任大国形象,逐步融入国际社会。中国馆所展示的智慧,不仅深深扎根于传统文化中,还体现了中华民族在新时期的治国理念。

3. 所选的智慧

根据上述理解,中国国家馆通过城市发展的演绎展示,使人感受自强不息、厚德载物、师法自然、和而不同等智慧。"自强不息、厚德载物"出自《周易》:"天行健,君子以自强不息"(乾卦)、"地势坤,君子以厚德载物"(坤卦)。这两个"智慧"是对"人"的品行的要求,概括了中国文化中民族精神与民族命运关系的认识。其中"自强不息"体现了中华民族刚健、蓬勃、顽强的一面;"厚德载物"体现了中华民族谦和、宽容、乐观的一面。中华民族历经几千年时间的考验和兴衰变化,而一直能稳固地凝聚在一起,并保持一个伟大民族的生机与活力,是同"自强不息,厚德载物"作为中华民族的民族精神与民族性格分不开的。

"师法自然"源自老子的"人法地,地法天,天法道,道法自然","和而不同"源自孔子的"君子和而不同,小人同而不和"。这两个"智慧"是对"人"的处世要求,概括了中华文化中对人与自然、人与人关系的认识与辩证处理方法。其中"师法自然"要求尊重自然,顺应客观规律,保持人与自然的和谐;"和而不同"认为,世间万物都是"和",而不是"同",要尊重不同的文化,善于学习、交流、融合,要保持人与人之间的和谐。

从对城市发展的影响来看,这四个"智慧"不是同一个层面的。"自强不息、厚德载物"偏重于对"人"本体的要求,是内省的、世界观层面的;"师法自然、和而不同"偏重于对人行为的要求,是外化的,是处理人与自然,人与人关系时的方法论。

(三)展示主线和内容举例(略)

(资料来源:腾讯网 http://2010.qq.com/a/20090323/000029.htm)

范例分析:

2010年上海世博会是一次探讨新世纪人类城市生活的伟大盛会,它充分展示了城市文明成果、交流城市发展经验、传播先进城市理念;为新世纪人类的居住、生活和工作探索崭新的模式;为生态和谐社会的缔造和人类的可持续发展提供生动的例证。

上海世博会中国馆展示概念策划方案从"展示理念的确定"到"中华智慧的选择",使中国国家馆通过城市发展的演绎展示,表达了中华民族自强不息、厚德载物、师法自然、和而不同的大智慧。精美的策划为世界人民留下了有关城市主题的一份丰厚的精神遗产。

三、中非合作论坛第五届部长级会议北京宣言

(1)我们,中华人民共和国与50个非洲国家的外长和负责经济合作事务的部长以及非洲联盟委员会主席,于2012年7月19日至20日在北京举行中非合作论坛第五届部长级会议。

(2)我们对中华人民共和国国家主席胡锦涛阁下与南非共和国总统雅各布·盖德莱伊莱基萨·祖马阁下、非洲联盟轮值主席、贝宁共和国总统托马·博尼·亚伊阁下、赤道几内亚共和国总统特奥多罗·奥比昂·恩圭马·姆巴索戈阁下、吉布提共和国总统伊斯梅尔·奥马尔·盖莱阁下、尼日尔共和国总统穆罕默杜·伊素福阁下、科特迪瓦共和国总统阿拉萨内·瓦塔拉阁下、佛得角共和国总理若泽·马里亚·佩雷拉·内韦斯阁下、肯尼亚共和国总理拉伊拉·阿莫洛·奥廷加阁下、阿拉伯埃及共和国总统特使穆罕默德·卡迈勒·阿姆鲁阁下莅临本届部长会开幕式表示感谢,对南苏丹和非盟委员会作为正式成员首次与会表示欢迎。

(3)围绕"继往开来,开创中非新型战略伙伴关系新局面"的主题,我们满意地回顾了中非关系的发展历程,评估了2009年11月在埃及沙姆沙伊赫举行的论坛第四届部长级会议后续行动落实情况,认为论坛第四届部长会预定的目标已经实现,为中非关系发展打下了更加坚实的基础、开辟了更加广阔的前景。我们就进一步深化中非关系的方式和途径进行了探讨,达成了广泛的共识。

(4)我们认为,作为世界上最大的发展中国家和发展中国家集团,中国与非洲发展新型战略伙伴关系对促进世界和平、稳定与发展具有重要意义,符合双方根本和战略利益。中非合作论坛作为中非之间开展集体对话的重要平台和务实合作的有效机制,为促进中非关系发展日益发挥着不可替代的作用。中非双方愿进一步加强论坛建设,推动论坛继续引领中非关系取得更大发展。

(5)我们注意到当前国际形势正在发生深刻复杂变化,和平、发展、合作成为时代潮流,国际力量对比朝着相对均衡的方向发展,发展中国家在国际事务中发挥着越来越重要的作用。我们主张推进国际体系、国际秩序变革,使之公正合理,以适应国际政治现实。强调非洲在国际舞台理应拥有合适的地位。

(6)我们对当前一些地区局势动荡深感不安,重申共同维护《联合国宪章》的宗旨原则和国际关系基本准则,主张通过政治手段和平解决危机和争端,倡导互信、互利、平等、协作的安全观,反对干涉别国内政,反对在国际事务中动辄使用武力或以武力相威胁。

(7)我们主张维护联合国在国际事务中的核心地位和作用,重申有必要对联合国进行改革,重申应解决非洲国家遭受的历史不公,优先增加非洲国家在联合国安理会和其他各机构的代表性。

(8)我们对当前国际金融危机蔓延深化、世界经济形势依然严峻表示担忧,主张世界各国同舟共济,携手应对,以合作谋和平、以合作促发展、以合作化分歧,共同实现世界经济企稳复苏。

(9)我们认为南北发展失衡是影响世界经济强劲、可持续、平衡增长的重要原因。重申非洲发展问题在缩小南北差距进程中具有优先地位,呼吁国际社会切实加大投入,支持和帮助非洲国家实现联合国千年发展目标。

(10)我们赞赏2012年6月召开的联合国可持续发展大会关注非洲可持续发展问题,期待国际社会本着"共同但有区别的责任"原则采取实质行动落实会议成果。我们呼吁国际社会在联合国的领导下,重视可持续发展领域执行力不足的状况,展现寻求共识的政治诚意和承诺,就后千年发展目标可持续发展框架的实施计划达成一致,并敦促发达国家兑现对发展中国家特别是非洲国家的援助承诺。

(11)我们认为,公平、合理、非歧视的多边贸易体制对于巩固世界经济复苏和可持续发展至关重要,呼吁有关各方展现政治诚意,克服困难和障碍,在维护多哈授权、锁定已有成果的基础上,加紧推进世界贸易组织多哈发展回合谈判,充分照顾发展中国家特别是非洲国家的利益和关切。我们呼吁发达国家避免采取贸易保护主义行为。

(12)我们主张对现有国际金融体系进行必要改革,建立公平、公正、包容、有序的国际金融体系,切实增加发展中国家在国际金融机构和国际货币体系中的发言权和代表性,加强国际金融机构的发展和减贫职能,缩小南北差距。非方支持金砖国家探讨建立一个新的开发银行的可能性,为金砖国家、其他新兴市场国家和发展中国家基础设施和可持续性发展项目筹集资金,作为对现有多边和区域金融机构促进全球增长和发展的补充。

(13)我们对气候变化、环境恶化、能源资源安全、严重传染性疾病、重大自然灾害等全球性问题的威胁和挑战增加深表关注。我们祝贺南非成功举办德班气候变化大会,认为有关各方应根据《联合国气候变化框架公约》的原则和规定,切实履行加强行动德班平台、《京都议定书》第二承诺期、绿色气候基金、技术机制和适应等方面的共识。我们愿本着公平和"共同但有区别的责任"原则,加强《联合国气候变化框架公约》及其《京都议定书》的全面、有效、持续实施,共同推动气候变化国际合作进程。

(14) 我们对中非双方近年来在政治、经济、社会等领域取得的发展成就感到高兴,对彼此未来的发展充满信心。非洲方面高度赞赏中国坚持走和平发展道路及为世界和平稳定与经济增长所作的贡献。中国高度评价非洲方面在维护地区和平稳定、加快经济增长、促进联合自强等方面卓有成效的努力。

(15) 我们认为,中非合作是发展中国家之间的团结互助,是平等互利、开放包容的合作,应得到国际社会的理解和支持。我们呼吁国际发展伙伴在非洲优势互补、良性互动,共同促进非洲和平与发展。

(16) 我们重申,中非双方将继续深化政治上平等互信、经济上合作共赢、文化上交流互鉴的中非新型战略伙伴关系。为此,我们将:

——进一步加强政治磋商和战略对话,密切高层往来,加大治国理政经验交流,尊重和支持彼此在主权、独立、安全、统一、领土完整、国家发展等方面的核心利益,增进中非之间的政治互信和战略共识。

——加强双方的交流与合作,促进"非洲和平安全框架"运转,继续支持和帮助非洲提高维护和平与安全的能力。密切在联合国安理会等多边机构中的沟通和协调。呼吁国际社会支持非洲国家和地区组织自主解决非洲问题的努力。

——加强中国与非盟及非洲次区域组织合作,共同采取措施促进非洲团结和睦与联合自强,支持非盟和"非洲发展新伙伴计划"框架内非洲地区一体化和可持续发展的努力。

——深入挖掘并充分发挥彼此的比较优势,扩大经济互利合作和平衡贸易,创新合作形式,优化合作环境,妥善处理合作中出现的问题和困难,以更加丰富的合作内容和成果应对国际金融危机带来的不利影响、造福中非人民。在已有基础上,加大双方在贸易、投资、减贫、基础设施建设、能力建设、人力资源开发、粮食安全、高新技术产业等领域的深度合作,提升合作水平。

——继续加强双方之间的人文交流与合作。大力开展中非之间的文明对话,启动新一轮文化、教育、体育、旅游等交流,进一步密切青年、妇女、民间团体、新闻媒体、学术机构的联系,加深中非人民之间的了解与友谊,促进世界文明多样性发展。

——进一步密切双方在国际事务中的合作,充分照顾彼此合理关切和诉求,加强协调和相互支持,合力促进国际关系民主化,推动建设持久和平、共同繁荣的和谐世界。

(17) 我们根据本《宣言》的精神,制订并通过《中非合作论坛第五届部长级会议——北京行动计划(2013—2015年)》。

(18) 我们感谢埃及自论坛成立以来,特别是在 2006 年至 2009 年担任论坛主席国以及 2009 年至 2012 年担任论坛共同主席国期间对论坛发展和中非关系所作的贡献。

(19) 我们感谢中方为本次会议所作的精心准备和周到安排,对会议取得丰硕成果和圆满成功表示祝贺,决定下一届论坛部长级会议于 2015 年在南非召开。

(资料来源：中华人民共和国外交部网站 http://www.gov.cn/jrzg/2012_07121/content_2188621.htm)

范例分析：

进入 21 世纪,维护和平、谋求稳定、促进发展成为各国人民的共同愿望。为进一步加强中非在新形势下的友好合作,共同应对经济全球化挑战,促进共同发展,根据部分非洲国家的建议,经中国政府倡议,"中非合作论坛——北京 2000 年部长级会议"于 2000 年 10 月 10 日至 12 日召开。以此次会议为起点,中非合作论坛逐步走上机制化轨道,现已成为中国和非洲友好国家集体对话的重要平台和务实合作的有效机制,开创了"南南合作"的一个成功范例。

2012 年 7 月 19 日至 20 日,中非合作论坛第五届部长级会议在北京隆重开幕。本案例是一份公布该会议成果的官方文件,它全面地阐述了会议的成果——北京宣言,具有一定的权威性。这也是一般重要会议常见的文案之一。

本章前沿问题

掌握一般公文与会展公文中的公告、通告、通知、通报、报告、请示、批复、意见、函等的适用范围、种类以及相互区别；了解与领会会展公文的含义、特点、作用,会展公文的行文方式与规则。

练习与思考

1. 简述会展文案的含义。
2. 会展文案的种类有哪些？
3. 会展文案的特点有哪些？
4. 会展文案的作用是什么？
5. 试述会展文案写作的基本要求。
6. 阅读下列材料并思考问题。

2012 韩国丽水世博会上演绎"宁波的故事"

7 月 23 日,2012 韩国丽水世博会浙江宁波周就要结束了。连续 3 天的宁波活动周给各国观众留下了难以磨灭的印象,中国馆内川流不息的参观者、排队 3 小时只为看"宁波的故事"的游客都是这次活动周获得成功的最佳证明。

前几天,"宁波的故事"要开演的消息在世博园区一传开,立即引起当天各国观众的关注。当晚7点的演出,下午4点多就有人前去排队等候,观看演出的很多观众都没吃晚饭。晚上6点半,能容纳上千人的中心剧场已座无虚席,贵宾席坐满了韩国世博会组委会官员以及100多个国家馆的负责人。

"宁波的故事"分为"金色图腾""海上丝路""风华盛世"三个篇章,通过对七千年河姆渡文明、海上丝绸之路起源地、"羽人竞渡"、徐福率3 000童男童女东渡、唐代宁波鼓楼商贸交流、江南美景、十里红装等自然和人文景观的描述,集中向参观者展示了宁波作为海上丝绸之路起航地源远流长的海洋文化、历史文化和民俗文化,以及宁波与韩国两地源远流长的交流历史。

前天晚上8:00,在持续的掌声中,"宁波的故事"演出团队结束表演。而正当媒体记者准备退席时,在欢快的音乐声中,不少游客开始和演员们手拉着手,跳起了舞蹈。还有一部分观众一直在鼓掌叫好。原本一两分钟的谢幕,整整花了10分钟。不少游客跑到演出台上和演员们合影。

2012韩国丽水世博会中国馆组委会副主任、中国国际贸易促进会副会长王锦珍在观看演出后接受记者专访时,对宁波周的活动给予了高度评价:"宁波又创造了一个奇迹,用自己的方式,和世界各地的观众做了一个互动,你们将最美的宁波形象留在了丽水,让更多的人记住了宁波。"

记者从韩国顺天市获悉,宁波将参加2013年在韩国顺天市举办的世界园艺博览会。

2013世界园艺博览会将于2013年4月20日至10月20日在顺天市举办。目前,顺天市正在全力筹建博览会园区。宁波将和西安一起作为中国代表城市参加博览会,其中西安承接中国馆,而宁波是中国唯一一个城市馆进入2013年的世界园艺博览会。

博览会园区占地152公顷,中国宁波园位于园区核心区域,占地面积约为650平方米,将以"蝶恋"为主题,通过园林艺术演绎梁山伯与祝英台的爱情故事。

(资料来源:章萍现代金报,2011-07-23)

思考题:

1. 2012韩国丽水世博会上演绎"宁波的故事"——这则材料属于会展文案中的哪种文体?

2. 试述这则会展文案材料写作上的亮点。

第二章

会展项目立项策划文案

学习目标

1. 掌握会展项目立项策划文案的概念和特点。
2. 了解会展项目立项策划文案的主要内容；学会撰写会展项目策划书。

基本概念

会展项目　立项策划　会展申办报告　会展市场调查文案　会展可行性论证报告　会展项目策划书

第一节　会展项目立项策划文案的概念和特点

一、关于会展项目立项策划

会展项目立项策划，是在会展活动开始的最初阶段就要进行的，有时甚至是要贯穿于会展活动始终的一种优先的、提前的、指导的活动。比较流行的观点认为：在会展的立项决策过程中，由于展会举办的机构不同、所针对的问题不同、展会项目的新旧不同等，立项与决策的程序也不尽相同。

大型会展项目，如以国家政府部门、贸促机构、工商会、行业协会、集团公司等为主办者的会展，大多有相应的部门或人员专门从事展会工作，并有固定的立项决策程序，会展项目立项策划的环节也相对比较规范合理。

对于小的企业而言，可能策划的环节相对简单；连续参加或者举办的展会决策过程也可以比较简单些，这一方面体现展会举办者经营战略的连续性，另一方面也反映出这些展会项目合适、效果好。对于这些项目，展会举办者无须再作新的立项决策，只要在局部或细节上加以调整即可。但对于初次立项的会展项目，举办者应该充分调研，全面考虑，慎重选择。只有加强立项决策的科学性，才能避免执行上的盲目性。

一般而言,在确定了会展活动的目标、题材以及主题之后,就可以进行会展项目的立项策划了。

所谓会展项目立项策划,就是举办者根据掌握的各种信息、渠道以及自身所能整合到的相关资源,对即将举办的会展活动的有关事宜进行初步规划,设计出展会的基本框架,以求得立项与实施的过程。

以展览项目为例,展览项目立项策划的内容主要包括:展览项目可行性分析,展览项目立项申请报告,以及包括展会的名称和地点、办展机构、展品范围、办展时间、展会规模、展会定位、招展计划、宣传推广和招商计划、展会进度计划、展览现场管理计划及相关活动计划等在内的相关策划方案。

二、会展项目立项策划文案的概念

策划是一项复杂的综合思维工程。它包括从构想、分析、归纳、判断,直到拟订策略、方案的实施,以及事后的追踪与评估的全过程。会展项目立项策划在整个会展策划过程中至关重要,会展活动能否通过审批或立项,最关键的要素之一就是必须准备好一套完整的文件与材料。

会展项目立项策划文案有不同的种类。通常,按文案的覆盖内容,可以将按会展项目立项策划文案分为整体方案和专项方案。

(一)会展项目立项策划整体方案

整体方案实际上是会展项目立项策划文案的全案。它包含整个会展项目立项策划过程中所涉及的所有文案部分,一般包括会展项目立项申请报告、会展项目立项可行性分析报告、会展计划以及会展项目立项策划书等在内的相关策划方案。

(二)会展项目立项策划专项方案

专项方案是针对所要开展的会展活动某一方面所制订的申办立项方案。例如,会展项目可行性分析报告、会展项目市场调查报告等。

会展项目立项策划文案是为了会展活动的成功举办,对会展活动的整体性和未来性的策略进行规划而制作的,它是具有一定规范的,原创性、设计性的文书。

三、会展项目立项策划文案的特点

会展项目立项策划文案具有规范性、针对性、可行性、创新性等特点。

(一)规范性

在会展项目立项策划文案中,有一部分是要应用公文的。由于公文所反映的社会现象是极其纷繁复杂的,为了保证机关公文处理工作有秩序、高效率地进行,就必须熟悉公文的性质、特点和作用。例如,会展项目立项文案的申请示、报告等属于对外文件。它是本机关(或部门)拟制的向外单位发出的文件;是作为传达本机关的意图发往需要与之联系的针对机关的文件。同时,这类文件一般又属于上行文,即下级机关、下级业务部门向其所属的上级领导机关和上级业务主管部门所发送的公文,是主要用于汇报工作、请示问题,请求给予领导和业务指导的文件。因此,文案的规范性是必须的。

（二）针对性

会展项目立项策划是具有针对性的活动,它是为了实现会展项目立项而进行的系列策划活动。在写作会展项目立项策划文案时,应首先明确会展活动应达到什么目的,它是针对什么问题而举办的会展。譬如,有的会展项目以特定消费群体的生活方式为依据,具有鲜明的主题,这就要求在进行策划时必须围绕主题组织展品、开展活动;有的会展项目专业性很强,这就要求策划者具有深厚的专业素养,能够进行专业的市场细分,进而有的放矢地进行策划。

（三）可行性

可行性是指会展项目立项策划方案在现实中要切实可行。没有可行性的策划文案写得再美也只是纸上谈兵。一般说来,会展项目立项策划方案必须经过分析论证才能实施。分析论证项目策划方案的可行性主要围绕项目策划的目标定位、市场空间、资源条件与环境、实施方案以及经济效益等主要方面进行。

（四）创新性

创新性是会展项目立项策划所追求的目标。在市场经济条件下,要达到万商云集,闻名遐迩,会展项目立项策划的新颖性是必不可少的。会展项目的"新"首先要求立项策划的"新"。

在进行会展项目立项策划的文案写作时,要将会展理念的创新、会展目标选择与决策的创新、会展项目组织与管理的创新、会展项目设计的创意与创新等融入其中。

第二节 会展项目立项策划文案的主要内容

完整的会展项目立项策划的文案包含许多内容,这里主要介绍会展项目申办报告、会展项目市场调查文案和会展项目可行性论证报告等几种。

一、会展项目申办报告

（一）含义

申办报告是向上级机关请求指示、批准的文书，是申办文案中最重要的文件之一。

目前，就国内机构提交的会展申办报告来看，可以分两种情况：一种是国内机构申请在国内举办的会展活动；另一种是国内机构申请举办国际组织发起的会展活动。这两种情况都需要按有关规定报批后才能举办。近年来出台的相关法规是写作与提交会展项目申办报告的重要依据，如《商品展销会管理办法》等（参见相关链接 2-1）。

相关链接 2-1：商品展销会管理办法

第一条 为了加强对商品展销会的监督管理，维护市场秩序，规范市场行为，保护生产者、经营者、消费者的合法权益，根据国家有关法律法规的规定，制定本办法。

第二条 本办法所称商品展销会，是指由一个或者若干个单位举办，具有相应资格的若干经营者参加，在固定场所和一定期限内，用展销的形式，以现货或者订货的方式销售商品的集中交易活动。

第三条 举办商品展销会的单位（以下简称举办单位），参加商品展销商品的生产者或者经营者（以下简称参展经营者），均应当遵守本办法。

第四条 各级工商行政管理机关对商品展销会进行登记和监督管理。

第五条 举办商品展销会，应当经工商行政管理机关核发《商品展销会登记证》后，方可进行。未经登记，不得举办商品展销会。

第六条 举办单位应当具备以下条件：

（一）具有法人资格，能够独立承担民事责任；

（二）具有与展销规模相适应的资金、场地和设施；

（三）具有相应的管理机构、人员、措施和制度。

第七条 参展经营者必须具有合法的经营资格，其经营活动应当符合国家法律、法规、规章的规定。

第八条 举办单位应当向举办地工商行政管理机关申请办理登记。

若干个单位联合举办的，应当由其中一个具体承担商品展销会组织活动的单位向举办地工商行政管理机关申请办理登记。

县级人民政府举办的商品展销会，应当向举办地地级工商行政管理机关申请办理登记；地、省级人民政府举办的商品展销会，应当向举办地省级工商行政管理机关申请办理登记。上一级工商行政管理机关可以委托举办地工商行政管理机关对商品展销会进行监督管理。

第九条 异地举办商品展销会的，经申请举办单位所在地工商行政管理机关核转，依照本办法第八条规定向工商行政管理机关申请办理登记。

第十条 申请办理商品展销会登记手续时，应当提交下列文件：

（一）证明举办单位具备法人资格的有效证件；

（二）举办商品展销会的申请书，内容包括：商品展销会名称，起止日期、地点，参展商品类别，举办单位银行账号，举办单位会务负责人名单，商品展销会筹备办公室地址、联系电话等；

（三）商品展销会场地使用证明；

（四）商品展销会组织实施方案；

（五）其他需要提交的文件。

依照国家有关规定需要经政府或者有关部门批准方可举办的商品展销会，应当提交相应的批准文件。

两个以上单位联合举办商品展销会的，还应当提交联合举办的协议书。

第十一条 工商行政管理机关应当自接到申请之日起十五日内，作出准予登记或者不予登记的决定。准予登记的，发给《商品展销会登记证》。不准予登记的，书面通知申请人并说明理由。

《商品展销会登记证》应当载明商品展销会名称、举办单位名称、商品展销会负责人、参展商品类别、商品展销会地点及起止日期等内容。

第十二条 举办单位领取《商品展销会登记证》后，方可发布广告，进行招商。

第十三条 举办单位负责商品展销会的内部组织管理工作，对参展经营者的参展资格，按照本办法第七条的规定进行审查，并将审查情况报告该商品展销会的登记机关备案。

第十四条 举办单位应当与参展经营者签订书面合同，明确双方的权利和义务。

第十五条 参展经营者的经营行为损害消费者合法权益的，消费者可以依照《消费者权益保护法》第三十八条的规定，向参展经营者或举办单位要求赔偿。

举办单位为两个以上的，消费者可以向具体承担商品展销会组织活动的举办单位要求赔偿，其他举办单位承担连带责任。

第十六条 未经国务院有关行政主管部门批准，商品展销会名称不得使用"中国""全国"等字词。

第十七条 举办单位、参展经营者有下列行为之一的，由工商行政管理机关予以处罚：

> （一）举办单位违反本办法第五条规定，未经登记擅自举办商品展销会，或者在登记中隐瞒真实情况、弄虚作假的，责令其改正，并视情节处以三万元以下罚款。
>
> （二）举办单位违反本办法第十二条规定，未领取《商品展销会登记证》，擅自发布广告，进行招商的责令改正，并处以五千元以下罚款。广告经营者违反规定，为举办单位刊播广告的，处以五千元以下罚款。
>
> （三）举办单位伪造、涂改、出租、出借、转让《商品展销会登记证》的，视情节处以三万元以下罚款。
>
> （四）举办单位违反本办法第十三条规定的，视情节处以一万以下罚款。
>
> （五）参展经营者违反本办法第七条规定，依据国家有关法律、法规、规章予以罚款。
>
> 第十八条 《商品展销会登记证》由国家工商行政管理局统一格式。
>
> 第十九条 本办法由国家工商行政管理局负责解释。
>
> 第二十条 本办法自1998年1月1日起施行
>
> （资料来源：中国会展网 http://www.expo-china.com/pages/new/200308/54288）

提交主办单位主管部门或举办地工商行政管理机关申报立项的主要材料有：举办展会的申办报告、项目可行性报告；招展、招商方案与计划；合作单位证明材料（主办单位、承办单位、协办单位等），联合或委托举办的证明材料（境外机构联合或委托境内单位举办的需报）；责任承诺书；场地租用情况证明材料；安全防范工作方案；上一届展会举办的总结和会刊；其他相关材料。如果是向举办地工商行政管理机关申报立项的展会项目，则还须提交举办者具有法人资格的证明材料与举办展会的项目申请书（包括会展项目的名称、地点、起止时间、展会类别、单位银行账号、负责人名单、筹备组地址等）、当地政府的立项批复、会展的组织实施方案等材料。

2002年，国务院取消了关于全国性非涉外经济贸易展会的审批制，改为登记制。也就是说，在国内举办全国性非涉外经济贸易展会已经不再实行审批制，只需到举办地工商行政管理机关登记即可。

向国际组织申办的会展项目报告有专门的格式与内容要求，在此不赘述。

（二）基本内容

一般而言，向国内审批机关提交的会展项目申办报告主要包括以下内容。

1．会展项目名称

举办国际性会展活动应有中英文对照的会展名称。

2．主办单位与承办单位

举办国际性会展活动的各相关单位应有中英文名称。同时，必须写明各单位间的职责分工和具体责任。

3．历届展会的基本情况

历届展会的举办时间、地点、展会规模、主办、承办单位、展会效果等。首次举办的展会项目不需要报告本项内容。

4．本届展会的基本情况

本届展会的背景、目的、意义、宗旨、条件、主题、时间、地点、会期或展期、与会者、参展范围、系列活动等。

5．会议人数和展览面积

国际会议申请一般需要提供总人数和国外代表人数（不含我国港、澳、台地区代表）；展览面积是指净面积。

6．经费来源

详细说明经费来源情况，尤其是有政府拨款或有赞助的情况。

7．出国展特别说明

申办国外展需要说明工作人员在境外停留天数、出访路线等。

8．联系方式

会展活动的联系人、联系方法、电话、传真、电子邮件地址和网址等。

9．附件

在申办重要的国际会议以及 1 000 平方米以上的展览时，应提交可行性研究分析报告、主办或支持单位机构的同意函，举办地主管部门的意见等。

（三）会展申办报告的结构与写法

会展项目申办报告有两种写法：一是单独成文的叙述式；二是表格式。单独成文的叙述式报告的一般写法如下。

1．标题

标题包括会展申办机构的名称、会展项目名称再加上文种（申办报告或申请）。

2．主送机关

写明审批机关的名称，不能多方主送。

3．正文

正文是项目申办报告的主要内容，应写明项目申报的背景、理由以及本次展会活动的主要信息,如展会的时间、地点、主办单位、承办单位、项目规模、资金筹措情况、项目的经济效益、社会效益等。

4. 附件

附件一般包括会展项目市场调查报告、会展项目可行性论证报告、会展项目策划书以及主送机关要求的其他文件。

5. 落款和日期

在正文的右下方写明申办单位名称,换行写明提交日期。

表格形式的申办报告按表格所示填写并加盖申报单位公章即可。

二、会展项目市场调查文案

(一) 会展项目市场调查的概念

由于会展活动是一项庞大而复杂的工程,需要大量的人力、物力和财力,还要周密的布置和安排一些必需的程序。因此,会展项目立项策划的第一步是进行市场调查,市场调查是会展项目策划的逻辑起点。

会展市场调查这一概念包含两个层面:一是为会展本身提供资讯的调研;二是以展会为平台解决营销问题的调研。会展市场调查的结果是决定会展项目能否立项的主要依据。

会展项目的审批部门通过了解会展市场调研的结论,可以有针对性地提出对策与建议、权衡各产业间的均衡发展、促进有序竞争、制定可持续发展策略等。会展主办方确定展会的各项策略均需要有准确的市场调查作参考。

(二) 会展项目市场调研的种类

会展市场调研的种类很多,在实际调研过程中可以有选择的进行,主要有以下几种类型。

1. 主题调研

主题调研不仅是广泛研究已有展会的主题性质与分类,同时也可以通过民意调研的手段广泛了解和听取公众意见。

2. 场馆调研

场馆调研具体包括:硬件条件调研(如场馆空间规模)、软件条件调研(如网络通信便利程度)、服务水平调研(如场馆内部搭建服务水平、施工水平)等。

3. 同类展会调研

同类展会的竞争者不断涌现。相同的行业、相同的主题,要想成功举办展会就必须对同类展会的规模、具体参展商、展会时间、效果、满意度等进行详尽的调查研究。

4. 环境影响调研

展会期间，交通工具暴增、流动人员暴增，将在一定程度上影响举办城市的环境；同时，大量宣传品从展会现场被带出，在相当大的范围内造成环境污染或卫生清洁压力；展会期间的声光电污染也高于平常。因此，政府的有关部门要求展会组办方在展会申报时必须提交环境影响调研的预计结论以及解决方案。同时，还有一些民间组织会对展会的全过程进行监督。

（三）会展项目市场调查的过程

会展项目调查的过程与一般的各种调查研究相同。

1. 确定课题的目的

明确开展调研究竟要解决什么问题，哪些问题是通过会展调研可以解决的，哪些是不能或不用通过会展调研解决的。

2. 生成调研设计

调研设计是指实现调研目标或调研假设需要实施的计划。调研人员需要建立一个回答具体调研问题的框架结构。

3. 选择调研方法

调研人员可以根据调研项目的目标选择描述性、因果性或预测性的调研设计，确定搜集数据的手段。有三种基本的调研方法：观察法、询问法、实验法。

4. 抽样过程

不同的调研手段对样本的要求也有所不同，会展调研中抽样与调研手段的对应关系与一般调查研究的一样，应根据具体情况灵活运用。

5. 搜集数据

大多数数据是由市场调研公司、现场服务公司从展会现场搜集得到的，同时，展会的组办方掌握有大量免费公开信息，无须专门搜集便可获得。

6. 分析数据

分析数据的目的是解释所搜集的大量数据并提出结论。数据的分析需要应用一定的专业技巧和手段，专业分析人员不仅能对数据进行简单的频次分析，同时能够使用复杂的多变量技术进行交互、聚类、因子等分析，建立回归模型等，从而使搜集到的数据解释更多的信息。

7. 撰写报告

会展项目调研的报告形式因提交对象的不同而有所不同。一般的市场调研报告要求简明、清晰；如果报告是提交给政府部门用作宏观分析，那么，报告就应详尽丰富了。

（四）会展项目市场调查报告

会展项目调查报告是市场调查的成果，也是制定会展立项策划的依据。

会展项目调查报告应该包括以下内容。

(1) 说明调查目的及所要解决的问题。
(2) 介绍会展市场背景资料。
(3) 分析的方法。如样本的抽取、资料的收集、整理、分析技术等。
(4) 调研数据及其分析。
(5) 提出论点，即摆出自己的观点和看法。
(6) 论证所提观点的基本理由。
(7) 提出解决问题可供选择的建议、方案和步骤。
(8) 预测可能遇到的风险、对策。

三、会展项目可行性论证报告

会展项目可行性论证报告是会展立项策划中的重要文案之一，也是会展项目组织者决定是否继续进行某项展会活动的依据。其内容主要包括以下几个方面。

（一）总论

总论部分阐述有关会展项目的社会经济意义、立项的必要性、项目主题的主要理念和思想、简要的背景资料。

（二）国内外相关会展现状与发展趋势

阐述本项目国内外发展现状、存在的主要问题及近期发展趋势，并将本项目与国内外同类会展进行对比说明。这一部分包含有关的全国性和地区性宏观经济资料，如统计数字、销售额、增长速度等。

（三）行业市场分析

这一部分主要论述会展项目题材的发展前景，并进行市场需求分析，主要包括以下几方面内容。

(1) 供应和需求（国际、国家/地区），如市场细分、市场结构、相关的和潜在的参加展会公司名单等。
(2) 市场—销售系统，如市场结构、销售渠道、有关分销商名单等。
(3) 确定目标群体、利益相关者，并对他们进行目标分析。

(4) 市场趋势、技术进步和发展前景等。

(四) 会展项目的目标

关于会展项目的目标,本书将专章阐述。在会展项目立项可行性论证报告中可以从定性和定量两个方面进行描述。其主要内容包括如下几点。

(1) 该会展项目题材的创新点。

(2) 项目各实施阶段及项目完成后预期取得的效果。

(五) 会展项目的 SWOT 分析

这部分主要说明会展项目已开展的前期工作,项目实现预期目标的基础条件,项目实施在技术、设备、人才、资金等方面具备的条件和优势,该项目实施的劣势、机会、威胁。

1. 会展项目 SWOT 分析的概念与步骤

SWOT 分析中的 S、W、O、T 分别是 strength(优势)、weakness(劣势)、opportunity(机会)、threaten(威胁)四个单词的首写字母,作为管理学中评价企业发展环境的一种经典方法,SWOT 分析被广泛运用到各行各业和各个层面。所谓会展项目 SWOT 分析是指通过对会展项目所具备的优势和劣势的分析来判断该会展项目的竞争力,通过对会展项目所处环境的机会和威胁的分析来判断该会展项目的市场发展潜力。

会展项目 SWOT 分析基本步骤包括如下几点。

(1) 分析项目的内部优势和劣势,重要的是找出对会展项目具有关键性影响的优势和劣势。

(2) 分析项目面临的外部机会和威胁。会展项目所处的外部环境不断变化,在策划时应当充分考虑如何抓住机会,回避风险。

(3) 将外部的机会和威胁与会展项目内部的优势与劣势进行匹配,形成可行的备选战略。

2. 会展项目 SWOT 分析的基本内容

对会展项目可能面对的优势、劣势、机会和威胁一般应作如下分析。

(1) 竞争优势(S)

① 竞争能力优势:强大的经销商网络,与供应商良好的伙伴关系,对市场环境变化的灵敏反应。

② 有形资产优势:吸引人的不动产地点,充足的资金,完备的信息资料。

③ 无形资产优势:优秀的品牌形象,良好的商业信用,积极进取的公司文化。

④ 技术技能优势:独特的生产技术,低成本的生产方法,领先的革新能力,雄厚的技术实力,完善的质量控制体系,丰富的营销经验,上乘的客户服务,卓越的采购技能。

⑤ 人力资源优势：在关键领域拥有专长的职员，积极上进的职员，很强的组织学习能力，丰富的经验。

⑥ 组织体系优势：高质量的控制体系，完善的信息管理体系，忠诚的客户群，强大的融资能力。

（2）竞争劣势（W）

① 关键领域的竞争能力正在丧失。

② 缺少有竞争力的有形资产、无形资产、人力资源、组织资产。

③ 缺乏具有竞争意义的技能技术。

（3）会展项目面临的潜在机会（O）

① 市场需求增长强劲，可快速扩张。

② 客户群的扩大趋势。

③ 获得并购竞争对手的能力。

④ 市场进入壁垒降低。

（4）危机会展项目的外部威胁（T）

① 市场需求减少。

② 客户或供应商谈判能力提高。

③ 出现将进入市场的强大的新的竞争对手。

④ 汇率和外贸政策的不利变动。

⑤ 人口特征、社会消费方式的不利变动。

⑥ 替代性展览的出现。

3. 会展项目 SWOT 分析的组合类型

SWOT 分析有四种不同的组合类型，并由此衍生出 SO 战略、WO 战略、ST 战略和 WT 战略，见表 2-1。

表 2-1　基于会展项目 SWOT 分析的组合战略

SO 战略 发挥内部优势 利用外部机会	WO 战略 改进内部劣势 利用外部机会
ST 战略 发挥内部优势 回避外部威胁	WT 战略 改进内部劣势 回避外部威胁

具体说来，SO 战略是一种发挥会展项目内部优势与利用外部机会的策略。当企业内部具有特定方面的优势，而外部环境又为发挥这种优势提供有利机会时，可以采取该策略。如具备类似活动经验、有可利用的空间和人力资源，且主题新颖，没有竞争者，地区行

业协会支持展会。

WO战略是利用外部机会来弥补内部弱点,使会展项目改变劣势而获得优势的战略。当外部存在一些机会,而会展项目目前的状况又限制了它利用这些机会时,可以采取此战略,利用外部机会克服内部弱点。例如,某会展项目管理者没有类似活动的管理经验,项目实施没有足够的场所和人力资源,管理人员没有就此活动接受充分培训;但主题新颖,没有竞争者,地区行业支持展会。

ST战略是利用项目的优势回避、减轻外部威胁的影响。威胁可能来自外部环境的变化,也可能来自竞争对手。如具备类似活动经验、有可利用的空间和人力资源,且主题新颖,存在竞争者,行为受到法律限制。

WT战略是一种旨在减少内部弱点的同时回避外部环境威胁的防御性技术。例如,没有类似活动经验,项目实施没有足够的场所和人力资源,管理人员没有就此活动接受充分培训;但主题新颖,存在竞争者,行为受到法律制约。

尽管SWOT分析方法还存在一些缺陷,如不能动态的反映SWOT四要素的变化等,但它仍不失为一种分析展会项目竞争力的好方法。在使用这种方法时,策划人员应该对影响外部展会项目环境和办展机构实力的相关因素进行动态调整或者作出科学预测,这样所作的决策才能更具有可行性。

(六)会展项目实施的可行性论证

这部分内容主要有:根据预期参加者或参展商确定展会地点和规模;战略合作伙伴(如协会、学会、报刊、主办商、大学);组织(如项目小组、时间可用度、员工数量);营销(如媒体、销售渠道);规划(如内容管理和项目管理,时间表)等。

(七)项目执行方案

这部分内容主要包括资金筹措方案、招展招商计划、宣传推广计划、服务供应商选择、人员安排计划、现场服务与管理计划等。

(八)进度安排

分月度列出项目实施进度安排、月度主要工作内容和主要目标。大型的展会活动有两年或更长时间的倒计时进度安排,一般的展会活动应该有一年的倒计时进度安排。

(九)经费预算

简述项目总投资及资金筹措渠道,根据项目进度和筹资方式,编制资金使用计划。对申请周转资金的,应对还款来源、还款能力进行分析。

（十）风险预测

预测范围主要包括政策风险、技术风险、财务风险、市场风险、管理风险等。

（十一）经济、社会效益分析

会展项目的决定和最终能否实施有一个重要指标，那就是看该项目可能产生的经济、社会效益。这是分析、评价会展项目可行性的宏观角度；从表现形式角度看，还要对会展交流、交易效果和会展本身可能产生的效果进行评估；从时间角度看，应该对会展即时效果和其潜在效果（长期效果）进行评估。

经济、社会效益分析一般包括生产成本和销售收入估算、财务评价、国民经济评价、不确定分析、社会效益和社会影响分析等。

（十二）可行性研究结论和建议

在系统分析的基础上，可对展会项目的可行性提出结论，也可以提出可能存在的问题以及解决的办法。

这部分还包括项目策划过程中所需要的附图、附件等。

第三节　会展项目策划书

一、会展项目策划书的概念

会展项目立项是一件需要周密考虑的事情，不仅要充分考虑市场需求、选择合适的时机，还应慎重选择合作单位和支持单位，赢得当地行业协会、行政部门和行业媒体的支持，选择恰当的时机和权威的部门及单位合作。这样做能够在很大程度上增强会展的权威性和影响力，并最大限度地挖掘新客户。同时，还能降低展会成本，获得更大的效益。

会展项目策划书是为策划举办一个新的展会项目而提出的一套举办规划、策略和方法，它是对以上各项内容的归纳和总结。会展项目策划书也是会展项目策划最核心的内容之一。

二、会展项目策划书的内容

由于会展项目的不同，会议、展览、节事活动等项目的策划书有所区别。这里，以展览项目为例。

（一）概要

（1）项目名称；

(2) 主办单位、承办单位、支持单位、协办单位、执行承办（可根据项目的需要选择）；
(3) 举办时间；
(4) 举办地点；
(5) 项目举办的周期安排（是每年举办一次、隔年举办一次还是只举办一次等）。

（二）市场分析

(1) 国内外该会展项目所在产业的发展趋势；
(2) 本地区该会展项目所在产业的特点和发展趋势；
(3) 是否有市场空间，以及如何进入或拓展这个市场空间；
(4) 设计该项目对城市与区域经济发展的作用和意义。

（三）资源分析

对本地区可支撑该会展项目举办所依托的相关资源（经济资源、社会资源、区位资源、产业资源、文化资源、管理资源和政策资源、产品资源、设施资源和服务资源）进行系统、深入的分析，包括支撑该项目主要资源的优、劣势比较分析和各资源在整个会展项目设计中的作用。

（四）竞争分析

(1) 简述国内外该题材展会项目的举办情况（包括举办时间、举办规模、展品范围、主办单位、已经举办过的展会项目的特色、主要效果和可能对本展会项目产生的影响等）；
(2) 重点分析周边地区相关展会项目的举办情况（同上）；
(3) 本展会项目举办的优势和劣势。

（五）项目整体设计

(1) 展会项目的主题；
(2) 展品范围及展位空间布局；
(3) 主要活动安排；
(4) 拟邀请的重要嘉宾；
(5) 参展商主要范围；
(6) 客商的主要范围；
(7) 观众的主要范围；
(8) 是否举办开幕式和闭幕式；
(9) 需要政府有关部门支持的工作内容。

（六）营销方式和手段

（1）参展商和客商分析；
（2）广告宣传方式和内容的设计；
（3）展位定价方式和价格情况；
（4）主要的营销理念和营销手段；
（5）其他营销手段和方式。

（七）主要服务机构的对接

（1）物流企业的选择和对接方式；
（2）展台搭建企业的选择和对接方式；
（3）餐饮企业的选择和对接方式；
（4）商务服务企业的选择和对接方式；
（5）旅游服务企业的安排；
（6）票务服务工作的安排；
（7）安保与保洁工作的安排；
（8）其他设计者认为需要的服务的安排。

（八）公共危机预案设计

（1）展览项目的整体安全管理情况；
（2）可能出现的公共危机情况；
（3）需要设计的公共危机预案；
（4）公共危机预案的管理方式和程序。

（九）展览工作团队设计

（1）采用何种方式组建工作团队；
（2）工作团队采用何种组织结构；
（3）具体设立哪些工作部门，部门的负责人需要具备哪些基本素质，每个部门需要设立哪些工作岗位和安排多少工作人员；
（4）工作团队采取哪些管理措施和奖惩措施；
（5）其他需要设计或说明的内容。

（十）财务分析（成本与利润分析）

（1）主要支出项目的内容和预算；

(2) 主要收入项目的内容和预算；

(3) 整体经济效益分析；

(4) 特色盈利手段和节约资金手段；

(5) 需要说明的相关问题。

（十一）对经济社会发展的作用分析

(1) 对本地区经济发展的直接作用；

(2) 对展品所在产业的提升或促进作用；

(3) 对城市服务业的拉动作用；

(4) 对城市知名度的提升作用；

(5) 对城市社会发展和文化产业发展的作用。

（十二）其他方面的内容

包括独特的设计内容，项目的差异化特色等。

第四节　会展立项策划文案范例

一、北京奥运会《申办报告》简报

北京奥申委《申办报告》分三大册，共18个部分，总计596页。新的申办规则要求，不允许申办城市邀请国际奥委会委员往访，也不允许申办城市走出去拜访国际奥委会委员。因此，《申办报告》成了国际奥委会委员了解申办城市的主要窗口之一。

《申办报告》的前17个部分包括：第一册，一、国家和城市的特点，二、法律，三、海关入境，四、财政，五、环保，六、市场开发；第二册，七、比赛日程，八、体育场馆，九、残奥会，十、奥运村；第三册，十一、医疗卫生，十二、安全保卫，十三、住宿，十四、交通，十五、技术，十六、新闻，十七、文化，十八、保证书，其中有国家主席江泽民和国务院总理朱镕基的支持信，北京市市长刘淇、国家体育总局局长袁伟民以及外交部、财政部、海关总署等国家有关部门负责人签名的保证书，70个宾馆、饭店老总的保证书，还包括28个国际单项体育组织的认证书等，共169份。

《申办报告》涉及方方面面，按要求一个都不能少。资料主要来自国家有关部门以及北京市各厅、局，编撰工作得到了各界和各部门的支持。具体负责《申办报告》编撰工作的北京奥申委副秘书长孙大光深情地说，《申办报告》的圆满完成反映了中国举国体制的优越性，反映了北京举全市之力申办奥运会的责任和热情，也凝结着奥申委工作人员以及有关专家的智慧和心血。

《申办报告》是高水平、高质量的。《申办报告》达 20 多万字,不仅是一部全面反映北京和中国发展前景的"百科全书",同时还按国际奥委会的规定,列出了 2008 年北京奥运会总的日程表和各项竞赛日程表。

奥运会预计设 28 个比赛项目,需要 37 个体育场馆,在北京进行的项目安排在 32 个体育场馆进行,其中北京现有场馆 13 个、计划修建的 11 个、专为奥运会兴建的 8 个。为此,北京规划兴建一个占地总面积达 12 平方公里的奥林匹克公园,它位于城市中轴线与北四环路交叉的北侧,毗邻亚运村和国家奥林匹克体育中心。规划项目包括:760 公顷的森林公园、405 公顷的国际展览体育中心、50 公顷的中华民俗博物馆。在这里将建设 8 万人的中心体育场、国家体育馆、游泳馆等 14 个比赛场馆,以及奥运村、记者村。新闻中心和广播电视中心安排在国际展览中心展览大厅。北京奥运会体育场馆的布局本着既相对集中又合理分散的原则,有利于比赛的组织管理,有利于奥运会后的充分利用。

规划中的奥运村占地 80 公顷,建筑面积 45 万平方米,其中公寓 35 万平方米,其他服务设施 10 万平方米。可供 1.6 万名运动员、教练员和其他工作人员居住。奥运村分居住区和国际区,环境优美。运动员公寓全部是 6 层别墅式小楼,每个房间住 2 人。奥运村距主要比赛场馆只需不到 10 分钟的时间,距最远的比赛场馆不超过 20 分钟,交通便捷。

北京具有 3000 年的历史,其悠久的历史文化举世闻名。介绍文化部分既有中国古代体育壁画,又有北京已被列入世界文化遗产的长城、故宫、天坛、颐和园和"北京猿人"遗址周口店。

北京申办 2008 年奥运会提出了"绿色奥运、人文奥运、科技奥运"三大主题,其丰富的内涵充分体现在《申办报告》中。

北京奥申委编撰《申办报告》的筹备工作早在 2000 年年初就开始筹备了,并绘制了一个庞大的网络图,既有分工又有进程时间表,还成立了以常务副主席刘敬民为组长的《申办报告》编撰领导小组。组织和编撰工作按网络图表进行,紧张而有序。

9 月,国际奥委会在悉尼向各申办城市下发了编写《申办报告》手册。按要求分 17 个专题,北京奥申委各部、室分别成立专题编撰小组,汇总资料,多次邀请专家咨询,反复修改。由北京外国语大学的袁教授率领一个专家组承担了法文和英文翻译工作。直接参与《申办报告》编撰工作的约 200 人。

《申办报告》总编室由孙大光、刘岩、张德跃、金宝杰、李辉、杨彩奕等组成,进入最后的关键阶段,常常加班加点,没有节假日、双休日。年轻人张德跃、金宝杰曾创造连续工作 34 个小时的纪录。年龄稍大的刘岩终于病倒了,每天输液,仍坚持工作。雅昌、利丰、翰墨等制版企业,为了申奥,精心设计,精心制版,全力以赴。

12 月下旬,《申办报告》的法文和英文译稿完成。最后时刻,熟悉奥林匹克运动又熟悉法文和英文的何振梁、魏纪中、楼大鹏、吕圣荣被请出山,对法、英译文进行最后的核校,几天几夜,几乎是连轴转。夜深了,原中国奥委会秘书长、北京 2000 年奥申委秘书长魏纪中却精力充沛,他说,需要干到什么时候就干到什么时候,可第二天他又按时到奥申委"上班"。71岁的国际奥委会执委何振梁,熟悉法文和英文,是奥林匹克运动的"专家"。何老一心为北京申奥,一样白天晚上连续工作,《申办报告》定稿后,何老因过度劳累而住进了医院。

历时百余个日日夜夜,《申办报告》终于在2001年1月初定稿,副秘书长孙大光疲惫的脸上露出了笑容。9日,他和同事带着《申办报告》版样南下深圳印刷,以确保《申办报告》在1月17日前送交国际奥委会。

据了解,第一次送交国际奥委会的《申办报告》有70套。经有关专家认可后,《申办报告》还将寄送每位国际奥委会委员以及各国际单项体育组织、各国家和地区奥委会等,总计需要250套以上。

(资料来源:人民日报海外版. 2001-01-15(9))

范例分析:

举办奥运会是中华民族的百年企盼。成功举办一届精彩的奥运会是中国人民对世界和平与人类体育运动的巨大贡献。在"绿色奥运、科技奥运、人文奥运"的申办理念指引下,申办报告的撰写者,高质量地完成了一部达20多万字,涉及方方面面的《申办报告》,它不仅是一部申办报告,同时也是一部全面反映北京和中国发展前景的"百科全书"。它是成功申办北京奥运会的有力支撑。

二、国际会展中心建设项目投资可行性研究报告纲目

(一)综述

这份国际会展中心建设项目可行性研究报告,在市场调查数据的基础上结合政府产业政策,对项目实施的可能性、有效性、经济性、实施方案、技术方案对比及财务指标等进行了具体、深入、细致的技术论证和经济评价,通过科学系统的专家评估及技术把关,站在产业健康良性循环发展、社会经济平衡发展及企业产业升级盈利快速发展的高度,对项目的可行性进行全方面的分析与评价,为企业提供专业负责的项目投资智囊支持服务。

主要内容如下。

(1)对国际会展中心建设项目进行全面深入的市场分析、预测。国际市场的供需情况和销售价格、研究产品的目标市场,分析市场占有率;产品竞争对手以及产品的营销策略,国际会展中心建设主要市场风险程度以及有效的规避方式。

(2)对国际会展中心建设项目资源的可利用量、资源的品质、资源的赋存条件和开发利用价值等进行分析研究。

(3)国际会展中心建设项目建设方案设计的研究,包括:项目建设规模与产品方案、工程选址、工艺技术方案和主要设备方案、主要材料辅助材料、环境影响问题、生产经营的

组织机构与人力资源配置、项目进度计划、投资估算、融资分析、财务分析、不确定性分析、风险分析、综合评价等。

（二）报告目录

1. 国际会展中心建设项目总论
   1.1 项目背景
      1.1.1 项目名称
      1.1.2 项目建设单位
      1.1.3 建设性质
      1.1.4 项目建设地点
      1.1.5 项目建设期限
      1.1.6 项目建设单位概况
      1.1.7 项目提出的理由
   1.2 国际会展中心建设项目概况
      1.2.1 项目拟建地点
      1.2.2 项目建设规模与目标
      1.2.3 项目投资估算和资金筹措
      1.2.4 项目技术经济指标
   1.3 研究范围
   1.4 项目可行性研究报告编制依据
      1.4.1 可行性研究报告编制依据
      1.4.2 可行性研究报告编制单位
   1.5 结论与建议
      1.5.1 项目可行性研究结论
      1.5.2 项目可行性研究建议
2. 国际会展中心建设市场分析
   2.1 市场供应预测
      2.1.1 国内外市场供应现状
      2.1.2 国内外市场供应预测
   2.2 市场需求预测
      2.2.1 国内外市场需求现状
      2.2.2 国内外市场需求预测
   2.3 目标市场分析
      2.3.1 目标市场界定

        2.3.2 市场占有份额分析
    2.4 价格现状与预测
        2.4.1 国内市场销售价格
        2.4.2 国际市场销售价格
    2.5 市场竞争力分析
        2.5.1 主要竞争对手情况
        2.5.2 市场竞争力优势、劣势
        2.5.3 营销策略
    2.6 市场风险
3. 国际会展中心建设服务方案、产品及生产规模
    3.1 服务、产品规模的选择
    3.2 服务品种、产品、规格及质量标准
    3.3 经营生产
4. 国际会展中心建设技术、工程方案
5. 原材料、燃料及动力供应
    5.1 项目物料消耗
    5.2 项目物料来源及供应
6. 国际会展中心建设项目场地及建设条件
    6.1 地理位置
    6.2 自然条件
7. 国际会展中心建设项目土建及公用工程
    7.1 项目总平面布置
        7.1.1 原则
        7.1.2 布置
    7.2 运输
    7.3 土建
    7.4 供电
        7.4.1 配电系统及配电线路
    7.5 给排水
        7.5.1 水源
        7.5.2 用水量
        7.5.3 排水
    7.6 暖通
8. 国际会展中心建设项目节能

8.1 指导思想
8.2 节能依据
8.3 能源估算
8.4 节能技术和工程措施
  8.4.1 工艺节能
  8.4.2 建筑节能
  8.4.3 节电措施
  8.4.4 节水措施

9. 国际会展中心建设项目环境保护
9.1 概述
9.2 设计依据
9.3 主要污染源及污染物
9.4 污染控制主要措施
9.5 环保机构
9.6 绿化

10. 国际会展中心建设项目安全、工业卫生及消防
10.1 概述
10.2 有关安全与卫生方面的标准
10.3 总图布置与厂内运输安全
10.4 各有害因素的防治和采取的措施
10.5 预期效果及评价

11. 国际会展中心建设项目人力资源配置及项目管理
11.1 施工管理
  11.1.1 施工组织机构
  11.1.2 人力资源配置
  11.1.3 施工管理的职责
11.2 生产运行管理
  11.2.1 企业经营管理机构
  11.2.2 劳动定员
  11.2.3 人员来源、要求及培训
  11.2.4 经营管理措施

12. 国际会展中心建设项目项目实施进度
12.1 项目建设工期
12.2 项目工程实施进度安排

13. 国际会展中心建设项目投资估算与资金筹措

13.1 项目投资估算
    13.1.1 项目固定资产投资估算
    13.1.2 项目估算依据
    13.1.3 项目投资估算
13.2 项目资金筹措
14. 国际会展中心建设项目财务评价
14.1 评价依据及方法
    14.1.1 主要依据
    14.1.2 方法
14.2 基础数据与参数选取
14.3 营业销售收入及总成本费用估算
    14.3.1 项目营业销售收入及销售税费
    14.3.2 项目总成本费用
14.4 项目利润总额估算
14.5 项目盈亏平衡分析
14.6 项目财务盈利能力分析
14.7 项目敏感性分析
14.8 项目财务评价
15. 项目招投标管理
16. 项目可行性研究结论与建议
16.1 项目可行性研究结论
16.2 项目可行性研究建议附件、附表、附图略。

(资料来源：中国项目咨询网 www.chinaprcc.com)

范例分析：

这份《国际会展中心建设项目投资可行性研究报告》，论证了国际会展中心建设项目是否值得投资和如何投资的可行性意见，它既可作为国际会展中心建设项目投资决策、筹集资金向银行申请贷款、环保部门审查项目对环境影响的依据，也可作为向项目建设所在地政府和规划部门申请施工许可证的依据等。通过本报告内容的纲目，不难看出，会展项目可行性论证报告其实是一份系统、全面、完整的论证方案。它是会展文案中十分重要又很能体现撰写者专业功底的一种文案。

三、2011年上海旅游节"都市精品"系列方案

（一）时间

2011年9月10日～10月6日

（二）主办单位

上海市旅游局、上海市文化广播影视管理局、上海市商务委员会

（三）主题

走进美好与欢乐

（四）都市精品

1. 旅游企业大型联合优惠活动

时间：9月13～20日（旅游景区点、浦江游览）

10月1～7日（本市各宾馆）

内容：本市各旅游企业在旅游节期间根据各自企业特点，全面推出各类优惠套餐，折扣产品以及特色服务，使广大游客与市民享受旅游节带来的优惠和享受。

2. 南京路欢乐周

时间：9月11～17日

地点：南京路步行街

内容：以巡游和街区表演为主要活动形式，突出上海旅游节"走进美好与欢乐"主题，每天都有来自外国和外省市表演队伍在南京路步行街上进行特色鲜明、精彩纷呈的巡游表演。

3. 街舞大赛

时间：9月

地点：卢湾南园滨江

内容：旨在吸引更多人走进上海、走进上海旅游节，展示出当代年轻人的个性和活力。参赛对象为街舞团队，可通过电话和网络报名参赛，比赛分为初赛、复赛、决赛三级淘汰制。

4. 唐韵中秋

时间：9月11～12日

地点：桂林公园

内容：彰显中国元素的中秋习俗和桂花文化，依托优秀园林文化遗产和古典文化氛围，发掘精髓，传递和谐风尚。

5. 德国周

时间：9月

地点：大上海时代广场

内容：展现文化、艺术和科技领域的卓然成就，继续让上海人近距离感受和了解精彩的德国。

6. 豫园中国日（节）

时间：9月7～30日

地点：豫园商城

内容：结合中秋等传统节庆，在豫园商城举办特色主题游园会，挖掘传统文化底蕴，打造豫园特色，突出商旅文联动，展示中华传统民俗、民风、名艺。通过传统的游艺项目，展现中华传统文化的内涵和乐趣。

7. 第二届美兰湖音乐节

时间：9～10月

地点：罗店北欧新镇

内容：环保与音乐两大主题在美兰湖畔实现完美融合。以"低碳城市，绿色生活"为主题，倡导市民减少碳排放。活动现场还将安排新能源产品体验、环保节能产品展示、环保创意涂鸦大赛、各地人气美食展销等。

8. 第六届都市咖啡文化展示周暨咖啡师比赛

时间：9月15～19日

地点：吴江路休闲街

内容：咖啡师比赛、咖啡娱乐赛、咖啡文化传播。

9. 孔子文化节

时间：9月底～10月初

地点：嘉定州桥景区

内容：以孔子文化为核心理念，以嘉定孔庙和州桥老街为载体，全视觉、多元化地展示中国儒家经典，继承和发扬儒家文化思想精髓。通过丰富多彩、形式多样的活动打造一场丰富的文化盛宴。

10. 南翔小笼文化展

时间：9月下旬～10月

地点：南翔老街、古漪园

内容：以"小笼，让生活更滋味"为主题，围绕"主题演绎、提升能级、品牌塑造、扩大影响"的理念，通过开展有看、有听、有玩、有吃、有买的南翔小笼文化展示系列活动，展示南翔的新形象、新魅力、新感受，培育千年古镇南翔的特色文化和旅游品牌。

11. 古漪园竹文化艺术节

时间：9～10月

地点：古漪园

内容：艺术节将以品竹为主线，通过展示80余种珍稀竹品种以及以竹子为主角搭建的植物景观，向中外宾客展示源远流长、光辉灿烂的中国竹文化艺术瑰宝。

12. 2011安亭汽车文化之旅欢乐周

时间：10月1~7日

地点：安亭国际汽车城

内容：以"畅游安亭老街 玩转汽车世界"为主题，通过对汽车与汽车衍生行业的观赏、交易、互动活动，让广大游客玩在安亭、乐在安亭，近距离领略安亭汽车城的现代时尚与传统魅力。

13. 第九届"上海之根"文化旅游节（秋季寻根）

时间：9月中旬~10月

地点：松江区

内容：组织各类集商贸、体育、文化于一体的群众参与性活动。

14. 动物运动会

时间：9月1日~10月30日

地点：上海野生动物园

内容：本次活动的宗旨是倡导人与动物和谐相处的理念，展示动物园新、老动物的愉快生活。通过一系列活动的开展，将游人带入一个欢乐的野生动物乐园。

15. 2011孙桥丰收节

时间：9月下旬~10月31日

地点：孙桥现代农业园

内容：引入国际品牌的相关农产品、食品，以及与农业生产有关的产品，成为一个可互动、可体验的"优质农产品"的"奥特莱斯"。

16. 第七届"吴根越角"枫泾水乡婚典

时间：9月27日

地点：枫泾古镇

内容：水乡婚典新人结婚仪式、水乡婚典新人古镇巡游、新人高铁游杭州。

17. 茶乡美食节

时间：9月

地点：大宁国际商业广场

内容：联合茶乡旅游合作联盟成员单位，展示茶乡各地特色美食，展销当地旅游土特名产。

18. 苏州河十八湾"水上对歌"晚会

时间：9月

地点：苏州河

内容：通过"水上对歌"充分展示苏州河的文化内涵和现代风情。包括"苏州河咏唱""传统经典民歌对唱""戏曲对唱"等。

19. 小主人号双层旅游观光巴士长宁行

时间：9月下旬

地点：长宁

内容：借助区内春秋集团的城市观光巴士，充分挖掘长宁区域特色旅游资源，设置观光与游览结合的活动板块，达到打响"小主人"品牌与宣传长宁特色文化资源的目标。

20. 四川北路欢乐节

时间：9月

地点：鲁迅公园或虹口足球场

内容：2011年上海旅游节四川北路欢乐节，将以"安全、祥和、欢乐"为原则，以庆祝国庆为主题，通过组织各类活动展现市民生活风貌。

21. 都市森林狂欢节

时间：10月1～7日

地点：共青森林公园

内容：第十一届都市森林狂欢节，将吸取前十届的经验，精益求精，精心编排百姓喜闻乐见、丰富多彩的活动。

22. 上海弄堂风情游

时间：9月10～6日

地点：静安区特色弄堂

内容：品尝上海风味美食，游览特色里弄，参观保护建筑。走进居民家里，与居民进行文化交流，学做工艺制品，学说上海话，学烧上海菜。

23. 上海淀山湖旅游节

时间：9～10月

地点：青浦

内容：主要有环湖骑游徒步低碳活动、朱家角古镇旅游节民俗活动、东方绿洲休闲活动等。

24. 崇明森林旅游节

时间：9月上旬～10月上旬

地点：崇明

内容：森林交响音乐会，崇明米酒节，上海绿华全国蟋蟀团体比赛等。

（资料来源：上海生活门户网 http://www.shmenhu.com/97/0GW14a2012）

案例分析：

上海旅游节从1990年起举办，已成功举办二十多届。活动通常从每年九月的一个周六开始，历时二十余天，涵盖观光、休闲、娱乐、文体、展会、美食、购物等几个大类近四十个项目，每年吸引游客超800万人次。为了打造"上海旅游节"的节庆品牌，上海旅游节组委会每年都将"都市精品"系列方案作为重点进行策划。本案例敢于创新，积极打造众多市民、游客喜闻乐见、参与度高的节庆活动，为市民游客提供更多优惠便利的服务措施和更加周到细致的服务保障。旅游资源丰富、种类繁多是这份方案的显著特点，这也是一般节庆策划文案所具备的基本特征，值得我们学习借鉴。

本章前沿问题

一般说来，在进行会展项目立项申报时，与会展项目申办报告文件一起还会附上会展项目市场调查报告或会展项目立项可行性论证报告等相关材料。虽然在国内举办全国性非涉外经济贸易展会已经不再实行审批制，只需到举办地工商行政管理机关登记即可，但是，熟知与掌握会展申办文案的特点、作用、种类等仍然是必要的。

练习与思考

1. 简述会展项目立项策划文案的概念和特点。
2. 简述会展申办报告的结构与写法。
3. 试述会展项目调查报告应该包括的内容。
4. 试述会展项目可行性论证报告中的SWOT分析的基本内容。
5. 试述会展项目策划书的基本内容。
6. 阅读下列材料并思考问题。

如何申办国际科技会议

国际数学家大会、国际心理学大会、国际昆虫大会、第七届国际草莓大会等国际会议在中国的举办，引起了国内外该领域同行的关注，对促进我国科技事业的发展也起到了巨大的推动作用。

一次国际科技系列会议在某种程度上相当于该领域该学科的一次"奥运会"，那么这些相当于"奥运会"的国际学术系列会议是如何来到我国举办的呢？答案是：积极参与，主动申办。

在国际科技界,包括理、工、农、医在内的科技领域或学科都有相应的国际组织或理事会,该组织定期在不同的国家或地区召开学术年会。一般来说,申办该组织年会的主办权分为以下几个步骤:提交申办报告,现场陈述和答疑,国际理事会、执委会全体成员表决,确定下一届或下两届年会举办国家或地区。

据统计,每年举办国际科技会议达几千个,而能来到我国举办的会议数量仅占千分之几。从这个意义上说,在中国国际科技会议空间和发展潜力巨大,有待于我们去开发。我将多年的办会经验分享给大家。

一、申办条件

举办一次国际系列学术会议需要前期做大量的调研和论证工作。①申办的单位应是该组织的成员,没有加入该国际组织的单位原则上没有资格申办。例如,中国科学技术协会所属的近两百个一级学会绝大多数是国际组织的成员,大部分具备申办资质。每逢国际组织召开年会都有国内的科技人员出席,这为日后的申办工作奠定了基础。②中国台湾不是该组织的成员,或非国家成员。没有一中一台、两个中国等问题。③本学科近年来发展较快,受到国际同行们的关注。④经常参加在不同国家和地区召开的会议,与国际组织成员保持联系。

二、申办程序

申办国际科技系列会议大体经过三个阶段。

(一)前期筹备

A. 前期调研

此阶段是整个申办过程中很重要的阶段之一,有大量的工作要做。

首先要评估申办成功的可能性有多大。申办是否成功,取决于很多因素。按国际惯例,系列会议应该在各大洲轮流举办。

弄清楚会议信息后,接下来要论证是否有能力承办。有的国际会议达到几千人,组织和筹备千人会议需要大量的人力物力,是否能够承担此重任是不可不考虑的。首先考虑是否有足够的经费来源,能否争取到赞助以保证会议的正常运行?其次还要考虑是否有适合的会议场所举办如此大规模的会议。

如果上述条件都满足,即具备了申办的基本条件。

B. 准备申办报告

不同的国际组织对申办材料的内容要求不尽相同。提交的申办报告应详尽并符合国际组织的要求。一般来说应该包括以下几个方面:①会议场所信息:是否有符合举办几百人至几千人的会场是首先要考虑的,也是国际组织最为关心的。一般来说,学术会议多以分组会为主,因此,不仅需要几千人的大会场,同时要有更多的分会场才能满足大会的基本要求,这一点是不能忽视的。在提交的报告中也要充分说明。会议地点的交通对于会议选址很重要。在申办报告中应充分强调国际交通的便利性。②会议预算:在申办报告中是重点。有些国际组织要求地方组委会提供相当比例的资金赞助第三世界的代表或学生来参加会议,有的甚至要求地方组委会上缴一定比例的会议盈余来保证国际组织正常运转。如果会议不能收支平衡,或出现赤字,国际组织是不会通过的。③注册费标准:国际组织希望有更多的同行出席大会,注册费过高或过低都是不可取的。通常的做法是参考前几届会议的收费标准和举办地的消费水平来确定合理的注册费标准。④承办机构(PCO):有些国际组织要求大会由PCO来执行。PCO,特别是有申办经验的PCO的早期介入会给申办工作带来极大的便利,申办成功的几率也会增加。⑤旅游资源:除参加大会外,参会者都会留一些时间进行考察、旅游。申办报告中应对会议目的地最具特色的景点或名胜加以介绍,以吸引更多人的目光。⑥政府支持:政府支持对于成功申办及其重要,当地政府的支持力度与成功申办有着极大的关联。近年来不少地方政府很重视会议产业的发展,并出台了一些奖励政策。如有可能在申办报告中附上一封当地政府的支持信是很有必要的。

(二)现场陈述与答疑

通常情况下,在国际会议召开期间,国际组织成员安排一段时间召开理事会听取各申办单位的陈述并进行表决。

一定记住,要清晰表达出申办报告的内容,否则效果会大打折扣。表决之前,国际组织成员通常会提出一些疑问,比如有关签证、会议经费、会议场地、PCO、当地交通、气候、甚至电压等,应事先做好心理准备。

(三)理事会表决

最后国际理事会在申办人不在场的情况下进行内部表决,申办工作到此结束。

三、申办注意事项

按照惯例,国外代表350人,或会议总人数不超过800人的由中国科协审批。国外代表多于350人,或会议总人数超过800人的经中国科协报国务院审批。

根据科技部和中国科学技术协会的有关文件,申办报告提交之前要根据会议规模报相关主管部门审批,未经批准的不准擅自申报。另外,在申办成功后,于举办会议的前一年还要进行一次举办该会议的报批手续。

(资料来源:会议.2012(8))

思考题:

1. 国际科技系列会议的申办有哪些基本条件?

2. 一般来说,申办国际科技系列会议应当提交的文件有哪些,其中,申办报告应该包括哪几个方面?

第三章

会展主题文案写作

学习目标

1. 掌握会展主题的概念与类型。
2. 了解影响会展主题选择与确定的因素;会展主题选择与确定的原则;会展主题文案的写作要点。

基本概念

会展主题　亚主题　主题会议　主题展览　主题节庆

第一节　会展主题的概念与类型

一、会展主题的概念

（一）主题起源

"主题"一词源于德国,最初是一个音乐术语,指具有相对完整和独立意义的乐曲旋律,通常是乐曲中最具特征并处于优越地位的那一段旋律——主旋律。它表现一个完整的音乐思想,是乐曲的核心,并用作乐曲发展的基础。

我国古代对主题的称呼是"意""立意""旨""主旨""主脑"等,日本将这个概念译为"主题",我国从日本翻译它时就借用了过来。早期"主题"一词通常指文学作品通过对社会生活的描写和艺术形象的塑造所显示出来的、并贯穿于全篇的基本思想,是作者对现实的观察、体验、分析以及对材料的处理、提炼而得出的思想结晶,它既包含所反映的现实生活本身所蕴含的客观意义,又集中体现了作者对客观事物的主观认识、理解和评价。后来这个术语逐渐被用于除文学艺术创作之外的、广阔的社会生活领域。

（二）会展主题和会展主题文案

要开好一次大会，必须要有一个中心思想、一个主要内容，只有紧扣主题，才能将会议组织得有条不紊。对于展览来说，要想在社会上引起广泛重视，也必须有明确的主题，从而吸引人们的视线，抓住人们关注的问题。会展主题就像文章的中心思想一样，会展有了好的主题，就如同文章有了灵魂，魅力倍增。

会展主题是整个会展活动过程所反映的政治、经济、科学、文化等社会生活内容的中心思想，也称为会展主题思想。这一界定至少包括以下两层含义：第一，会展主题是对会展的指导思想、宗旨、目的、要求等最凝练的概括与表达，是统领会展各个环节的"纲"，并贯穿会展活动的始终。它是会展的精髓，在一定程度上影响会展内容的安排、活动形式的选择和其他诸要素的设计。第二，会展主题既是会展的主办者传达给参展商和公众的一个明确的信息，也是社会了解会展的首要方面。

会展主题文案写作就是选择和确定会展主题并围绕主题策划会展活动的过程。它是文案人员所要传达的中心信息，并通过这一信息刺激并约束参与者的行为，使他们能够完成工作。它统率着整个会展文案写作的创意、构成、方案、形象等各个要素。

（三）会展主题文案应避免的几种倾向

在进行会展主题文案写作过程中，必须要避免以下几种倾向。

1. 同一化

同一化是指会展主题与其他主题类似，使公众混淆不清。

2. 扩散化

会展主题可以是一个，也可以是几个，但绝不能没有主题；也不能有太多的主题，太多的主题意味着没有主题。

3. 共有化

会展主题没有鲜明个性，同一主题有时为一个活动方案服务，有时为另一个活动方案服务。

二、会展主题的类型

会展不同，会展主题势必也不相同；甚至，在同一次会展中，由于主体或层次的不同，也会有不同的主题。下面我们来看看会展主题的分类。

（一）会展主题和参展主题

按照主办者的不同，可以分为会展主题和参展主题。我们来看下面的案例。

某市将举办一个区域性的儿童图书、游戏及玩具零售展,预计在2天内会有8 000名参观者,是一个专业性展会。由于是儿童图书、玩具及游戏的零售展,展会主办者结合当前儿童出版市场的调研及当前主流儿童文化,确定此次展览的主题为"不仅仅是个故事"。

该市的一个儿童图书出版商想参加这次展会,展示其副线新产品(游戏和智力玩具)。该出版商根据对市场需求的调查及产品特点,结合本次展会的主题,决定以其产品中两个卡通人物的名字来命名此次参展主题,其确定的参展主题是"快活的小晶晶和小贝贝"。

(二)主题和亚主题

依据主题层次的不同,可以将会展主题分为主题和亚主题。两者相对而言,主题是总括性的;亚主题是对主题的细化或展开。2005年日本爱知县世博会的主题是"自然的睿智",此次世博会通过3个亚主题展开,即自然的模型、生活的艺术和生态区的开发。

再例如,2012年达沃斯冬季年会的主题为"大转型:塑造新模式",又分发展与就业、领导与创新、资源与可持续和社会与科技4个亚主题。

(三)主题会议、主题展览、主题节庆

按照会展所覆盖的范围,依据关于"会、展、节"等的大会展概念,可将会展主题类型分为主题会议、主题展览、主题节庆活动等类别。世博会是集会议、展览为一体的盛会,也是会展中最典型的特例。

1. 主题会议

会议是全球会展中最先被关注的重要组成部分,其产业的成熟度相当高,并因此形成了不少以会议为特色的著名城市,如日内瓦、苏黎世、维也纳、法兰克福、巴黎、米兰、三亚等。这些城市既是著名的国际会议召开地,又是重要的商业中心、旅游胜地,瑞士的达沃斯就是这方面最典型的例子(参见相关链接3-1)。

相关链接3-1:世界经济论坛年会近年来的主题

世界经济论坛(World Economic Forum-WEF,又称达沃斯论坛)由一般形式的欧洲管理论坛发展到如今的全球性世界论坛,离不开论坛发起人及其主办者在会议项目主旨定位及主题策划等方面的独特之处。随着国际形势的变化,论坛所探讨的议题逐渐突破了纯经济领域,许多双边和地区性问题也成为论坛讨论的主要内容。近十多年来,世界上发生的重大政治、军事、安全和社会事件多在论坛上得到反映。世界经济论坛2004年年会的主题为"建立安全与繁荣的伙伴关系";2005年的主题是"负起艰难抉择的重任";2006年的主题为"开拓创新,把握未来";2007年以"变化中的力量格局"

为主题;2008 年的主题是"合作创新的力量";2009 年的主题为"构建危机后的世界";2010 的主题是"改善世界现状:重新思考、重新设计、重新构建";2011 年的主题是"新形势下的共同准则";2012 年的主题是"大转型:塑造新模式"。

(资源来源:和讯网 http://news.hexun.com/2010/0285/124784614)

2. 主题展览

主题展览是指专题形式的展览,它的主题单一、宗旨明确,如"中关村 20 岁,正年轻"主题展览。近年来,主题展览数量逐年攀升,展览的主题也各有不同,我们以近十年来平遥国际摄影大展为例。

2003 年,平遥国际摄影大展的主题为"生活·文化";2004 年,大展以"文明·发展"为主题,以"从远古走来、精彩在世界、中国进行时、走到一起来"等为亚主题;2005 年,适值世界反法西斯战争和中国抗日战争胜利 60 周年这一历史时刻,大展组委会确立了"和平·进步"的主题;2006 年,大展的主题是"多元·和谐"。多元与和谐意味着不同元素的融汇和交流,意味着自由和创造,意味着不同的文化观念和生活方式,也意味着对地域局限的突破;2007 年,大展的主题是"合作·共赢",这个主题反映了当今世界和谐发展的趋势,也是所有摄影人的心愿;2008 年,大展的主题是"奥运·大爱"。208 年是奥运年,2008 年发生了汶川大地震,一场盛会舞动中国,这盛会就是奥运;一个主题定位大展,这主题叫作大爱;奥运是中国的脉动,大爱是大展的血液,奥运和大爱交织为这次大展的主题,为影像的价值观展示了一种背景。

2009 年,平遥国际摄影大展的主题为"生命·梦想";2010 年,平遥国际摄影大展的主题为"信心·力量";2011 年,平遥国际摄影大展的主题为"瞬间 永恒";2012 年,平遥国际摄影大展的主题为"回归·超越"。

3. 主题节庆

节庆活动是在固定或不固定的日期内,以特定主题活动方式,约定俗成、世代相传的一种社会活动。传统节庆活动的主题是很明确的,如春节、端午节、中秋节、国庆节、三八妇女节、五一国际劳动节、火把节、泼水节、摔跤节等。

商贸类的节庆活动,如艺术节、戏剧节等,一般也都会有明确的主题。

以中国上海国际艺术节为例,其宗旨是:吸引世界优秀文化,弘扬中华民族艺术,推动中外文化交流,繁荣文化市场。围绕这一宗旨,根据国际文艺的发展潮流和趋势,中国上海国际艺术节每年的举办主题也有所不同。

例如,第十届中国上海国际艺术节高举"经典一流"和"探索创新"两面旗帜,以"艺术,城市的礼赞,生活的盛典"为主题;第十一届中国上海国际艺术节以"用艺术点亮心灵"为主题;第十二届中国上海国际艺术节恰逢世博年,因经,主题定为"炫动世博,舞动上海"。

2011年,第十三届中国上海国际艺术节以"艺术的交流,心灵的相约"为主题。一如既往地贯彻"艺术交流的盛会,人民大众的节日"的宗旨。

有的节庆活动主题会相对固定,但也会有所变化,如南宁国际民歌艺术节(参见相关链接3-2)。

 相关链接3-2：南宁国际民歌艺术节的主题

广西南宁是一座充满歌声的城市,被人们赞誉为"绿城美如画,壮乡歌如海",是"天下民歌眷恋的地方",这里的各族人民一向有唱民歌的习俗。为把民歌发扬光大,从1993年起广西就开始举办"广西国际民歌节",1999年其更名为"南宁国际民歌艺术节",并定于每年的9月或10月或11月在南宁举行。民歌节由南宁市人民政府邀请国家文化部文化图书馆司、国家民委文化宣传司联合举办,这是以歌传情、以歌会友、共同抒发对美好生活的向往和热爱的艺术节。南宁国际民歌艺术节以打造新民歌、弘扬民族文化、扩大中外文化交流为宗旨,从2004年开始,确定"风情东南亚·相聚南宁"的大主题,并不断创新,孜孜以求,吸引了大批观众,扩大了民歌的影响,让南宁这个"天下民歌眷恋的地方"绽放出夺目光芒。经过多年的精心打造,南宁国际民歌艺术节以其浓郁的民族性、强劲的现代性、广泛的国际性和高雅的艺术性赢得了世界越来越多的关注,影响力日益扩大。南宁国际民歌艺术节在2005年国际节庆协会(IFEA)行业评选活动中,一举赢得"IFEA全球节庆行业奖",并入选"中国最具国际影响力十大节庆活动"等。

"大地飞歌"作为南宁国际民歌艺术节开幕式的主题已沿用多年,不过,也有一些变化,如2005年的"四季歌圩";2007年的"盛世欢歌";2012的"天地同心,时代同行"等。

(资料来源:http://baike.baidu.com/riew/197004.htm)

第二节 会展主题的选择与确定

会展主题的选择与确定是办好会展的关键所在,一个好的会展主题可以吸引众多的参展商、目标客户和观众来参加,会展活动也就会越办越成功。

一、影响会展主题选择与确定的因素

主办方举办会展活动应从实际出发,明确宗旨,选准主题,使会展活动与城市理念、城市文化相结合,与城市的风格及人文特征相吻合。这样,会展才能为城市形象锦上添花;否则,会适得其反。具体说,选择与确定会展主题时应考虑以下因素。

(一) 产业、行业情况

一般来说,会展主题的选择,要根据会展举办地的经济结构、产业结构、地理位置、交通状况和展览设施条件等来确定。一个城市的支柱产业是会展主题选择的重要依据之一,通常可以借助支柱产业来确立会展主题。

1. 要了解该行业发展的现状及技术设备的需求情况

主办方应主要了解该行业的专业技术和制作工艺方面的发展是先进还是落后,基础是好还是差;这个行业今后是要关、停、并、转,还是大力发展;此外,还要了解该行业今后几年乃至几十年的发展方向。在了解以上信息的基础上,主办方才能确定这个主题是否能办下去,是否具有生命力,以及在以后的办展过程中能否逐步发展。

2. 要注意会展业发展的趋势

主办方在进行市场调查、了解行业信息时,要特别注意会展业发展的几个趋势。

(1) 会展行业的兴衰与其所展示行业的自身发展和地域转移密切相关。如,随着近年国际IT产业向亚太地区的转移,欧美地区的IT产业展会规模逐步缩减,并呈现逐步向亚太地区转移的态势。

(2) 涉及第三产业的会展日益增多。例如,教育、文化方面的会展逐年增加,近年来的书展就十分红火。

(3) 品牌展览的国际移植方兴未艾。目前,发展中国家,特别是亚太地区的很多制造业类品牌展览会多是由欧美地区移植而来的。

3. 了解政府的产业政策

会展主题的确定要依托会展举办地的产业优势,首先,应考虑本区域的优势产业和主导产业;其次,应考虑国家或本地区重点发展的产业;最后,应考虑政府扶植的产业。有的城市是老工业基地,装备制造业发达,所举办的展会就要体现其工业文明,如沈阳等城市;有的城市旅游资源丰富,展会则要体现出浓郁的旅游文化特点,如杭州等城市。

我国一般是在5年计划或10年计划中确定国民经济在十几年内发展的重点,优先发展的领域和要投资建设的重大的项目。这些都是选择和确定会展主题时要重点考虑的因素,因为,一般说来,国家重点发展的行业都是会展的热门主题。依靠政策导向选择主题,会展项目肯定会有生命力、有发展前途。

例如,国家提出要发展能源、交通、通信这些基础设施,这些产业的政策就为确定会展主题提供了依据,这也是后来的能源展、通信展等展会越办越大、久办不衰的大前提。

(二) 会展举办地特点

会展的举办是针对一定的对象进行的,即使是不涉及经济问题的会展,其与会者也可称之为其市场。只有扎根于市场需求基础之中的会展主题才有生命力,这样的会展才具备了基本的可行性。在确定一个展会主题时,主办方要考虑会展举办地的地域特点和经济、文化特色,有些城市的地域优势正是其城市形象的个性特点,如哈尔滨举办的冰雕节。借助城市特点确立会展主题,应综合了解这个地区以下几个方面的有关情况。

1. 考虑当地市场

首先要考虑本地区的开发程度、产业结构、整体经济发展水平;同时,还要了解当地的场馆情况、交通通信条件、运输能力、旅游饭店设施等综合市场情况,以此权衡在该地区办展有没有接待条件,展会是否能举办成功;还要考虑当地市场辐射范围。一个中心城市一般能辐射到周边一些地区,如上海能辐射到江苏、浙江、安徽、江西,北京能辐射到河北、天津、内蒙古、山西,因此,选择办展地点、确定展会主题时还要考虑该城市的市场情况。

2. 考虑当地经济

这主要是考虑当地的经济结构与特色。我国幅员辽阔,城市众多,有的是旅游城市、有的是消费城市、有的是工业基地、有的是纺织基地,因此,一定要结合当地的经济特色来确定主题。例如,广东工业以轻工业、加工工业见长,因此,其出名的大型展览有家具展、室内装饰展、美容化妆品展、计算机展、广告展、皮革鞋类展等,都是轻工业类的展览。广东省的品牌展览会主题主要集中在轻工业题材类。

3. 考虑当地文化特色

从会展主题的确定考虑,还必须努力挖掘会展所在城市的文化底蕴,使会展主题具有当地民族特色、反映当地风土人情。例如,西藏、甘肃、安徽可以举办相应的文化展;此外,杭州丝绸展、义乌小商品展等,这些展会也都体现了当地的特色。

(三) 会展参与者的兴趣和需求

一个成功的会展主题要能够迎合参与者的需求,引起参与者强烈的共鸣。

1. 了解参展商的需求和兴趣

举办会展的目的是尽可能多地吸引参会者或参展商来参加展会。会展的内容只有符合参展商的兴趣,才会吸引众多的参展商参展;否则,脱离了参展商的兴趣,主题再新颖,项目再新奇,主办者也只能是孤芳自赏、门可罗雀。主办者应真正了解每一届会展、每一个客户的新需求,量身定做,制订出适合的主题,提供给参展商想要的东西。了解参展商的兴趣,要重点抓住目标行业的领头企业,在确立主题之前,要收集整理其网站、宣传册、产品说明和目录等,弄清楚他们最喜欢的最需要的,从中获得有价值的信息或可能的主题。

2. 了解会展观众的需求

观众包括专业观众和普通观众也即消费者,通常认为目标观众的数量越多,展会的质量和效果就越好。随着经济的不断发展和人民生活的不断改善,人们的消费水平不断提高,消费观念也在发生变化,因此,消费类展会主题的确定,离不开对消费者消费需求和流行趋势的了解。

(四)会展目标

会展目标是会展主办者根据营销战略、市场条件等因素所制定的具体而明确的会展目的,并希望通过引人注目的方式吸引参展商、经销商、目标客户和观众参与会展活动从而达到举办会展的目的。会展主题只有服从和服务于会展目标,才不至于与组织的根本目的相违背,才有助于实现会展目标。

(五)会展对象的个性信息

会展主题只有紧紧抓住并凸显会展对象的独特个性,将其与一般对象区别开来,才能引起并抓住参与者的兴趣。例如,举办儿童物品展,其主题写作就应该结合和围绕儿童的有关特点进行考虑。

在会展主题写作时,所有要素应该有机结合,相互融合和渗透。产业情况和地域特点是会展主题写作的现实基础;会展目标构成会展主题写作的依据;个性信息是会展主题紧密围绕特定的对象;会展参与者的兴趣与需求是主题生动的活力。

二、会展主题选择与确定的原则

会展主题选择与确定的原则是指能够反映会展主题选择与确定过程的客观规律和要求在会展主题选择与确定活动中需要遵循的指导原则和行动准则。会展主题选择与确定的原则是会展主题选择与确定的客观规律的理性反映。

会展主题文案写作应遵循的原则主要有如下几点。

(一)时效性原则

时效性的要求是"抢眼"。会展的主题要与时代的发展紧密结合,才能更好地吸引观众的眼球。国际、国内所发生的一系列大事是全球政治、经济、文化的综合反映,关系到全人类的命运,也影响和改变着人们的生活。因此,会展的主题思想应该紧跟世界宏观形势的变化,并反映出人们思想观念的转变。

例如,近年来,在公众的生活里,"文化""文化创意""文化创意产业"已经成为热词。各种名目的冠以"文化创意产业博览会"的展会更是风起云涌,"……文化创意产业发展论坛""……文化创意节""……文化创意大赛""……文化创意演出"数不胜数,可以说中国会展已经进入文化创意时代。因此,依靠创意的各个领域,如广播、电视、电影、动漫、报纸、杂志、图书出版、艺术娱乐、旅游、体育、会展活动、游戏、娱乐等的相关会展活动都要求展示具有时代意义的主题。

(二) 一致性原则

一致性原则是指会展主题的选择要与实际相一致。会展主题的选择与确定应从实际出发,要根据实际情况来选择与确定主题。一般说来要根据城市的地域特点、产业结构、经济文化特色、品牌塑造等要素来确立会展的主题。

例如,海洋污染日益严重、海洋生态系统遭受破坏、海平面逐渐上升等源于海洋的灾难已并非一个特定国家的问题,而是全世界共同面临的问题。所以,探索有关海洋和海岸的人类共同问题的解决方案变得十分重要。2012年韩国丽水世博会的主题为"生机勃勃的海洋和海岸"正是基于这一观点。为了更好地演绎世博主题,在"生机勃勃的海洋和海岸:资源多样性保护和可持续发展"下设了三个副主题,分别为物质层次的"海岸开发与保护"、对人类生存越来越重要的"新资源技术",以及精神层次的"创意海洋活动"。这都体现了丽水这一滨海城市的特点与特色。

(三) 创新性原则

会展主题必须有崭新的创意。要想在市场经济的浪尖上达到万商云集,闻名遐迩,创新性是必不可少的。会展主题必须新颖独特,能清晰地体现出该会展的与众不同之处,否则,就难以具有市场号召力,难以吸引参展商和目标观众的参与。

例如,2012天津夏季达沃斯论坛的主题为"塑造未来经济"。此前,天津已于2008年和2010年举办过两届夏季达沃斯论坛,主题分别为"下一轮增长的浪潮"和"推动可持续增长"。这届年会将充分研究夏季达沃斯论坛与天津融合、互利共赢的模式,组织力量实现论坛议题的创新与突破,充分融入中国经济、天津经济的发展元素等,所以在论坛主题的确定上体现了创新性。

(四) 通俗性原则

主题在某种意义上就是宣传广告,"大道至简",最简单的东西通常能最深刻地反映事物的本质。会展主题也是如此,通俗易懂、简单明快、朗朗上口,易于公众接受和理解的主题,会得到广泛传播。

例如,2012年伦敦奥运会的主题口号——"激励一代人"。一直以来,奥运会的主题从倡导和平与梦想到关注人与人性,伦敦奥运的主题昭示了人类社会发展的一个潮流——关注年轻人。伦敦奥运会最早的想法就是办一届年轻人的奥运会,以青年为主,注重发展青年体育运动。

第三节　会展主题文案的写作要点

会展主题文案的写作,需要注意的要点有以下方面。

一、结合时势变化

会展主题的确立要谋求一种有利的形势,综合考虑国内外政治、经济、文化等各方面的有利因素。宏观形势在不断变化,会展主题也要在形势的不断改变中寻求和建立优势、发挥优势、保持和强化优势。

在写作中,应根据形势的变化决定主题,对会展主题进行时间筹划。在同质化竞争日趋激烈的情况下,主题展会应尽力与其他展会在时间上错开,尤其是当竞争对手是一些知名展会时,更要避其锋芒,避免在争夺参展商的环节上出现困难。

对于当前比较热门的会展主题,要尽可能避免出现在同一时间、同一地点举办相同主题展会的情况,重复办展、无序竞争、恶性竞争的后果是很严重的。

我们以包装印刷类展会为例,根据其同行业的重要性,截至2012年8月,"好展会网"收录的印刷包装类展会多达253场(参见表3-1)。

表 3-1　2012—2013 年包装印刷类同行业展会(部分)

展 会 名 称	展会城市	开展时间
2012北京国际喷印雕刻标识技术展览会	北京	2012-08-23
2012第十二届中国青岛包装印刷技术设备展览会	青岛	2012-09-07
2012第五届湖南长沙网印及数字化印刷技术展览会湖南网印及数字化印刷技术展览会	长沙	2012-09-09
2012第五届中国纸包装工业瓦楞纸箱包装印刷展览会	苏州	2012-09-13
2012第十四届天津国际印刷包装工业展览会	天津	2012-09-26
2012第三届国际纸品胶片薄膜加工印刷技术设备及材料博览会	上海	2012-10-10
2012中国温州(华东)印刷技术展览会暨第十四届龙港印刷工业博览会	温州	2012-10-12
2012第三届中国国际标签技术展览会	上海	2012-10-17
2012第八届中国(中山小榄)印刷包装设备及器材展览会	中山	2012-10-18
2012中国(上海)国际包装制品与材料展览会	上海	2012-10-30
2012第十三届中国(苏州)国际印刷包装工业展	苏州	2012-11-15
2013第八届北京国际印刷技术展览会	北京	2013-05-13

续表

展会名称	展会城市	开展时间
2013第二十届华南国际印刷工业展览会	广州	2013-03-04
2013第二十届中国国际包装工业展览会	广州	2013-03-04
2013第十三届中国上海国际包装和食品加工技术展览会	上海	2013-05-07
2013上海国际瓦楞展	上海	2013-04-08
2013亚洲国际标签印刷展览会	上海	2013-11-29
2013中国国际标签印刷技术展览会	广州	2013-03-04
2013中国国际彩盒展览会	东莞	2013-08-21

(资料来源：好展会网 http://www.haozhanhui.com/exhreport/exh_repord_fekkg.html)

二、突出竞争优势

在确定会展主题之前，办展机构要清楚认识自己的优势与劣势，明确自身的办展目标和资源，力争使会展呈现出鲜明的主题，提高会展项目的竞争力。

（一）选择优势领域

优势领域，是指具有发展前景的领域或行业。展会的主题定位于这些优势领域，才能充分显示展会对于相关行业发展的带动作用和展会显著的营销效应。

例如，国务院出台的十大产业振兴规划将钢铁、汽车、船舶、石化、纺织、轻工、有色金属、装备制造和电子信息、物流等确定为国家将重点建设的领域，这些领域的展会就有着特定的优势和广阔的市场发展前景。

（二）突出区域特色

确定会展主题还要利用区域优势，塑造有区域特色的展会。

例如，以时尚产品著称于世的法国巴黎，正是因其举办的时装、化妆品等成功展会，而使其享有"会展之都"的美称；而被誉为"购物天堂"的中国香港也是以珠宝、皮草、玩具等会展闻名；深圳近几年在高新技术产业异军突起，其会展主题的选择就紧紧围绕深圳市今后的产业发展方向，突出高新技术城市和新兴城市的鲜明特点，增强了区域特色和吸引力，带动了相关产业的发展。

三、体现专业性质

专业性已成为世界范围内会展发展的一大趋势，专业展会针对性更强，展会项目不易重复，能够更加深入地促进行业贸易的发展，充分体现展会专业合作与交流的渠道作用。

因此，确定会展主题要体现专业性质。

例如，汉诺威工业博览会虽是综合展会，但却是由若干个专业展组成的，如机器人展、自动化立体仓库展、铸件展、低压电器展、灯具展、仪器仪表展、液压气动元件展等。这些专业展会一般两年办一次，各个专业展会主题不重复，而且每个专业展会的规模和水平均居世界一流，成为各个行业的名牌展会（参见相关链接3-3）。

 相关链接3-3：2012汉诺威工业博览会的两大主题

作为"世界工业行业趋势的'晴雨表'"，2012年的汉诺威工业博览会突出了绿色和智能两大主题。

（一）打造智能大都市——在交通系统、能源系统、水系统、公共服务系统和建筑系统间进行快速、高效的沟通。

21世纪被称为"城市世纪"，预计到2050年，地球70％的人口将居住在城市内。快速城市化和经济全球化、气候变暖彼此层叠，对城市生态系统造成巨大的压力。据测算，当前城市面积只占地球的1％，每年消耗的能源却占全球的75％。欧盟区域政策专员哈恩指出，中国在这方面遇到的挑战最为严峻，为此城市必须变得更加智能。

汉诺威工博会2011年首次推出了大都市解决方案展，广受各界欢迎。2012工博会在26号展馆集中展示了工业企业在都市交通、建筑、能源、水务等问题上的构想和产品。

（二）提高效率即环保——今天技术在全球市场的成功依赖于经济上的效率、质量和安全，明天技术的本质将是资源利用效率。

在很多展馆可以见到"提高资源效率就是绿色环保"的横幅。

德国电气和电子制造商协会的报告显示，从能源的产出到消费，其中的80％都在使用、输送和转换过程中损耗掉了。要减少这种损耗，需要将节能方法同成本节省措施相结合。其中仅仅采用过程自动化，就可以平均节能15％。

（三）电动交通正热门——电动汽车发展面临的共同难题是电池容量不足，价格较高，充电站等基础设施建设也至关重要。

充电站通过风能、太阳能发电储存电力，为电动汽车充电，这是未来绿色出行零排放的理想模式。在汉诺威工业博览会的"电动交通"展区，从各式各样的电动汽车模型、概念车，到可再生能源充电站，再到配套的智能电网系统，各个环节的产品、概念可谓应有尽有，"绿色、智能"的理念得到了多种形式的表达。

（资料来源：人民日报，2012-05-02，记者：管克江、黄发红）

四、拓展发展空间

目前国内大大小小、形形色色的会展主题已不计其数,要在会展主题的选择上实现创新,就必须积极拓展原有展会的空间。

例如,浙江投资贸易洽谈会暨中国国际日用消费品博览会,从以"扩大合作新领域,拓展发展新空间"为主题的第七届到以"实施国家四大战略、深化国际产业合作、促进经济转型升级"为主题的第十二届展会,每一届都全方位、多层次、宽领域地展示浙江的对外开放格局,展现浙江的区位优势、体制优势、产业优势和环境优势等,展会品牌效应凸显(参见相关链接3-4)。

 相关链接3-4:2012浙江投资贸易洽谈会系列主题论坛

  2012浙江投资贸易洽谈会开放论坛的主题为"持续经济危机下的中国对外开放:机遇与路径"。共举办12场"投资浙江"系列产业对接会,产业涉及家电、环保、服装、休闲服务业等。

12场"投资浙江"系列产业对接会,主题分别为:

浙江战略性新兴产业与世界500强对接洽谈会;

2012中国智能家电产业国际对接会;

浙江——日本节能环保产业合作洽谈会;

浙江——台湾中小企业合作洽谈会;

凤投企业及台湾休闲观光农业企业洽谈会;

服装设计及品牌合作洽谈会;

海洋新兴产业专场对接洽谈会;

浙江——日本汽配企业对接洽谈会;

国际友好城市商业协会——浙江省招商机构交流洽谈会;

宁波战略新兴产业国际投资对接会;

第二届宁波国际友好城市经贸合作交流会;

比利时安特卫普——浙江宁波投资贸易洽谈会。

资料来源:http://biz.zjol.con.cn/osbiz/system/2012/05/04/018463712.shtml

第四节 会展主题文案范例

一、2010年上海世博会的主题

2010年上海世博会是上海城市发展的一个里程碑,上海作为以城市为主题的2010

年世界博览会的举办城市,有着特殊的意义。

上海在筹备世博会的过程中,建造了更多的优秀建筑,创建了面向未来的住宅区,丰富了城市发展的理念,完善并提升了城市功能,创造了城市未来发展的模式,推动了中国城市化进程。

(一)时间

2010年5月1日至10月31日

(二)地点

上海市中心黄浦江两岸,南浦大桥和卢浦大桥之间的滨江地区

(三)主题

"城市,让生活更美好"

(四)亚主题

城市多元文化的融合

城市经济的繁荣

城市科技的创新

城市社区的重塑

城市和乡村的互动

(五)主要目标

(1)提高公众对"城市时代"中各种挑战的忧患意识,并提供可能的解决方案;

(2)促进对城市遗产的保护,使人们更加关注健康的城市发展;

(3)推广可持续的城市发展理念、成功实践和创新技术;

(4)寻求发展中国家的可持续的城市发展模式;

(5)促进人类社会的交流融合和理解。

(六)核心思想

城市是人创造的,它不断地演进演化和成长为一个有机系统,人是这个有机系统中最具活力和最富有创新能力的细胞,人的生活与城市的形态和发展密切互动。随着城市化进程的加速,城市的有机系统与地球大生物圈和资源体系之间相互作用也日益加深和扩大。人、城市和地球三个有机系统环环相扣,这种关系贯穿了城市发展的历程,三者也将日益融合成为一个不可分割的整体。

(资料来源:http://www.cbitm.com)

范例分析：

世博会关注人类面临的共同问题，它通过完整展现事物发展的过程，探求解决问题的途径，给人们以深刻的启迪。研究表明，"二战"之前，世界博览会的主题倾向大多为崇拜科学的力量。但"二战"以后，世界博览会的主题选择发生了明显的改变，人们意识到科学不能解决一切问题，人与人之间需要和谐，表达人性与文明的呼声越来越高。

2010年，上海世博会以"城市，让生活更美好"为主题，正是顺应了世界各国人民的共同愿望，展示了人类城市生活的美好愿景，探讨了未来城市的可持续发展等诸多问题。

二、博鳌亚洲论坛的主题

（一）论坛由来

博鳌亚洲论坛（Boao Forum for Asia）是一个非政府、非营利的国际组织，由菲律宾前总统拉莫斯、澳大利亚前总理霍克及日本前首相细川护熙于1998年发起。2001年2月，博鳌亚洲论坛正式宣告成立，它是第一个总部设在中国的国际会议组织，从2002年开始，论坛每年定期在中国海南博鳌召开年会。博鳌亚洲论坛的成立获得了亚洲各国的普遍支持，并赢得了全世界的广泛关注。作为一个非官方、非盈利、定期、定址、开放性的国际会议组织，博鳌亚洲论坛以平等、互惠、合作和共赢为主旨，立足亚洲，推动亚洲各国间的经济交流、协调与合作；同时，又面向世界，增强亚洲与世界其他地区的对话与经济联系。论坛目前已成为亚洲以及其他大洲有关国家政府、工商界和学术界领袖就亚洲以及全球重要事务进行对话的高层次平台。作为对本地区政府间合作组织的有益补充，博鳌亚洲论坛为建设一个更加繁荣、稳定、和谐自处且与世界其他地区和平共处的新亚洲作出重要的贡献。博鳌亚洲论坛落户海南后，以此为代表的会展经济日益发展，并成为带动海南旅游业蓬勃发展的重要推动力之一。

（二）历届主题

2002年年会的主题是"新世纪、新挑战、新亚洲——亚洲经济合作与发展"。
2003年年会的主题是"亚洲寻求共赢：合作促进发展"。
2004年年会的主题是"亚洲寻求共赢：一个向世界开放的亚洲"。
2005年年会的主题是"亚洲寻求共赢：亚洲的新角色"。
2006年年会的主题是"亚洲寻求共赢：亚洲的新机会"。
2007年年会的主题是"亚洲寻求共赢：亚洲制胜全球经济，创新和可持续发展"。
2008年年会的主题是"绿色亚洲：在变革中实现共赢"。
2009年年会的主题是"经济危机与亚洲：挑战与展望"。
2010年年会的主题是"绿色复苏：亚洲可持续发展的现实选择"。

2011年年会的主题是"包容性发展,共同议程与全新挑战"
2012年年会的主题是"变革世界中的亚洲:迈向健康与可持续发"。

(资料来源:http://finance.ifeng.com/news/special/2012boao/)

范例分析:

博鳌亚洲论坛推动了亚洲各国之间的对话、协调与合作,巩固和深化了亚洲内部、亚洲与世界其他地区之间的经济联系,增加了亚洲内部、亚洲与世界其他地区之间的贸易和投资。从历届论坛的主题来看,"合作""共赢"与"可持续发展"等是一直探讨的问题。这些主题的拟定也符合当今国际社会的发展趋势——求同存异,和平发展。

三、上海双年展的主题

上海双年展1996年诞生,目前已成为中国最具国际影响力的艺术展示,受到了国际艺术界的广泛肯定,被公认为是亚洲最重要的国际双年展之一。它不仅在学术层面上向世界展示当代艺术的最新成果,而且也在当代艺术与大众间构建起了一座沟通交流的平台。

首届双年展由上海市文化局、上海美术馆主办。以"开放的空间"为主题,旨在突出改革开放以来中国艺术多元并存、异彩纷呈的局面,内容以油画这一外来艺术形式在中国的发展为重点,包括具象、表现、抽象以及装置艺术等多种风格。参展艺术家共29名,展出作品共160件。

1998年的主题为"融合与拓展"。

2000年的主题为"海上·上海"。

2002年的主题为"都市营造"。

2004年的主题为"影像生存"。

2006年的主题为"超设计"。

2008年第七届上海双年展主题是"快城快客"。首次以人为对象和主题,揭示城市迅捷变化中人群的多元身份,通过外乡人/城里人空间迁徙的观点,移民/市民身份转换的观念,过客/主人家园融入的观感这三个层面锲入城市与人的命题,突出以人为本的根本关怀,展示今日国际大都市中积极移民与文化融入的新趋势,探索城市化的丰富内涵;在与城市化相应的经济转型、社会转型和文化转型的宏大背景下,城市急速膨胀,人口快捷流动,进而思考城市是否能让生活更美好,城市如何让生活更美好。

2010上海双年展的主题是"巡回排演"。

"巡回"是巡游与回归,"排演"是排布与推演。"巡回排演"是开放性的和流动性的,强调展览的策划情境和展开的过程,强调展览的创作与生产意识。在巡回排演中,展览空间不仅仅是艺术品的陈列场所,而且是生产性的、变化中的、反复试验的感性现场。

2012上海双年展的主题是"重新发电"。

这一主题,其形成与上海双年展的迁址、上海当代艺术博物馆的创建息息相关,它天然地对应着原南市发电厂、世博会"城市未来馆"的改造和重启,主题设置对应性强、社会倾向明晰。由热电厂建筑功能的重新定位与开发,指向整个城市生态的反思与再设计。"共生即能源,他人即矿藏"是策展理念对此主题的回应,即,从共同体的关系中寻求能量,从而去关注那些有"发电机"能力的艺术家们和知识生产方式——这些艺术家的工作,不只是用物品的生产来消耗资源,而是以自己的工作向他们所处的网络输出能量,建立自己的共同体,探讨能量的分享、转化和配适、共振和放大,在他们的活动中诱发出社会环境内在的活力,这种"共同体意识"成为本届双年展关注的核心。

(资料来源:上海双年展网站:www.shanghaibiennale.org)

范例分析:

上海双年展始终以上海城市为母体,依托上海独特的城市历史和文化记忆,思考当代都市文化建设中的诸多问题。从"巡回排演"到"重新发电"的主题演变,我们能清晰地感受到,展会尤其是艺术展会的主题创意具有无限可能。

本章前沿问题

会展主题在展示活动中起决定作用。展会设计者通常是根据展会的主题思想创造艺术形象,传递展示信息,创造符合实际展示空间的形象;并通过光、色、材质和空间组合等手段,营造展示特色空间,将功能性、艺术性、技术性有机结合,从而达到展会的目的。展会设计要和展品与主题密切相关,展会的主题创意、展会的设计与独特性是一脉相承的。

练习与思考

1. 名词解释:会展主题;亚主题。
2. 简述影响会展主题选择与确定的因素。
3. 试述会展主题选择与确定的原则。
4. 试述会展主题文案的写作要点。
5. 举例谈谈要实现主题创新,该怎样拓展原有展会的空间。
6. 阅读下列材料并思考问题。

北京文博会台湾馆开馆 双主题展区显优势

中国台湾网11月10日北京消息 第六届中国北京国际文化创意产业博览会中的"台湾文创精品馆"今日正式开馆。国务院台办交流局副局长严中洲、台北市文化基金会董事长李永萍、北京市台办主任马玉萍、北京文博会组委会办公室主任张刚等嘉宾出席了开馆仪式。

"台湾文创精品馆"由北京市台办、北京市贸促会与台北市文化局、台北市文化基金会合作举办,并针对此次文博会特别策划了"汉字时尚、创意台湾"和"精彩数字故宫"双主题展区。台北市文化基金会董事长李永萍在致辞时讲道,此次有来自岛内的132家具代表性的文创企业参展,展位达200余个,规模创历史之最,其中七成厂商是首次参加北京文博会。

"汉字时尚,创意台湾"主题区将"汉字"这一最能体现中华文化精神和内涵的文化符号,与高科技电子艺术、时尚设计等元素跨界融合,同时,也融合了传统书法家的书法作品与设计师的创意奇想,激荡出可商品化的原型与系列产品,引动汉字与文创相关议题的讨论与论述,彰显汉字文化的当代价值。既具有很强的两岸文化交流特点,又反映了国际文化创意产业发展的趋势和潮流。

"精彩数字故宫"展区除以毛公鼎中的铭文呼应汉字文化外,更以经典名画、国宝收藏等,运用互动展示技术及情境设计,强调科技、艺术与创意的结合,同时也强化了互动性和活泼性,充分呈现出古今文化交融的无限精彩。

"台湾文创精品馆"除双主题特展外,还有数字内容区、茶香陶彩区、地方特色产业区、奉茶区、生活美学区、时尚工艺区、创意玩具区等风格各异、充满创意的展区。

台湾地区展团自2007年连续5年参加北京文博会,今年在"台北文创精品馆"展览的基础上,首次升级为"台湾文创精品馆",代表性和影响力大大增强,基本实现北京文博会台湾地区展团5年一跨越的发展目标。

(资料来源:http://news.163.com/11/1110/17/7IH31IN600014JB6_all.html)

思考题:

1. 如何理解第六届中国北京国际文化创意产业博览会中"台湾文创精品馆"的双主题?

2. "台湾文创精品馆"双主题特展外的"数字内容区"等展区是否与展会的主题冲突?

第四章

会展宣传文案

学习目标

1. 了解会展宣传的概念与类型，会展宣传文案的内容。
2. 掌握会展宣传文案写作的原则，以及会展广告文案、新闻稿等的写作。

基本概念

会展宣传　会展广告　新闻稿　会展公关文案

第一节　会展宣传的概念与类型

一、会展宣传的概念

随着会展业的迅速发展，展会的主办者对提升展会的知名度、扩大展会的品质认知度、创造积极的展会品牌联想以及不断提升目标参展商和观众对展会品牌的忠诚度等目标的诉求越来越重视。从国际普遍的做法来看，办展机构一般会将展会收入的10%～20%拿出来作为展会宣传推广的资金投入。

会展宣传也叫会展宣传推广，是对展会整体形象以及工作进程的报道与推广；是会展传播的核心工作之一；是吸引参加者、推广展会主题、树立展会品牌形象等的重要手段。

会展宣传在会展前、会展中以及会展后都是很重要的工作。在展会准备期，为了调动各种奇思妙想宣传展会的魅力，让更多的人积极参观、参会，就有必要拟订一个战略性计划，分析开展宣传活动的最佳时机及怎样达到最佳宣传效果等；在会展活动中，需要对展会的整体内容、展会规模、效果以及影响力等进行更为全面的宣传，以便让公众了解展会；在展会结束后，仍然要有大量的后续报道工作，以扩大展会的影响力。

宣传活动的手段是多样的，可以利用电视、电台、报纸、杂志等媒体，也可以借助广告招贴画、宣传册、传单、横幅、旗帜、会标等。将这些宣传手段、道具巧妙组合加以利用是十分重要的。

二、会展宣传的类型

会展宣传推广可以分为五种类型。

（一）显露型宣传推广

显露型宣传推广以迅速提高展会的知名度为主要目的，宣传推广的重点是展会的名称、办展时间和办展地点等简单明了、便于记忆的展会信息，让人知道有这么一个展会，至于展会的详细内容则不做过多介绍。这种宣传推广多是在展会创立的初期或者是在展会已经有了一定的知名度后，作为对客户进行定期宣传之用。

（二）认知型宣传推广

认知型宣传推广主要目的是使受众全面深入地了解展会，增加受众对展会的认知度，宣传推广的重点是展会的特点、优势等较详细的内容。这种宣传推广多是在行业对展会已经有了初步了解之后，作为进一步的招展和招商时使用。

（三）促销型宣传活动

促销型宣传活动主要目的是为了完成会展的销售目标。以展览为例，为了在短期内推动展位的销售或者招揽更多的观众到会参观，宣传推广的重点是参展商或者观众所关心的主要问题。这种宣传推广多在展会招展和招商时使用。

（四）竞争型宣传推广

竞争型宣传推广主要目的是与竞争对手展开竞争或进行防御，宣传推广采取与竞争对手针锋相对的措施，是一种针对性很强的宣传推广活动。这种宣传推广多在本展会受到竞争威胁，或者本展会意欲与其他展会展开竞争时使用。

（五）形象型宣传推广

形象型宣传推广主要目的是扩大展会的社会影响，建立展会的良好形象，不单纯追求短期销售的增长。宣传推广的重点是追求目标受众对展会定位及形象的认同，积极与他们进行信息和情感的沟通，增加他们对展会的忠诚度和信任。这种宣传推广几乎可以在展会的筹备以及整个展会过程中实施。

第二节　会展宣传的内容与原则

一、会展宣传的内容

(一) 展会基础资讯的宣传

各种展会都需要向参加者详细介绍展会的相关基础资讯,其中,主要针对参展方的宣传有以下几点。

(1) 展会的时间、地点、交通住宿情况、会务组接待事宜、展会时限。
(2) 参展者情况、往届展会效果、社会评价。
(3) 参展要求与条件等。

(二) 展会相关的活动的宣传

展会过程中往往会安排一些活动,一方面增加可以展会的内容,另一方面也可以有效吸引参观者;这些活动不仅是展会的有效构成部分,对于一些特定主题的展会,甚至可以说是展会的重中之重。

根据会展活动的类别划分,可将其归纳为以下方面。

(1) 正式活动(由主办者举行的前夜典礼、开幕式、闭幕式等正式活动);
(2) 主题活动(围绕展会主题进行的讨论会、研究会、电影节等);
(3) 交流活动(出展单位举办的活动);
(4) 一般活动(音乐演奏会、电影、传统艺能、街头表演、盛装游行等);

展会期间活动的宣传与推广可以帮助展会聚集人气、凸显风格,形成品牌效应。特别是大型展会,如世界博览会,都会将一些重要活动带入展会过程,不仅在展会场地进行,更可以将活动延展至整个城市,从而实现更大的社会效应和经济效应。在这方面,我们完全可以借鉴一些比较成功的城市文化活动的先例。

形形色色的活动可以提升展会的人气,打破展会相对沉闷的气氛,为参展方提供更多的宣传途径。因此,展会过程中的各种活动也是展会宣传和推广中的一个重要组成部分。

(三) 展会品牌形象的宣传

品牌展会都是通过展会进行卓有成效的品牌经营才培育出来的。展会品牌经营的主要目的是通过对展会进行品牌化经营来提高展会的影响力和市场占有率,并努力使本展会在该类题材的展会市场中形成一种相对竞争优势。因此,展会品牌的宣传与推广应着力于展会的特性与排他性,在宣传过程中应突出品牌展会在行业或领域中的不可替代性。

二、会展宣传的原则

(一) 目标性原则

不同的展会都有自己不同的宣传目标。展会宣传要紧紧围绕目标进行,通过宣传赢得目标参展商和观众对展会品质的认知,提高他们对展会品牌的忠诚度,给他们带来积极的展会品牌联想。

(二) 针对性原则

展会宣传的主要对象是展会的目标参展商和观众、服务商以及办展机构员工,极富针对性。

(三) 市场导向原则

会展宣传要从展会目标参展商和观众的需求出发,通过展会广告等来促成目标参展商和观众对展会的认同,进而促使展会与参展商及观众之间建立起一种共赢共荣的关系。

(四) 系统性原则

展会宣传执行本身是一个富有层次性的系统工程,要具有全局的视野、多层次的协调、多角度的长远规划。

(五) 成本原则

展会的首要目标是生存,然后才是发展的问题。因为展会在宣传与推广时一般都会有成本的付出,所以,在进行展会的宣传与推广时要考虑成本因素。

(六) 诚信原则

会展宣传一定要讲诚信,展会需要实现自己最初对市场所作出的承诺,欺骗性的宣传是极为短视的行为。

第三节 会展宣传文案的写作

一、会展广告的写作

广告是会展宣传的重要方式,也是吸引与会者的主要手段之一(参见相关链接 4-1)。

> **相关链接 4-1：展会广告效果调查**
>
> 美国专项调查显示，比起未登广告的参展企业，在展前连续登 6 次广告的参展企业要多 50% 的参观者，登 12 次整版广告的参展企业要多 70% 的参观者。
>
> （资料来源：国际展览导航 http://www.shouguide.cn/n/2010232460.html）

在会展活动中，广告可以把信息传递给很多人；在商业社会中，广告的促销活动是显而易见的，因此，展会宣传一定要充分利用广告这一手段。

我们以"中国唐山精品钢材博览会"为例来看会展宣传文案的写作。

（一）明确宣传内容

中国唐山精品钢材博览会，拟于××年×月×日至×月×日在唐山市曹妃甸区举行，届时，将有来自世界各地的参展商参加展览及同期举行的专业研讨会。展会对炼钢企业展示新产品、新技术，宣传企业形象，拓展亚洲市场必将起到积极的推动作用。同时，向全社会广泛征集精品钢材展开幕招待会、开展仪式等重大项目合作方案，不仅有利于发展钢材会展文化，促进国家钢材市场的发展，而且能切实起到提高钢材企业的组织水平、专业水平和展会服务水平的实效，从而实现钢材展览会对现代服务业和会展业的总体拉动。

精品钢材展除了固定的展览，还将充分利用网络、电台、电视、报纸等现代化信息传播手段，打破时间、空间限制，打造立体化的精品钢材展平台。组委会充分利用网络这一新兴传播媒介，将推出"中国唐山国际精品钢材博览会"网站，将有关钢材展的招展、招商情况及各项活动公布在网上，构建网上精品钢材展。同时，组委会还将与专业网站合作，建立网上交易平台，推出团购、在线交易、网上洽谈等项目，使企业间足不出户，便可完成交易。精品钢材展组委会还充分利用报纸这一载体，推出关于精品钢材展的相关系列报道，并且，还将在精品钢材展举办期间，推出《精品钢材消费指南》。除了传统的办展之外，网络、电台、电视、报纸都成了本届精品钢材展的舞台，在参展商、采购商和社会大众之间，又架构起了一个全新的交流平台。"立体化媒体精品钢材展"信息传递速度快、信息量大、表现方式灵活，不光拥有传统会展交流、展示、销售、贸易的作用，还进一步延伸了会展的功能，构筑起了一个全新的"精品钢材展"。

（二）确定宣传对象

钢铁制造和加工业、钢铁生产企业、钢铁生产加工设备生产厂商、机械制造业、医疗工业、建筑工业、航空、航天、电子、轨道交通、能源生产技术、造船技术、五金行业相关研究机构及专业媒体。

（三）确定宣传渠道

宣传主要包括以下几种渠道（见表 4-1）。

表 4-1　宣传的主要渠道

新闻宣传	新闻招待会、记者招待会、新闻稿发布
平面媒体	报纸、杂志、会刊
电波媒体	广播、电视、网络
户外媒体	海报、招牌

（四）撰写宣传计划

1. 展前宣传

（1）总体宣传报道

① 宣传博览会组委会及承办单位工作进展情况。

② 在国际范围进行推广宣传。

③ 宣传各级领导重视、关注会议的情况。

④ 宣传举办博览会的主题、意义、主要内容及论坛形式。

（2）筹备情况报道

组委会筹备参会情况的报道。

（3）重点报道

重点报道博览会的主题、动向等。

2. 展中宣传

（1）博览会开幕式报道

报导首届博览会的开幕盛况。积极组织技术、交易方面的典型报道，进行宣传，展示本届博览会的亮点。

（2）技术交流、合作项目报道

对有意向的合作项目，组委会要在方案实施之后，创造条件并在现场安排投融资意向书的签约仪式。

3. 展后宣传

（1）重视闭幕式报道

对闭幕式做报道，并对下一届博览会的准备情况进行预告。

（2）博览会成果总结

集中一段时间宣传博览会成果的落实情况，总结新经验、推出新典型，为下一届博览会打下好的基础。

（五）选择宣传媒体

1．网络

（1）展前：为博览会制作专题网站。

① 利用网络对博览会做全方位的宣传推广。

② 提供网上在线参会申请注册、在线申请参会券注册等。以最便捷的方式，方便参展企业上网浏览会议信息和在线参会。

（2）展中：及时更新网站内容。

① 方便参展商及时了解博览会召开情况，提供最新的展会信息。

② 为一部分不能到现场的参展商和专业观众做最现场的报道，使他们也能进行网络观展。

（3）展后：跟踪报道、总结成果、展望未来。

① 做好展后新闻报道。对博览会做跟踪报道，包括下一届的筹备情况等。

② 发布权威的博览会总结报告。

③ 聚焦地区经济发展亮点，关注参展商动态。

④ 每周都对博览会的专题网站进行网络维护，以保证其运行稳定（参见相关链接4-2）。

 相关链接 4-2：网络宣传

发挥网络的作用，无论是在展前、展中还是展后。在展会准备期，将展前宣传与网络联系在一起，这样可以增加网站的访问人数，提升你的品牌知名度；在展中，可以充分利用网络进行投票，这样可以让更多的人访问你的网站；在展后，可以在网上发布会场照片（上面充满参观者），再次吸引人们访问你的网站，这样人们就会看到展会有多成功。

（资料来源：许传宏. 会展策划. 上海：复旦大学出版社，2010）

2．电视

（1）展前：组织召开新闻发布会。

① 在首次新闻发布会上介绍博览会的相关筹备情况，公布"第×届唐山精品钢材博览会"的开幕时间、地点。

② 通知各大媒体对新闻发布会做相关报道，如有条件可以做现场直播。

③ 每两个月召开一次新闻发布会。

（2）展中：电视新闻为主，电视广告为辅。

① 通知各大媒体对此次博览会做现场报道，制作电视新闻，在当地电视台播放。

② 制作博览会的电视广告,在全国各大电视媒体上循环播出。

(3) 展后:播放电视谈话节目。

邀请部分参展商和博览会主办单位的代表,录制相关的(经济类)谈话类节目,在电视台播出。通过录制节目既可以对博览会做一个总结回顾,扩大知名度,又可以展望下一届博览会。

3. 平面媒体

(1) 展前:在专业报纸杂志上发布广告。

(2) 展中:邀请报纸杂志记者采访博览会,做及时报道。

(3) 展后:跟踪报道展会成果,在专业期刊发布博览会总结报告。

4. 会刊制作

组委会制作展览会会刊,并发放给各参展商、专业观众、使领馆、行业协会及一些未能前来参展的用户。展览会会刊中设广告版面,为中外展商做广告宣传之用。

(六) 撰写宣传脚本

宣传脚本有不同的种类,在实际应用中应根据需要分别撰写。以电视广告脚本为例,它是电视广告创意的文字表达;体现电视广告主题,塑造广告形象,传播广告信息内容的语言文字说明;是广告创意的具体体现,因此,它是现代会展文案写作的重要组成部分。同是,它又与报刊等平面广告文案的性质有明显区别,具有很强的专业性,有些会展广告脚本需要专业的会展文案人员来完成。

二、会展新闻宣传文案

新闻宣传费用一般较低,因为,通常情况下,新闻采访与报道是免费的。同时,新闻报道的可信性较大,效果不错。新闻宣传必须在展会之前、期间和之后连续进行。展会组办方一般都在展会期间设立专门的新闻宣传部门,该部门的工作人员应该具有良好的媒体背景,熟悉新闻宣传的手段与一般规律,并能够与专业新闻人员有效沟通,和记者、编辑、摄影师、专栏作家等都能够保持联系。良好的人际关系有助于获得媒体的最大支持,从而获得最高、最正面的报道。

(一) 会展新闻宣传工作的一般流程

(1) 任命新闻负责人或开始联系委托代理,收集、整理、更新目标新闻媒体和人员名单。

(2) 制订新闻工作计划。

(3) 举办记者招待会、发布展会基本信息。

(4) 收集媒体报道情况，如果在展会期间对记者作过许诺，一定要尽快予以办理。
(5) 向未能参展的记者寄发资料。
(6) 向出席招待会、参观展会的记者发感谢信，向所有记者寄发展会新闻工作报告。
(7) 迅速、充分地回答新闻报道引起的读者来信。
(8) 与媒体保持联系。

(二) 会展新闻稿

在新闻宣传工作中，会展组办方特别需要注意新闻稿、新闻图片。新闻稿是展出者提供给媒体的主要的和基本的新闻资料；质量高、内容新、符合新闻写作要求的新闻稿被广泛应用的可能性就高。而好图片可以直观体现展会现场的效果或主体，好图片比好文章更易被采用。会展新闻稿在写作上不仅要具有新闻稿的特性，还需要兼顾会展活动的特殊性（参见相关链接4-3）。

相关链接4-3：中国成为2012汉诺威工业博览会合作伙伴国新闻稿

中国中新社北京2011年7月14日电（记者 闫晓虹） 中国国际贸易促进委员会和德国汉诺威展览公司14日在北京正式签署合作协议，确认中国成为2012汉诺威工业博览会合作伙伴国。中国国际贸易促进委员会受中国政府的直接委托，参与合作伙伴国组织事宜。

据介绍，6月28日中国工业和信息化部部长苗圩与德国联邦经济部长菲利普·吕斯勒博士在柏林就2012汉诺威工业博览会共同签署了备忘录。两国政府确信，通过中国作为2012年德国汉诺威工业博览会合作伙伴国，会将双方经贸关系进一步深入发展的机会加强巩固。中国工业和信息化部和德国联邦经济技术部将在政治层面上支持德国汉诺威展览公司，同时将督促中国国际贸易促进会落实该项目。备忘录的签署是在中德政府间磋商的框架下于联邦总理府举行。

汉诺威工业博览会是世界上最具影响力的技术界盛事，展会将于2012年4月23～27日在德国汉诺威市隆重举行，涵盖八个主题展：工业自动化、能源、移动技术、数字化工厂、工业供应、线圈技术、工业绿色技术和科研与技术。参展明年展会的中国企业不仅将涵盖汉诺威工业博览会的所有展览主题，还将参与同期举办的论坛、会议等活动。2011汉诺威工业博览会共有超过500家中国企业参展，这个数字将于明年得到明显提高。

（资料来源：http://www.chinanews.com/cj/2011/07-14/3183690.shtml）

三、公关活动文案

为扩大展会影响、吸引观众、促进成交,展会组办方需要通过会议、评奖、演出等公关手段对展会进行宣传。这些公关活动通常不是单纯的为展会服务,还兼顾政策宣传、文化交流等社会责任。

评奖活动的公关效果最为明显。一般由展会组织,参展方参加,评奖团多由专家组成,评奖结果通过媒体进行宣传。

新闻发布会、报告会、研讨会、交流会、说明会、讲座等会议形式是展会过程中最普遍的公关手段。一般会议中可以吸引行业管理者、决策人物、专家、学者到来,这些人通常具有相当的影响力,而参展商和参观者则希望通过参加会议获得国家经济动向、政策发展、法规变动等信息。技术咨询会中不仅可以对新技术、新领域进行专业探讨,同时也能够为技术转化提供平台。会展公关活动种类很多,我们以"中国国际家居博览会"海外宣传推广活动方案为例说明(参见相关链接 4-4)。

 相关链接 4-4:"中国国际家居博览会"海外宣传推广活动方案

"中国国际家居博览会"是通过 UIF 行业认证的展会,媒体宣传一部分重心应放在海外市场。根据海外市场推广的特点,可以适当采用公关活动,方案如下。

(一)海外推广媒体公关活动

活动名称:"家博会"海外媒体宁波行

活动时间:××××年×月×日

活动主办:宁波市侨办与江东区政府联合举办

邀请对象:雅虎网 UK 版家居频道
　　　　　《CASA》杂志(中意同步发行)
　　　　　亚洲装饰装修行业协会
　　　　　Online Furniture Magazine
　　　　　海外知名家居行业媒体来甬采访负责人。

活动宗旨:向世界展示中国家博会的成果,吸引更多的海外展商深入了解中国行业市场,参加展会,进行贸易活动。

主要活动内容:

家博会主办方领导接见

参观家博会

了解家博会往届交易成果

家博会城市资料数据发布

采访企业家

了解宁波的城市发展

(二)海外新闻发布会

中国宁波国际家居博览会将组团于2013年4月9~14日在第52届意大利米兰国际家具期间,赴米兰举行发布第×届中国宁波国际家居博览会相关新闻。

背景介绍:

受全球家居业界人士瞩目的意大利米兰是业内公认的家居产业发源地之一,米兰国际家具展是一个集家居用品的设计、加工和贸易以及居住文化最新潮流的盛会。琳琅满目的各式各款家具、灯具、玻璃制品、装潢装饰用品、卫生洁具、厨房用品和家用电器等将登台亮相。博览会将为行家们提供一个展示、切磋和贸易的理想舞台;一个崭新创意的演示台;一个世界主要企业及商业买家的交易中心。近年来,随着中国改革开放步伐的加快,中国参展企业也逐年增加。通过展会,中国的家具产品被带到了世界各地。据统计,中国家具出口额已位居世界第一。

活动目的:

借助米兰国际家具展的平台,在国际市场中打响中国家居产业品牌,拉动国内家居市场,提高中国宁波国际家居博览会的知名度,从而吸引更多的海外参展商,实现贸易交流。

时间:

2013年4月10日 AM.10:00~11:00

地点:

米兰国际博览中心会议厅

前期工作:

预定会议场馆,与米兰国际家具展主办方沟通,合同签订;

设计、制作邀请函;

确定会议议程、时间表、邀请主讲嘉宾;

确定行业领导、业内知名人士、出席媒体记者;

拟定新闻稿、演讲稿、展会宣传资料文案;

资料设计、印刷、分装;

开始向各大目标媒体发送邀请函,并回收确认信息;

选聘主持人、礼仪人员和接待人员,并进行预演员工培训;

联系、通知并确认媒体、各参会代表届时与会;

甄选确定翻译人员；

购买礼品；

设计背板；

布置会场，调试音响放映设备，充分考虑每一个细节等。

活动进度：

11月12日上午

9:30～9:55　　　　　　会议签到、发放资料与礼品袋

10:00～10:10　　　　　介绍新闻发布会目的，感谢媒体

10:10～10:25　　　　　行业人士发言

10:25～10:35　　　　　观看宣传视频

10:35～10:45　　　　　发布家博会展会信息

10:45～11:00　　　　　答记者问

新闻发布会媒体发放资料：

1. 会议议程

2. 新闻通稿

3. 演讲发言稿

4. 发言人的背景资料介绍（应包括头衔、主要经历、取得成就等）

5. 公司宣传册

6. 产品说明资料（如果是关于新产品的新闻发布的话）

7. 有关图片

8. 纪念品（或纪念品领用券）

9. 企业新闻负责人名片（新闻发布后进一步采访、新闻发表后寄达联络）

10. 空白信笺、笔（方便记者记录）

（三）海外媒体投放与网站信息发布

雅虎网海外版特邀新闻宣传发布；雅虎关键词链接；Online Furniture Magazine。

考虑到海外媒体推广存在空间、地域等问题，因此，海外推广多以网站信息发布，电话营销等方式作为宣传的主体，因此，适时的在网络这一没有地域界线的高效媒体上发布家博会信息是与国外展商与行业沟通的良好途径。

历届中国宁波国际家居博览会官方指定海外网络信息发布：雅虎海外版。

雅虎全球推广会出现在美国、加拿大、英国、法国、德国、意大利、瑞典、瑞士、奥地利、丹麦、芬兰、荷兰、挪威、西班牙等国家或地区。

（资料来源：上海工程技术大学会展系"会展策划"课程作业．指导教师：许传宏；学生：梅翠芬等）

第四节　会展宣传文案范例

一、蓉城创意服饰节宣传与活动设计

（一）项目背景

中国服饰文化的历史源远流长，每个时代、每个群体都有自己独特的精神风貌，这种独有的文化精粹经过岁月的萃取、累积就孕育了四川成都独特的文化底蕴。衣、食、住、行、用，是人们日常生活中必须面对的问题，其中，以"衣"为首，因其能最直观的代表一个人的价值取向和精神风貌。在人类发展的历史长河中服饰作为精神物化的社会文化载体，不同程度地反映出了一定历史时期的社会制度、意识形态、文化艺术、美学思想和审美倾向。因此，可以说服饰不仅是文明人用于遮羞蔽体或者美化自我的简单工具，更是文化演变和传承的媒质与表现形式。

蓉城创意服饰节，打开了一个与新时代文化接触、感受当今社会价值取向的窗口，提供了一个创造美、展现美的平台。在这里，可以展现自我风采；可以展示奇思妙想；可以了解文化传承；可以学会服饰搭配。

（二）项目宗旨

发挥成都的经济优势，通过创意服饰节活动，展现艺术、创新的成都文化。引导鼓励众多企业、商家、个人展示自身形象，发现身边的真、善、美，创造属于自己的知、智、行，从而展现成都流行的、独特的服饰文化。同时，吸引国内外品牌以及游客，丰富成都市场，开拓现代经济的营销综合平台。

（三）宣传要求

突出重点，强化宣传。各承办单位、协办单位要充分利用网络、微博、LED显示屏、展板、宣传栏、广播等，加强对创意服饰节的宣传，努力营造良好的氛围；要广泛发动和组织、充分调动人们的参与热情，确保创意服饰节取得圆满成功。

（四）活动设计

"蓉城创意服饰节"主要活动一览表（地点：成都国际会展中心）（参见表 4-2）。

表中所列的每一项活动均需要有具体的操作方案，下面以"蓉城创意服饰慈善拍卖会"文案为例。

表 4-2 "蓉城创意服饰节"主要活动

序号	活动时间	活动名称
1	2013-07-04 14:30～16:15	蓉城创意服饰节新闻发布会
2	2013-07-04 19:00～22:00	蓉城创意服饰节开幕式大型文艺晚会
3	2013-07-05 15:00～16:00	服饰文化大讲堂
4	2013-07-05～2013-07-08	蓉城创意服饰节服饰展
5	2013-07-05～2013-07-08	创意服饰网络拍卖慈善活动
6	2013-07-06～2013-07-08	采购能手游城会
7	2013-07-06～2013-07-08	设计手稿及摄影作品展
8	2013-07-06 09:00～10:00	服饰展会创意走秀(一)国际品牌秀
9	2013-07-06 09:00～17:00	蓉城创意服饰设计大赛
10	2013-07-06 10:00～11:00	服饰展会创意走秀(二)婚纱秀
11	2013-07-06 13:00～14:00	服饰展会创意走秀(三)蓉城历史服装秀
12	2013-07-06 14:00～17:30	创意服饰高峰论坛
13	2013-07-06 14:00～17:00	"衣＋橱"创意设计及收纳大赛——初赛
14	2013-07-06 19:30～22:00	Magic 变装魔术表演
15	2013-07-06 19:00～22:00	"魅力之夜"创意服饰时尚 party
16	2013-07-07 09:00～16:00	创意服饰发展国际研讨会
17	2013-07-07 09:00～10:00	服饰展会创意走秀(四)男装秀
18	2013-07-07 10:00～11:00	服饰展会创意走秀(五)女装秀
19	2013-07-07 10:00～16:30	蓉城创意服饰节——街头秀(一)
20	2013-07-07 09:00～17:30	蓉城创意服饰展销会
21	2013-07-07 13:00～17:30	新锐设计师设计理念及作品交流会
22	2013-07-07 14:00～17:00	"衣＋橱"创意设计及收纳大赛——复赛
23	2013-07-07 18:00～22:00	蓉城创意服饰达人秀——平民设计师
24	2013-07-07 19:00～22:00	舞台剧:"穿"越蓉城
25	2013-07-08 09:00～10:00	服饰展会创意走秀(六)时尚孕妇装秀场
26	2013-07-08 08:30～11:00	"衣＋橱"创意设计及收纳大赛——决赛及颁奖
27	2013-07-08 10:00～12:00	《爱时尚 爱创意》美丽大讲堂

续表

序号	活动时间	活动名称
28	2013-07-08 10:00～11:00	服饰展会创意走秀(七)活力童装秀
29	2013-07-08 10:00～16:30	蓉城创意服饰节——街头秀(二)
30	2013-07-08 14:30～17:00	蓉城创意服饰慈善拍卖会
31	2013-07-08 13:30～17:30	服饰面料商对接会
32	2013-07-08 18:00～22:00	蓉城创意服饰节闭幕晚会

蓉城创意服饰慈善拍卖会

活动目的：为了更好地培养创业者的社会责任感，为了让更多的人拥有慈善这一信念，也让众多参与者在追求时尚的同时献出自己的一份爱心。

活动简介：在进行过网络慈善拍卖会，并经过组委会与设计公司协商，将在最后一日对现场的获得允许的创意服饰进行一次现场慈善拍卖，所得款项将与网络慈善拍卖所得一起捐给红十字会。

活动对象：所有对创意服饰感兴趣的人。

活动日期：2013年7月8日 14:30～17:00

活动地点：成都世纪城新国际会展中心主馆三号馆

前期准备：

(1) 调配好工作人员的安排，并做好现场指挥，负责人员调度，维护好场地秩序与安全等。

(2) 准备好慈善拍卖会所需的道具、布置会场，以及完成拍卖会检票工作。整理每次服装秀及节目活动中的服饰。

(3) 拍卖会前期宣传，主要包括制作海报、传单，制作嘉宾邀请函，以及各项宣传工作的开展，确保活动的影响度。邀请嘉宾并做好活动前期准备。

(4) 场地的规划和设计。布置场地，并检验场地各项设备的情况。拟好晚会的安全措施，维护场地安全与人员安全。

(5) 在活动前一天，将所有流程彩排一遍。

活动内容：依照上午明星亲临现场的情况，邀请明星一起参与下午的慈善会拍卖会，这样更能促进慈善拍卖会的公益性。明星也可以拍卖自己的东西，或者推荐拍卖商家、厂家捐献的服饰，一切拍卖所得收益全部捐献给红十字会等慈善机构。

活动流程：略

(资料来源：2012年"中国会展文化节"全国大学生会展技能大赛参赛方案. 指导教师：许传宏；学生：朱诗瑶等)

范例分析：

蓉城创意服饰节宣传与活动设计文案围绕着蓉城创意服饰节的宣传与推广，让公众既了解了服饰创新与时尚的理念，又可以一起参与，把成都的创意服饰推向全中国、全世界，为成都的创意服饰开拓更广阔的市场空间。"人性化设计"是本范例的特点之一。该文案通过设计各种讲座或形式多样的活动，抓住不同服饰所承载的特有文化，使参与者在活动过程中尽情发挥自身创造力，锻炼思维活跃性，发掘自身潜力，展现闪亮的独特风采。

二、北京国际科技产业博览会的宣传推广

（一）科博会的由来与发展

中国北京国际科技产业博览会是经国务院批准，中华人民共和国科学技术部、商务部、教育部、信息产业部、中国贸促会、国家知识产权局和北京市政府共同主办，北京市贸促会承办，每年五月定期在北京举办的国家级高新技术产业国际交流与合作的盛会。

中国北京国际科技产业博览会（第一届至第四届为"中国北京高新技术产业国际周"）1998年5月在北京举办首届。自2000年第三届起，国务院批准每年5月在北京定期举办。按照组委会领导提出的"打造国际品牌博览会"目标，第五届起正式更名为"中国北京国际科技产业博览会"。

到2012年为止，科博会已连续举办十五届，先后有百余个国家和地区的超过500个政府和科技经贸代表团、数百家高新技术跨国企业参加科博会，全国31个省、自治区、直辖市和中国香港及澳门地区的政府和高新技术产业界、金融界多次齐聚科博会，并展开大规模招商推介活动。

科博会的展览会正在成为外国跨国企业最新技术产品进入中国市场和中国自主创新的科技成果走向国际市场的首选窗口之一。前瞻性、权威性和高层次构成了历届科博会的最大亮点之一，先后有5 000人次以上的境内外知名科学家、经济学家、诺贝尔奖获得者、全球500强企业首脑、世界著名金融投资机构高层决策人及多国政府的高层官员到会演讲，将世界高新技术发展的最新科技成果和新经济最前沿的思想理念介绍到中国，同时，将中国产业发展的最新政策、规划、趋势传播到世界。

科博会已成为国内外高新技术产业及相关业界展示前沿科技、获取最新思想、传递产业信息、链接产业合作的国际化、标志性活动平台。

科博会所创建的集展览会、论坛、经贸项目洽谈为一体的新型会展模式正在运用于国内诸多会展活动中。

（二）宣传阵容

科博会的强大的宣传阵容如下。

(1) 中央电视台。

(2) 中央人民广播电台。

(3) 中国国际广播电台。

(4) 海峡之声广播电台。

(5) 中国教育电视台。

(6) 北京电视台

(7) 北京人民广播电台新闻台。

(8) 北京城市管理广播电台。

(9) 新华社。

(10) 中国新闻社。

(11)《人民日报》。

(12)《人民日报海外版》。

(13)《经济日报》。

(14)《科技日报》。

(15)《国际商报》。

(16)《光明日报》。

(17)《中国日报》。

(18)《中国贸易报》。

(19)《中国青年报》。

(20)《金融时报》。

(21)《中国经济导报》。

(22)《中国经济时报》。

(23)《中国高新技术产业导报》。

(24)《经济参考报》。

(25)《中国改革报》。

(26)《人民政协报》。

(27)《中国电子报》。

(28)《中华工商时报》。

(29)《中国财经报》。

(30)《中国产经新闻》。

(31)《大众科技报》。

(32)《科学时报》。

(33)《中国信息报》。

(34)《北京日报》。

(35)《北京晚报》。

(36)《北京青年报》。

(37)《北京晨报》。

(38)《北京现代商报》。

(39)《竞报》。

(40)《北京娱乐信报》。

(41)《法制晚报》。

(42)《劳动午报》。

(43)《京华时报》。

(44)《新京报》。

(45)《第一财经日报》。

(46)《华夏时报》。

(47)《中国企业报》。

(48)《中国质量报》。

(49)《法制日报》。

(50)《中国知识产权报》。

(51)《中国国门时报》。

(52)《中国医药报》。

(53)《中国中医药报》。

(54)《中国证券报》。

(55)《财经时报》。

(56)《健康报》。

(57)《中国纺织报》。

(58)《中国经营报》。

(59)《北京汽车报》。

(60)《燕赵都市报》。

(61)中国科技产业杂志社。

(62)北京月讯杂志社。

(63)中国展览杂志社。

(64)中外会展杂志社。

(65)中国展会杂志社。

(三)科博会的宣传组织

科博会组委会办公室新闻宣传部负责科博会的新闻宣传工作,并与网络业务部共同组建科博会新闻中心。新闻中心的主要职责包括：制订和执行科博会新闻宣传方案、联系科博会各项活动承办单位并搜集新闻素材、发布科博会筹备进展情况、编印科博会快讯、举办新闻发布会、负责媒体接待与合作、更新科博会网站新闻中心栏目、与主要媒体确定科博会采访报道方案、记者注册、编印媒体采访手册、发放科博会会报、举办科博会好新闻评比活动等。在科博会举办期间，组委会办公室还将在科博会主展场——中国国际展览中心增设大会新闻中心，为现场采访的记者提供信息咨询及办公服务。

新闻中心编印的《科博会快讯》以信息共享为目标，向新闻媒体、组委会各机构、各参展参会单位和社会公众提供科博会最新的动态信息，主要由"新闻快讯"和"经贸快讯"两部分组成。"新闻快讯"主要面向媒体，目的是便于媒体及时、准确地了解科博会；"经贸快讯"主要面向参展参会单位，发布科博会的重要技术、项目、贸易、参会企业等商务信息，为相关企业、机构提供决策参考。"新闻快讯"发布在科博会网站新闻中心栏目；"经贸快讯"发布在科博会网站"热点商机"栏目。

科博会组委会办公室为新闻媒体提供广泛的服务：科博会新闻快讯、科博会电子刊物订阅、记者参会指南、高分辨率新闻照片。

（四）新闻稿：第十五届科博会圆满落幕

第十五届中国北京国际科技产业博览会5月27日下午圆满落幕。

历时6天的科博会，通过举办主题报告会和高新技术展览会、科技项目成果推介洽谈、论坛三大系列数十场活动，突出展示了以战略性新兴产业为主体、具有示范引领性的中国自主创新成果，收获了引领中国科技产业发展的前沿思想理念和经验，推动了一大批科技合作项目落地和科技产业的战略合作。科博会再次以独特的视角，展现了中国自主创新的强大实力和潜力；展现了科技产业跨区域、跨行业、跨所有制开放合作的良好态势；展现了中国科技产业高端化、规模化发展趋势。

本届科博会受到海内外政府、科技界、产业界和金融界等相关行业的积极参与和热切关注。共有22万多人次参加科博会活动，其中，展览会人气旺盛，5天接待观众21万多人次；十余场项目推介交易活动气氛热烈，洽谈活跃，吸引了国内外4 000多位客商踊跃参与；8场论坛受到业界热捧，208位来自国际组织、政府部门权威人士、国内外知名专家、学者、企业家登台演讲，听众5 800多人次。

据不完全统计，本届科博会期间，共签署科技合作、技术成果交易项目216个，协议总金额803亿元人民币，比上届增长35.9%。与往届相比，本届科博会项目签约呈现四个特点：一是战略性新兴产业项目占比大，签约总金额的3/5为战略性新兴产业。据初步统计，战略新兴产业签约项目50个，金额472.56亿元，占签约总额的58.84%，新一代信息技术、生物医药、新能源、高端装备制造、海洋环境类项目发展势头强劲。二是技术成果转让项目明显增多，科博会促进科技成果转化的功能进一步显现。本届科博会达成科技成果转让、合作项目 90 个,成交金额 8.1 亿元,占现场交易总额 13.64 亿元的 59.38%。三是全国各省区市利用科博会平台招商引资、引智意识增强,京外各省区市签约总额和占比大大超过往届,仅湖南省就在科博会上签订经济、科技合作大单 101 亿元人民币,安徽、广西等省区加大了引智和科技合作的力度,取得了明显成效。四是开发区、科技园区项目居多,集群化招商、产业链招商和产业功能区招商特点明显,园区达成落地项目 68 个,协议总金额 604 亿元,占签约总额的 75.2%。

与往届相比,本届科博会在"凝聚创新智慧、做强实体经济"的主题统领下,前瞻性、务实性增强,专业化、品牌化提升,凸显六大效应(略)。

(资料来源:北京科博会网站 http://www.chitec.cn)

范例分析:

北京科博会充分发挥了首都独特的地域和资源优势,以其首创的展、论、谈互为一体的新型会展模式,将科技与经济、科技与金融、科技与社会发展紧密融合,集聚国内外创新资源和产业要素,推动了我国科技成果商品化、产业化、国际化进程,促进了国际技术转移和各地的经贸交易、交流与合作,对我国区域经济和科技产业的开放、融合、发展,对以科技为支撑的创新型国家建设产生积极和深远的影响。科博会的成功与宣传推广工作的扎实有效密不可分。在科博会的官方网站上,仅"新闻中心"一栏就有"新闻发布""新闻快讯""媒体报道""视频报道""活动一览""展商新闻""认识科博会""往届回顾""产业新闻""产业政策""理论探讨""他山之石""记者服务""记者专区""新闻图片""快速通道"和"联系我们"17 个子栏目,这些栏目构成了科博会宣传与推广的完整体系,是会展宣传文案的范本。

三、中国国际创意设计大赛征稿公告

2013 中国国际创意设计大赛由中国印刷技术协会、昆山经济技术开发区管委会共同主办。中国国际创意设计大赛是 2013 中国(昆山)国际包装印刷产业博览会的重大活动。2013 中国国际创意设计大赛是国际创意设计界级别最高、最具权威的一项重要赛事,本届赛事以"文化,智力,科技"为宗旨,旨在唤醒设计师的市场意识,催生新的文化业态,不断创造具有自主知识产权的文化知名品牌,增强我国文化创意产业的影响力和竞争力,为中国包装印刷创意产业的发展提供强有力的支撑。

(一)大赛主题

和谐,创新,驱动

(二)大赛组织机构

主办单位:中国印刷技术协会、昆山经济技术开发区(国家级)

承办单位：中国包装联合会中国包装创意基地

协办及支持单位：相关协会、院校、企事业及媒体单位500家（详见官网）

（三）大赛组委会

大赛组委会委员组成：由国内外著名的包装、平面、工业、数字、书刊艺术设计大师，相关权威理论家，创意教育专家，技术专家，学者，知名院校和媒体领导，知名大企业家，政府协会领导等500人组成。

（四）大赛评委会

初评、终评评委会委员由大赛组委会委员产生、组成，评委会委员由公证人员在场随机抽取。

（五）大赛重要日程

(1) 征稿时间：2012年10月15日～12月31日（以当地邮戳为准）。

(2) 评审时间：2013年1月15～25日。

(3) 颁奖时间及地点：2013年4月11日，昆山国际会展中心。

(4) 大赛获奖作品将在全国知名设计院校举办大型宣传活动和巡回展，2013年8月31日前，获奖作品及论文将收录、整理，由国家级出版社结集出版。

（六）大赛征集范围类别与奖项设置

1. 大赛征集范围类别

(1) 包装设计类。

(2) 招贴设计类（海报、标志、形象识别系统、公共信息符号等）。

(3) 书刊设计类（书籍装帧、刊物装帧设计、插画及衍生设计等）。

(4) 数字媒体创意设计类（网页设计、影视短片、电子出版物等）。

(5) 工业设计类（电子信息、机械设备、新能源环保、家居办公、教育休闲器材、城市绿化、医疗与生命科学、运输装备、五金建材、建筑和装饰、工业仪器、航空航天、公共设施、工艺美术、玩具等）。

(6) 创意设计类征文（包装印刷、招贴艺术设计研究；数字媒体艺术设计研究；产品设计研究、产品展示研究；包装与新材料新技术研究；产品创新与产业分析研究；创意设计与文化创意产业研究；创意设计成果转让与产权保护研究；创意设计与高等教育研究；创意设计传承研究；创意产品设计国际化研究；创意教育与产业化研究等）。

2. 奖项设置

符合参赛要求的作品，由大赛组委会组织相关专家对送展作品进行评选。本次展览将在每个类别中评出"2013中国国际创意设计大师"称号1名和金、银、铜奖、杰出设计大奖、最佳创意奖、评委奖、佳作奖、优秀作品奖、入围奖,以及优秀组织单位奖、优秀指导教师等奖项。

(七)参赛对象

(1)国内外设计类院校的师生或自由设计师。
(2)国内外的相关企业或部门、设计机构的职业设计师。

(八)参赛要求、评选标准

1. 评选标准

(1)作品突出艺术与文化、科技与商业的结合,产品技术创新与功能创新,设计创意及装帧效果,引领未来创意设计发展趋势。
(2)作品能融合优秀的设计理念,具体体现在作品中的结构、材料、工艺的适当合理选择,及其与作品理念的结合。
(3)以昆山经济技术开发区的工业产品和自由创作及设计的作品为主。
(4)坚持绿色、节能、环保,适应于可持续发展的原则。

2. 参评要求

(1)所有参赛作品必须是参赛选手原创设计,且无抄袭仿冒的作品(包装、工业、书刊作品为实物或模型)。为保证评审的公正性,在作品正面及背面不可以出现参赛内容以外的任何文字和标记。参赛者必须在著作权转让承诺函中手写签名、盖章,否则,组委会不受理作品参评事宜。提交设计创意说明(见《参赛表格》作品和创意说明栏目)。

(2)在所有作品邮件中需同时附上:学生组附上学生身份证明(学生证复印件或学校证明);请登录大赛官网下载参赛报名表格,参赛报名表格上所填信息均必须在电脑里输入,并把该报名表的Word电子文档刻录在作品光盘中于2012年12月31日前一并寄到组委会。

3. 提交参赛作品及相关资料的处理和著作权归属

(1)所有寄送至大赛组委会的参赛作品及相关资料概不退还。
(2)参赛者及其他相关各方(包括但不限于指导教师)同意其对参赛作品所享有的全部著作权,应按参赛者(及指导教师)签署的著作权承诺函所述处理。
(3)主办单位拥有全部参赛作品的版权,并可作出版、发表及宣传用途,作者不得异议。

4. 作品提交

(1)参赛作品不同角度的照片3~5张、效果图、作品电子版(TIFF格式,尺寸不得小于 A4,分辨率为 350DPI)。参赛表格、著作权转让承诺函电子稿压缩文件发至组委会,邮件附件大小不可超过 5M,并刻成光盘连同作品彩色打印稿、参赛表格、著作权转让承诺函打印稿(务必手写签名、盖章)、设计实物或模型于 2012 年 12 月 31 日前一并邮寄至组委会。(由于各种原因,本组委会只收特快专递,费用由参赛者自理,不收取挂号信。)

(2)包装设计类邮箱:baozhuangzy@163.com;数字媒体与工业设计类邮箱:baozhuangxs@163.com;书刊、招贴设计组邮箱:baozhuangzt@163.com;创意设计类论文邮箱:baozhuangzw@163.com;

(九)作品要求

1. 包装设计类

(1)设计要附创意说明。

(2)制作材料要符合环保、绿色要求,材质不限。

(3)设计和实物同时提供,系列作品将每幅图单独打印,并在背面注明序号。

(4)每件参赛作品提供一张用 A3 黑卡纸装裱的高精度彩色效果图,原文件须以光盘形式提供(JPG 格式,分辨率为 350DPI),要体现包装的展开或组合效果,参赛终评作品须为实物或模型。

2. 招贴设计类(海报、标志、形象识别系统、公共信息符号)

(1)招贴设计图片为 TIF 格式,尺寸不得小于 A4,分辨率 350DPI 以上;设计说明文件和创新开发使用方案用 Word 2003 版本文件格式。

(2)附作品光盘一张(文件格式为 TIFF,尺寸不得小于 A4,分辨率 350DPI 以上),系列作品不得超过 3 幅,系列作品将每幅图单独打印,并在背面注明序号。

3. 书籍装帧设计类(书籍装帧、刊物装帧设计、插画及衍生设计等)

(1)书籍设计每件参赛作品须提交 2~5 张 A4 幅面高精度彩色设计图或实物照片,图片应体现书籍的整体设计(包括书籍的封面、内页和局部的细节设计),无须装裱,也可提供作品原件。

(2)作品及参赛表格须以光盘形式提供电子文档,作品文件应为设计图或实物照片,文件格式为 TIF,尺寸不得小于 A4,分辨率 350DPI 以上。参赛终评作品须为实物或模型。

4. 数字媒体创意设计类(网页设计、影视短片、电子出版物)

(1)短片类

- 用 Flash 软件创作,尺寸不得低于 720×576,25 帧/秒,须配音乐。
- 动画广告用 SWF 文件格式刻制在光盘上,时间 30 秒以上,文件大小不超过 20MB。

- 系列作品不得超过3件。动画组别(学生组1人只能报1组别1作品,专业组1人可以报3作品)每个作品压缩成一个文件包。

(2) 广播广告类。
- 用数码摄像机(DV机)或更高级摄像机拍摄。
- 用电脑剪辑成片,时间30秒或以上。
- 尺寸不得低于PAL720×576,25帧/秒,统一制成AVI格式(不压缩),输入光盘,作品前须有5秒倒计时。
- 须完成配音和配乐,参赛作品编辑后刻制在光盘上,时间30秒或以上。
- 每件作品须按前后顺序提供2~10幅较高精度的静止画面。

5. 工业设计类

(1) 每件参赛作品须提交2~5张高精度彩色设计图或实物照片,图片应体现整体设计。

(2) 作品及参赛表格须以光盘形式提供电子文档,作品文件应为设计图或实物照片,文件格式为TIF,尺寸不得小于A4,分辨率350DPI以上。

(3) 参赛终评作品须为实物或模型。

6. 论文评选标准

(1) 选题为本学科前沿,对包装、招贴设计艺术与文化发展进步有一定理论意义或现实意义。

(2) 在理论或方法上有创新,有成果,达到国内同类学科先进水平,具有较好的社会效益或应用前景。

(3) 材料翔实,推理严密,文字表达准确。

(4) 题目正确性、题目新颖性、题目与内容吻合程度。

7. 征文要求

(1) 要求电子投稿(采用Word格式,用中文或英文撰写,其中,中文论文须提交英文摘要、关键词,以便于国际索引)。

(2) 论文应包含题目、摘要、正文、参考文献等,论文字数不超过4 000字(按照国内外中英文论文格式标志,包括200字左右中英文摘要)。

(3) 论文未被其他会议、期刊录用或发表。

(4) 论文最后务必写清论文联系人的姓名、单位、通信地址、联系电话及E-mail。将论文、参赛表格、著作权转让承诺函的电子稿作为附件发送至:baozhuangzw@163.com 并在标题中注明"中国包装设计高峰论坛征文论文";并将论文打印稿邮寄到组委会,附参赛表格、著作权转让承诺函(务必签字、盖章)。

8. 参赛规则

(1) 招贴海报参赛作品必须是 2012 年 6 月 1 日后设计创作的作品,海报提交方式提倡由胶版或丝网印刷完成;同时,也接受打印为 A3(297mm×420mm)规格,并装裱在 350mm×500mm 黑卡纸或白卡纸上,每件参赛的作品一式一份。

(2) 作品背面附一张报名表,牢固粘贴于作品背面;作品的电子格式文件名和光盘上标注应包括单位名称、作者姓名、作品名。

(3) 作品尺寸:不小于 36.4cm×51.5cm;不大于 120cm×180cm。

(4) 参赛作品数量不限;系列作品按单件计,系列作品不得超过 3 幅。

(5) 所有参赛作品都必须以"无商业价值印刷品"的形式寄达。组委会将不接受任何在邮寄税证或邮寄发票中写入商业标价的参赛作品。

(6) 电子文件技术参数:作品幅面 A4,精度 350DPI,文件格式:TIFF 的 CMYK 印刷格式(以其他格式提交者将不被接受)。

(7) 集体作品以公司、学校、院系、专业为单位,统一包装寄送作品、作品光盘、报名表,汇总表。每个单位的所有平面作品的电子文件统一存入一张光盘,如一张容纳不下可存多张,并在光盘内配以汇总表。

9. 大赛作品还须满足以下要求

(1) 参赛作品涉及的肖像权、著作权、商标权、名称权等版权相关问题由参赛者、单位自行负责。

(2) 论文未被其他会议、书籍、期刊录用或发表。

(3) 参赛背签必须以正楷体书写或印刷体电脑填写,贴于作品背面右下角(背签可复印)。

(4) 参赛表格须以正楷体书写或印刷体电脑填写,参赛表格必须由参赛者本人亲笔签名,并密封装入信封内,随作品一同寄往组委会。表格填写模糊者将被取消参赛资格。作品一旦入选展览,参赛表格的个人信息将成为中国国际创意设计大赛的宝贵资料。

(十) 其他

(1) 所有参赛稿件免收报名费,稿件均须注明"征集活动"字样。

(2) 参赛获奖者将被注册为中国包装创意基地会员,获铜奖以上者将被中国包装创意基地聘为签约设计师。

(3) 本大赛暨博览会的标示及文字在官网下载。

(4) 为了避免参赛作品在邮寄途中遭损坏,建议采取安全包装方法。组委会对在邮寄途中遭到损坏的作品概不负责。

(5) 所有参赛送交的作品恕不退还。本次大赛谢绝评审及家属或商业合作伙伴参赛。

(6) 参赛作品必须全部以电子稿形式打包发送到指定邮箱。

(7) "2013 中国国际创意设计大赛"征稿通知及本活动最终解释权归组委会所有。

(8) 作品投稿在 20 幅以上的单位或个人,组委会在颁奖期间免费提供标准展位一个,供宣传展示。

官网:中国包装创意基地 http://www.ctpac.org.cn

组委会联系方式:E-mail:kunshan801@163.com

昆山联络处:中国江苏省昆山市庆丰西路 669 号智谷创意产业园 B 座 3 楼　邮编:215300

联系人:刘老师　蔡老师

电话:0512-86896018-810　15950913798

上海联络处:中国上海市松江区龙腾路 333 号艺术楼　邮编:201620

联系人:刘老师　陶老师　陈老师

电话:021-67791289　15021978128　15950913798

传真:021-67791284

组委会 QQ:2414749319/2697969289

注:大赛报名表在官网下载。

参赛者所选送的作品打印稿、电子版及实物请寄:

中国上海市松江区龙腾路 333 号艺术楼 A431 刘军收 邮编:201620

2013 中国(昆山)国际包装印刷产业博览会暨中国国际创意设计大赛组委会

二〇一二年六月一日

(资料来源:中国包装创意基地网站 http://www.ctpac.org.cn)

范例分析:

中国(昆山)国际包装印刷产业博览会暨中国国际创意设计大赛组委会发布的这份"中国国际创意设计大赛征稿公告"从大赛主题、大赛组织机构、大赛组委会、大赛评委会、大赛重要日程、大赛征集范围类别与奖项设置、参赛对象、参赛要求、评选标准、作品要求与其他 10 个方面,全面公布了大赛的要求。这是一份标准的会展活动征稿宣传文案。

本章前沿问题

会展的宣传推广是吸引目标观众的主要手段,会展的宣传常用的手段包括人员推广、广告、新闻宣传、公共关系以及现场演示等。会展宣传文案其实要解决的就是如何将会展宣传落实到语言文字上。广义的会展宣传文案是包含文字、图片、影像等在内的立体系统。

练习与思考

1. 名词解释：会展宣传。
2. 简述会展宣传的主要类型。
3. 试述会展宣传的主要内容。
4. 试述会展宣传的主要原则。
5. 选取本地区具有代表性的某一重要展会，为其拟写一则会展新闻宣传文案。
6. 阅读下列材料并思考问题。

中国（宁波）国际港口物流设备展的广告宣传方案

（一）组合媒体

媒体是刊登广告的载体，只有通过媒体，展会信息才能传达给消费者。因此若想取得预期的广告效果，除了绝妙的创意和制作以外，还必须正确运用各种媒体策略。

本次展会（拟定于2014年8月举行）决定采用组合媒体的宣传方式。组合媒体，简单的可以解释为运用多种媒体发布广告。之所以运用这种宣传方式是为了使广告的到达率增加，而且在心理上易给参展者造声势，从而留下深刻的印象。

（二）组合媒体运用方案

1. 专业杂志投放计划（参见表4-3）

表4-3 专业杂志投放计划

杂志名称	投放时间
现代物流	2014年4、6、8月
物流技术与应用	2014年2、3、5、7、9月
中外物流	2014年5、6、7、8、9月
物流世界	2014年3、4、5、6、7、8、9月
现代物流	2014年2、4、6、8、10月
起重运输机械	2014年4、5、6、7、8、9月
中国物流运输网	2014年4、5、6、7、8、9、10月

注：《现代物流》、《物流技术与应用》、《中外物流》、《物流世界》、《物流装备》、《起重运输机械》和《中国物流运输网》为展会的支持媒体。

2. 报纸投放计划（参见表4-4）

通过报纸的投放，可以更大范围地宣传中国（宁波）国际港口物流设备展。由于报纸的普及性及实用性,对于信息传达来说更具有直接的作用。

表 4-4 报纸投放计划

报纸名称	投放时间	报纸名称	投放时间
宁波日报	2014 年 8 月	新闻晨报	2014 年 8 月
中国贸易报	2014 年 8 月	国际商报-物流周刊	2014 年 8 月

3. 信息网络投放计划

在以下网站页面上会刊登中国(宁波)国际港口物流设备展的广告,并连接本次展会的官方网站。另外,这些网站还将提供展前及展后报道,并向其所有会员单位及个人群发关于本展会信息的电子邮件,同时,在相关的展会上对进行本次展会的资料发放及宣传。

中国物流产品网、中国大物流网、中华物流网、中国物流网、中国叉车网中国仓储物流设备网、中国国际海运网、中国起重运输网。

(四)电视投放计划

宁波电视台相关频道将在展前和展中对本次中国(宁波)国际港口物流展进行相关报道。

(五)电台宣传

宁波广播电台、上海广播电台等将对本次中国(宁波)国际港口物流展进行展前预告。

(资料来源:许传宏. 会殿策划与组织. 北京:北京大学出版社,2010)

思考题:

1. 试以投放中国物流网站的宣传为例,在进行中国宁波国际港口物流设备展广告宣传文案的写作上,展前与展后应有什么不同?

2. 从展会宣传的有效性来看,试分析专业杂志投放计划与报纸投放计划的合理性。

第五章

会议文案

学习目标

1. 了解会议的概念、会议文案的种类以及会议文案的写作要求。
2. 掌握会议准备文案、会展接待方案等的写作。

基本概念

会议　会议策划　会议手册　会议准备文案　会展接待方案

第一节　会议文案写作概述

一、会议的概念

所谓"会"是聚合的意思;"议"是指商量、讨论。会议是人们怀着各种不同的目的,有组织地聚集在一起的议事活动。

会议的规模、种类、时间根据情况各不相同。全世界每天都有许许多多的人参加着各种各样的会议,如政治性大会、会谈、座谈会、研讨会、研习会等。

有时,人们为做出决定而举行会议,这类会议的典型是各种政治会议,尤其是当问题涉及团体内许多不同人群的时候;发布信息是人们举行会议的另外一个重要原因,在会议上,各种不同的目标团体与公众都可以获得相应的信息资源;在现代社会中,有相当多的会议是与经贸活动由直接关联的,这类会议可以通过组织集会促使公众接受并采取行动,如产品促销会等;还有许多会议是为了进行学习、交流而召开的,如人力资源开发、会展人才培训、高级经理培训班等。

会议成为一种产业,是在20世纪的中叶以后,主要标志是1963年国际大会及会议协会(ICCA)创立,国际大会及会议协会(ICCA)总部位于荷兰的阿姆斯特丹,是全球国际会议最主要的机构组织之一,是会务业最为全球化的组织,包括会议的操作执行、运输及住宿等各相关方面的会议专业组织。

根据国际协会联盟(UIA)会议部统计标准,有组织和在"国际组织年鉴"中注册、国际组织赞助的,并符合下列条件的会议可列入 UIA 的统计。

① 出席人数至少 300 人。
② 代表国籍至少 5 国。
③ 外国人出席人数至少占 40%。
④ 会议期至少 3 天。

上述统计不包括国内会议与宗教、政治、商业和体育等会议。

国际大会及会议协会(ICCA)的统计标准是:

(1) 会议至少能吸引 50 人出席。
(2) 会议必须定期举行,一次性会议不能列入统计范围。
(3) 会议要在至少 3 个不同国家之间轮流举办。

会议业的诞生使得会议及相关活动可以通过规模化、集中化、现代化的手段运作,它是一种新兴的产业形式,是市场经济发展到一定阶段的产物。会议产业不仅能创造巨大的直接经济效益,还可以带动上下游的相关产业,是一条集交通、住宿、餐饮、购物、旅游、文化交流、区域形象推介、商品交易和投资洽谈为一体的高效益、无污染的产业链。

二、会议文案的种类

会议的种类繁多,根据会议的目的、内容和与会者的不同,可以对会议进行不同的分类。

根据会议的规模划分有国际性会议、全国性会议、区域性会议、单位性会议;根据会议的功能与任务划分有决策性会议、工作性会议、研讨性会议、显示性会议、商贸性会议;根据会议的方式划分有现场会、观摩会、座谈会、招待性宴会、电视电话会;根据会议的举办机构划分有协会会议、公司会议等。如果按照会议的种类来分的话,也可以说,有多少种会议就有多少种会议文案。

不过,为了便于把握,我们可以从举行会议的时间进程角度,把会议文案分为会前文案、会中文案和会后文案三类。

(一) 会前文案

简言之,会议举行之前所要写作完成的所有文案称为会前文案。会议举办之前,从会议项目的策划与申报,到所有会议需要使用文件的制订如会议的通知、通告、邀请函;会议的议程、日程、程序;会议的接待方案、宣传方案以及安全保卫方案,与相关合作方的合作合同文本等都是必不可少的。

成功的会议需要有充分的准备,即大部分的会议文案写作都要在会议举行之前完成。

（二）会中文案

会议举行期间所要写作完成的所有文案称为会中文案,如会议发言稿、致辞、提案,会议登记表、会议纪要、会议简报、会议通讯、会议新闻报道等。

（三）会后文案

会议举行之后所要写作完成的所有文案称会后文案,如会议的后续宣传报道、会议评估报告、会议总结报告等。

三、会议文案的写作要求

（一）明确会议的总体目标

会议文案要求系统、精确、到位,文案人员需要全面了解会议的总体目标才能把握好写作的分寸。

会议的总体目标是召开会议的广义理由。典型的会议总体目标包括：找出或解决问题、献计献策、搜集或组织信息、决策以及计划。

（二）明确会议的具体目标

要想使会议有一个具体的目标,必须准确地描绘出你希望取得什么样的结果,下面列举了几个例子(参见表 5-1),说明了总体会议目标下的各项具体会议目标。

表 5-1　会 议 目 标

会议的总体目标	会议的具体目标
明确问题	本次会议的目标是我们将找出并讨论目前工作中遇到的关键问题
解决问题	本次会议的目标是我们的团队对解决这个问题献计献策
献计献策	本次会议的目标是我们的客户为我们即将提供的新的服务项目提出他们的看法
搜集信息	这次客户集体讨论的目标是我们可以知道他们对我们的新服务项目是否喜欢
组织	这次会议的目标是团队能够对此项目的进度表达成一致意见
决策	这次会议的目标是部门要决定购买哪一种产品
完成	这次会议的目标是对合同的修改达成一致意见并签署销售协议
筹划实施	这次会议的目标是我们和制图部门合作以完成我们新的促销宣传材料

(三) 需要弄清的问题

(1) 会议的名称、时间、地点和主题。
(2) 与会人员范围(包括嘉宾、领导、正式代表和列席代表)。
(3) 会议的议程、日程安排方案,会议主持人、讲话人、发言人建议名单。
(4) 会议文件材料(包括主持词、大会发言稿、参阅材料)的起草、审批、印发的原则。
(5) 会议报名和签到事项。
(6) 新闻报道的原则。
(7) 与会人员或来宾的接待及食、住、行安排原则。
(8) 会议合影、参观的组织安排原则等。

第二节 会议准备文案

会议准备文案包括会议策划方案、会议通知、邀请函等系列文案,它是在会议召开之前必须准备的重要文案。

一、会议策划方案

成功地召开一次会议,需要主办者的精心设计与策划。会议筹备在逻辑上是这样的:主办者决定举行一个会议—选择或聘请承办者—会议策划—确定会议目标—选择会址—选择发言者—进行市场营销—举行会议。

然而,在实际操作过程中,具体的会议策划根据其规模、主办组织的结构等不同而有所区别。会议的策划组织工作非常琐碎繁杂,它包括会议召开的时间、地点、规模、人员等方面的问题。这些问题虽然都只是细节上的问题,但是却十分重要,稍有不慎则会减损会议的实际效果。

(一) 会议时间的确定

高效的会议离不开科学、合理的会议时间,如何确定会议的时间,情况比较复杂。这不仅要考虑到与会者的具体情况,而且,不同的会议也有不同的时间选择。

对于日常例会来说,会议时间的确定十分重要,因为,例会时间确定之后有相对的固定性,将要长期执行下去。

一般来说,公司或单位的例会应安排在周二至周四的上午 8:00~11:00 或下午 2:00~4:00 进行比较合理,这是由人们的心理接受和生理状况等因素所决定的。科学研究表明:一天之中,认知最清醒的时间是早上 8:30~10:30 之间,在这个时间段安排会议可以保证与会者精神饱满。而周一与周五不太适宜安排会议是因为紧靠双休日,人的注意力相对不太集中。

对于临时性会议而言,根据其重要程度,如果是紧急会议,则可以不受时间限制;反之,如果不是很紧急的会议,则最好选择安排在与会者都能出席的时间,如周二至周四上午 8:00~11:00 或下午 2:00~4:00 的时间段进行。

(二) 会议地点的选择

会议地点的选择是组织会议的重要内容之一。对于公司(单位)内部的会议来说,会议的地点是相对固定的,一般不需要专门讨论。

而对于公司(单位)之间的会议来说,应根据会议举行目的的不同而有所选择。如果是对方公司(单位)派代表与本公司(单位)协商或谈判,最好的会议地点是本公司(单位)的会议室,一方面显示东道主的主场优势,另一方面也让对方对自己公司(单位)的环境有直接的感受,这样有助于合作协议的达成;如果仅是双方公司(单位)的一般交流,则可以选择比较轻松优雅的环境作为会议地点,如郊区的度假村、雅致的茶馆等;如果是双方平等的协商切磋,也可以选对双方都适中的饭店进行。

对于大型会议来说,专门的会议中心、图书馆、纪念馆等专门建筑、高等院校的会堂等都是理想的选择。

总的来说,会议地点的选择也是一门学问,合适的地点有助于会议的成功。

(三) 会议规模的确定

确定会议的规模,要根据会议的目的而定。小型的洽谈会,也许三五个人的规模就可以了;但大型的会议,如国家、国际级的年会可能有数千人的规模。一般说来,可以根据需要互动的会议和不需要互动的会议来分别确定会议的规模。

对于需要互动讨论的会议,有研究表明,合适的规模是 5~7 人,少于 5 人规模的互动讨论会议通常容易被 1~2 人左右,而人数过多的互动讨论会议又难免冗员、拖沓,影响会议效果。

对于不需要互动讨论的会议,如宣布事情、发布信息等,可根据会议目的具体确定。

值得注意是,如果会议目的仅仅是发布信息,也许不开会也可以。有调查显示,与会者对低效、频繁、可有可无的各种会议有一定程度的反感。

(四) 与会者人员的筛选

与会者名单的筛选是组织会议的重要一环。从筛选标准来说主要有以下几个方面。

1. 有利于议题的讨论

会议的目的之一是确定议题后经与会人员讨论而达成结论,所以,在与会者名单的确定方面,要筛选与讨论题目有直接关联的人。不同的会议由于其专业性情况各不相同,所以,选择确定的专业以及具有独家信息的人参加会议有利于议题讨论的顺利进行。

2. 有利于会议的顺利进行

为了使会议能顺利进行,在人员的选择上要注意谨慎安排,选择不可缺少的与会者。对于有一定协调能力、有助于会议顺利进行的人员也要慎重考虑。

3. 有利于召集者的意愿表达

使会议召集者的意愿得到很好的表达,这也是会议召开的基本目的,因此,在与会者人员的筛选方面要充分考虑到这一点。

(五)会议主持与设计

在整个会议过程中,会议主持即会议主席起着十分重要的作用。例如,如何给大会设计一个好的开场白;如何化解与会者之间的意见冲突;如何处理迟迟不能达成协议的会议等都是对会议主席的一个考验。

在策划会议时,必须考虑如何使会议顺利进行,完成会议设定的目的是根本性的问题。会议的设计应紧紧围绕这一中心进行。

我们以一日会议的策划方案为例来看会议策划方案的设计(参见相关链接5-1)。

 相关链接5-1:一日会议的策划方案

这是为有50名与会者参加的一日会议策划的方案。会场通常选在一家有较多会议室的酒店(参见表5-2)。

表5-2 一日会议的策划方案

事件序号	时间	活动	地点
1	8:30AM	注册登记	大厅
2	9:00AM	全体大会	大会厅
3	9:45AM	并行会议	(灵活安排)
4	10:30AM	休息	大厅
5	10:45AM	并行会议	(灵活安排)
6	11:30AM	自由活动	
7	12:00Noon	午餐	大会厅
8	1:30PM	讨论会I	(见"讨论会安排")

续表

事件序号	时间	活动	地点
9	2:30PM	并行会议	(见"并行会议安排")
10	3:15PM	休息	
11	3:30PM	讨论会Ⅱ	(见"讨论会安排")
12	4:30PM	自由活动	
13	5:00PM	全体大会	大会厅
14	6:00PM	招待会	大会厅

事件1 会议注册登记时间定为8:30AM,应该为与会者留出吃早饭和路程上的时间(这个时间可以根据与会者的交通手段和会场附近的公共交通设施的情况有所改变)。半小时的时间可以让与会者从容不迫的参加会议。这种策划方案假定了与会者已经提前注册过,因此秘书会在注册时段不必赶时间。

事件2 全体大会作为整个会议的开始,时间不应超过35分钟。下一个会议将在9:45AM举行,因此,与会者只有不到10分钟的时间从大会厅转移到并行会议的场地。

事件3 现在,并行会议开始了,具体的安排(参见表5-3)。请注意,每一个并行会议的编码都是以3开始,这样可以使相关的每一个人马上看出具体会议与时段安排之间的关系。这种联系还可以通过许多其他方式来表现,但是,不论使用怎样的系统,都必须能够让与会者看明白。三位数字编号的系统可以表示99个并行会议;当并行会议在9个以下时,则可以用30~39的编码来表示。

事件4 事件之间的休息也要用编号标识出来,以便控制休息的时间。秘书会应该负责安排休息时间,并用编号来标明每一次会议的时间及其他问题,以避免发生混乱。休息是整个会议的一部分,每一次休息都有特殊的原因和安排。在这个策划方案中,休息时段可以起到几个作用,在一个半小时的连续活动后,与会者需要休整一下,吃些东西或四处走走,放松双腿。

事件5 这是第二组并行会议(参见表5-3)。在策划方案的这个部分并没有安排重复会议,但是在会议当天的晚些时候将有相关的安排。

事件6 这一段自由活动时间,可以让与会者有机会进行各种活动,而不会错过会议。一日会议的会场通常处在市中心,在这种情况下,可能有些与会者想趁此机会进行购物,或和其他的与会者小聚一下,如果会议安排中没有留出自由活动的时间,他们就有可能放弃一两个会议,出去聚会。有些与会者希望一天的活动在午餐之前有些小变化。

表 5-3　一日会议中的并行会议安排

事件 3	9:45AM	并行会议	
会议序号	主题		后勤人员
301	地点		
302			
303			
304			
事件 5	10:45AM	并行会议	
会议序号	主题		后勤人员
501	地点		
502			
503			
504			
事件 9	2:30PM	并行会议	
会议序号	主题		后勤人员
901	地点		
902			
903	重复会议 302		
904	重复会议 304		

事件 7　这个策划方案中安排所有的与会者在一起用午餐。当会议不提供午餐时，日程表上应该在场地一栏标注"午餐自便"或类似的说明。午餐时间的长短决定于很多因素，以小组为单位的午餐，其时间也取决于很多因素。如果午餐会上有发言人讲话，通常整个午餐会要安排 2 个小时；如果没有安排发言人讲话，与会者可能要利用午餐休息时间进行一些其他的活动；如果会议安排与会者午餐自便，承办者则应向与会者提供相关信息，帮助他们选择食物好且服务快捷的餐厅。

事件 8　在午饭后举行会议有一定的难度，因为，这个时候与会者可能感觉比较懈怠。而要求与会者积极参与并进行信息交流的讨论会则可以解决这个问题。表 5-4 是对讨论会的安排。请注意，这里要用到记录员，他们是与会者事先选举出来的，负责记录小组讨论的结果。

讨论会有许多种，在这个策划方案中，讨论会是要以全体大会和此前的 2 个并行会议为基础进行讨论并提交出简短的报告。讨论会的成果将在事件 13 中被公布。

事件 9　安排另一组并行会议是为了让与会者有机会参加他们在上午错过的会议，因为他们无法同时参加先前举行的所有并行会议。在这个时段里，将重复 2 个上午举行过的会议（参见表 5-3）。

事件 10　休息时间。

表 5-4　一日会议中的讨论会安排

事件 8	1:30PM	讨论会 Ⅰ	
讨论会序号	主持人		记录员
801	地点		
802			
803			
804			
805			
806			
事件 11	3:30PM	讨论会 Ⅱ	
讨论会序号	主持人		记录员
1101	地点		
1102			
1103			
1104			
1105			
1106			

事件 11　在第二组讨论会上，与会者可以继续事件 8 中的分组方式和讨论话题，也可以重新结组，后者应取决于讨论的内容和计划得到的结果。

事件 12　在这里安排自由活动时间，部分是出于与事件 6 相同的原因，还有部分原因是为了给与会者一定的时间来完成准备报告的任务。虽然这些报告也可以在全部会议结束之后再整理，但是这里的安排使该准备工作成为讨论会的一部分，以便与会者在会议后面的部分中分享这些报告的内容。在后勤人员的指导和帮助下，记录员可以为后面会议中的发言收集信息。由于自由活动时间只有半个小时，收集数据的工作应当安排得简短有效。

事件 13　在这个策划方案中，一天的最后一个会议有两项任务，首先，是要让全体与会者共同分享各自的讨论会报告，大家可以趁此机会听取自己讨论组的报告，同时，从其他讨论组的报告中有所收获；其次，这也是整个会议的闭幕式，并不一定要安排发言人，但通常要做一些积极的闭幕陈述。

事件 14　招待会通常是一项可有可无的安排。虽然并非所有的与会者都会参与招待会，但出席的人也不会很少，因为，他们可能想避开交通拥挤的高峰期。如果公司高层人物参加招待会，那么，一般其他与会者也都要出席。营利性的公众大会通常利用一天最后的招待会作为进行营销的一个手段。会议工作人员将在招待会上接触一些与会者，听取他们对会议的非正式评价，并就他们咨询的该主办者举行的其他一些会议作答。

（资料来源：许传宏. 会展策划. 第二版. 上海：复旦大学出版社，2010）

二、会议通知写作

会议通知是向与会者传递召开会议信息的载体,是会议组织者同与会者之间进行会前沟通的重要渠道,是会议准备工作的重要环节。它的作用在于:传递有关会议的内容、性质、方式、时间、地点等基本信息,以便与会对象作出与会抉择,让与会者做好充分的思想准备和物质准备,安排好工作,按时赴会;及时反馈与会者的有关信息,使会议组织者做好接待准备;收集与会者提出的议案、提交的论文或交流资料、准备展示的物品等,以便进一步完善议程,审定或筛选论文或资料;在一些法定性会议中,正式成员具有出席会议的法定权利,向他们发出会议通知是会务工作机构的法定义务,同时,也是对与会者权利的尊重。

(一)会议通知的种类和方式

会议通知按通知的性质可分成预备性通知和正式通知。预备性通知先于正式通知发出,其作用主要是请与会者事先做好参加会议的准备。凡需要事先征求与会者的意见,或者需要与会者事先提交论文、报告、答辩和汇报材料,或者先报名然后确定与会资格的会议,应当先发预备性通知;待议程、时间、地点以及与会资格正式确定后,再发正式通知。

会议通知按通知的名称可分为会议通知、邀请信(函、书)、请柬、海报、公告等。会议通知用于研究工作、进行决策的会议,发送对象是会议的当然成员和法定成员、本机关或本单位内部的工作人员、下级机关或所属单位等;邀请信(函、书)一般用于横向性的会议,具有礼节性,发送对象是不受本机关职权所制约的单位以及个人,如召开学术性会议,以发邀请信为宜;请柬主要用于举行仪式类活动,如开幕式、签字仪式等,发送对象一般都是上级领导、社会人士、兄弟单位等;海报是一种公开性的会议通知形式,通常采用招贴的方式,主要用于可以自由参加的学术性报告会;公告是一种专门用于股份公司召开股东大会时,通过登报发出的会议通知。有时,举行一次会议需要根据不同对象分别使用会议通知、邀请信、请柬等。

会议通知的方式多种多样,如当面告知、打电话、发传真和电子邮件、邮递、招贴、广播、登报等。每一种通知的方式各有特点,可以根据会议的性质、参加者的范围、时间的缓急和保密要求等选择适当的通知方式,必要时,可以同时使用两种以上的方式,以确保其有效性。

(二)会议通知的内容

会议通知的内容要尽可能详尽、明确。书面通知一般应当写明以下几方面的内容。
(1)会议名称。会议名称一定要写全称。
(2)主办者。联合主办的会议,要写明所有主办者的名称。

(3) 会议的内容。包括会议的目的、主题、讨论的提纲和议程等。凡报告会应当写明报告人姓名、身份和报告主题。

(4) 参加对象。如果与会对象是确定的,会议通知可以直接发给与会者个人;如果通知是发给单位的,应当说明参加会议人员的具体要求,如职务、级别等。有的会议为了达到一定的规模,通知中还规定每个单位参加会议的人数。按与会者资格不同,通知中应分别用"出席""列席""旁听"等词语来表达。

(5) 会议的时间。包括报到时间、会议正式开始和结束的时间。

(6) 会议地点。应具体写明会场所在的地名、路名、门牌号码、会场名称,必要时,应画出交通简图,标明地理方位及抵达的公交线路等。

(7) 其他事项。如参加会议的费用、报名的方式和截止日期、论文撰写和提交的要求,以及组织者认为必须说明的事项。

(8) 联络信息。如主办单位或会议筹备机构的地址、邮编、电话和传真号码、网址、银行账号、联系人姓名等。我们以"2012中国会展业年度研讨会暨济南会展经济论坛邀请函"为例来看会议通知的写作(参见相关链接5-2及表5-5)。

相关链接5-2:2012中国会展业年度研讨会暨济南会展经济论坛邀请函

各城市会展管理机构、会展企业、会展院校等有关单位:

经国家商务部批准,2012中国会展业年度研讨会暨济南会展经济论坛定于2012年12月1日至2日在济南召开。召开之际正值党的十八大召开前后,因此,面临一系列新形势。同时,"十二五"规划实施近两年,大会展的内容更加丰富。大会展的概念涵盖了展览、会议、节庆、赛事、演艺及奖励旅游。本次研讨会将主要围绕大会展的概念进行研讨。将在会展主管部门、各类会展主承办方、会展专业院校和研究机构之间构筑交流的平台,在会展行业相关的政府官员、企业家、专家学者之间形成通畅、多向的沟通渠道,共同探讨如何在新形势下将展览、会议和节庆赛事活动有机地结合在一起,提出会展业面临的一些焦点、热点、难点问题,共商会展行业发展大计,寻求良策,以推动我国会展业的可持续发展。从而使会展经济在促进第三产业发展和当地经济转型方面发挥引领作用。这就构成研讨会深入研讨我国会展业新形势,新热点等宗旨特色。研讨会主要内容包括:主题报告、对话、研讨、推介及颁发2012中国会展业年度十佳品牌奖等配套活动。

本届研讨会在济南举行,得到了济南市人民政府的大力支持,商务部和济南市有关领导都将与会。济南作为省会城市,地缘优势突出、产业基础牢固、科技实力雄厚、交通运输便利、商贸历史悠久、文化底蕴深厚,具有发展会展业的良好基础。而且,目前已基本具备举办大型国际展会的软、硬件条件。本届研讨会也是深入了解济南市会展业发展的良好机遇,将对济南会展业的发展起着极其重大的意义。现将有关事项通知如下:

一、主办单位

中国会展经济研究会

济南市人民政府

二、支持单位

商务部国际贸易经济合作研究院

三、承办单位

中国会展经济研究会秘书处

济南市贸促会

四、会议时间:2012年12月1日至2日(周六至周日)

五、会议地点:济南舜耕山庄(地址:济南市市中区舜耕路28号)

六、报到时间:2012年11月30日(周五)下午14:00~晚20:00

七、报到地点:济南舜耕山庄(地址:济南市市中区舜耕路28号)

八、参会费用:2000元/人(包括会议资料、证件、餐饮、茶歇及会后考察等费用)

九、报名事项

(1)参会报名截止时间为2012年11月25日,请及时填报参会回执表。

(2)会后考察地点:百脉泉、朱家裕。

十、住宿价格(推荐酒店):

1. 济南舜耕山庄

酒店类型:四星级酒店

主楼单间:395元/间/天(含单早)

主楼标间:430元/间/天(含双早)

主楼普通套房:925元/间/天(含单早)

主楼商务套房1135元/间/天(含单早)

贵宾楼单间:725元/间/天(含单早)

贵宾楼标间:760元/间/天(含双早)

贵宾楼套房:1135元/间/天(含单早)

地址:济南市市中区舜耕路28号

联系电话:0531-82951818

2. 济南舜元大酒店

酒店类型:四星级酒店

标间：340元/间/天(含双早)

单间：320元/间/天(含单早)

地址：济南历下区千佛山西路15号

联系电话：0531-85690999

十一、联系信息

(略)

表5-5　2012中国会展业年度研讨会暨济南会展经济论坛会议日程

2012年11月30日(周五)
• 会议注册　14:00～20:00　　地点：济南舜耕山庄(济南市市中区舜耕路28号)
• 自助晚餐

2012年12月1日(周六)上午
- 2012中国会展业年度研讨会暨济南会展经济论坛
- 主持人：中国会展经济研究会副会长兼秘书长李永江

08:50～09:00	• 主要领导及贵宾小范围交流
09:00～09:10	• 致开幕词 • 袁再青　中国会展经济研究会会长
09:10～09:20	• 致欢迎词 • 济南市领导
09:20～09:30	• 致辞 • 李荣灿　商务部部长助理
09:30～09:40	• 致辞 • 石广生　中国会展经济研究会名誉会长、原外经贸部部长
09:40～09:50	• 致辞 • 俞晓松　中国贸促会特邀顾问、原中国贸促会会长
09:50～10:30	• 主旨发言　解读商务部等有关部门《十二五服务业发展规划》中对会展业的要求 • 吕继坚　商务部服务贸易和商贸服务业司副司长
10:30～11:10	• 主旨发言　国内外宏观经济形势变化对中国会展经济的影响 • 张燕生　国家发展和改革委员会学术委员会秘书长
11:10～11:50	• 主旨发言　博鳌亚洲论坛中的重要活动安排及其功效 • 姚望　博鳌亚洲论坛高级总监
12:00～13:30	自助午餐　※　午休　小范围会展统计工作招待午宴(诚邀嘉宾出席)

续表

2012年12月1日（周六）下午 • 会展服务对会展业发展的促进作用 • 主持人：中国会展经济研究会副会长陈文敬	
13:30～14:10	• 主旨发言　中国品牌节的组织 • 王永　品牌中国产业联盟秘书长
14:10～14:50	• 主旨发言　探索推动会展及会展旅游业发展的有效途径 • 高舜礼　《中国旅游报》总编辑
14:50～15:20	茶歇
15:20～17:30	• 对话主题：会展城市如何面对大会展 • 主持人：中国会展经济研究会常务副会长陈泽炎 　储祥银　北京市贸促会副会长 　吴承璘　上海会展行业协会会长 　陈　琳　成都博览局局长 　张世斌　青岛会展办主任 　李玉明　济南贸促会会长 　尹　文　南京会展办主任 　叶　敏　杭州市政府副秘书长、杭州市西博办主任 　郭　牧　浙江省国际会议展览业协会会长
18:30～20:30	• 济南市政府欢迎晚宴暨2012中国会展业年度十佳品牌颁奖晚会 • 主持人：中国会展经济研究会副会长兼秘书长李永江
2012年12月2日（周日）上午	
09:00～11:30	平行论坛一：2012年度各城市会展发展特色交流 • 拟邀请商务部主管司局领导与各地会展管理机构探讨各地会展发展特色 • 主持人：中国会展经济研究会常务副会长陈泽炎
	平行论坛二：济南会展业的发展前景与机遇 • 拟邀请会展专家为济南会展业的发展把脉 • 主持人：济南市政府副秘书长耿建新
12:00～13:00　自助午餐　会议结束	
2012年12月2日（周日）下午（暂定14:00～19:30） • 参观考察：百脉泉、朱家裕	

（资料来源：中国会展经济研究会网站 http://www.cces2006.org）

（三）回执或报名表

有的会议通知还需附上回执或报名表，请与会者填写姓名、性别、年龄、职务、职称、抵达会议的时间和交通工具、预订回程票的具体要求、是否参加会议旅游活动等项目，然后寄回主办单位或会议筹备机构。

寄回回执和报告表的对象一般具有参加会议的意向,会务工作机构可以此为依据,预计会议规模,准备会议场馆。通过回执和报名表,可以收集、了解与会者的基本信息和要求,以便会务工作机构安排好会议的接待工作,如根据性别、年龄、职务的不同,安排好住宿,以及安排人员和车辆接站、预订好回程票等。

一些法定性会议为了切实保证会议通知发到每一位与会者,会要求对方在收到通知后,在回执上签字并寄回,确认对方收到会议通知,相当于履行签收的手续。

三、会议手册编制文案

一般来说,正规的会议都要有一份会议手册。会议手册文案主要包括会议简介、组织机构、会议议程、会议须知等内容。为了感谢与会的重要嘉宾或支持单位,有些商业性的会议在会议手册中还附有嘉宾介绍、特别鸣谢或赞助商等。学术性的会议则相对简明扼要(参见相关链接5-3)。

相关链接5-3:莫言创作研讨会会议手册

(一)主办单位:

复旦大学

(二)议程

7月11日

时间:上午9:00至11:30,下午14:00至17:30。

地点:复旦大学光华楼东辅楼103室。

上午　开幕式(9:00至9:50)

主持人:陈思和

发言人:王德威、王安忆、陈徵、莫言

合影、茶叙:上午9:50至10:20

大会发言(上午10:20至11:30):莫言创作的民间世界

主持人:王安忆

发言人:

1. 陈思和:莫言的民间立场

2. 陈晓明:不可书写的书写与意外的文学性——关于巴金、莫言、阎连科的三篇小说的文本游戏问题

3. 张清华:莫言小说的美学根基

4. 曹元勇：《蛙》，一个艺术文本的诞生

5. 倪伟：莫言近期小说中的历史与现实

午餐：11:30至14:00，旦苑二楼学生餐厅，工作餐。

下午　莫言作品讨论圆桌会议

上半场(14:00至15:40)

主持人：王德威

发言人：栾梅健、李楠等

茶叙(15:40至15:50)

发言人：栾梅健、李楠等

下半场(15:50至17:30)

主持人：栾梅健

会场摄影师：楼乘震

合影摄影师：照相馆

会场负责人：张勐、赵倩倩

茶叙负责人：闵诗惠、赵琼宇

晚餐：18:00至20:00，正大宾馆餐厅(复旦校园内)。

(三) 其他注意事项：

1. 7月10日：住宿代表报到。

皇冠假日酒店。张勐、赵倩倩负责接待。

复宣酒店。闵诗惠、赵琼宇负责接待。上海市会议代表可直接到会场。不安排住宿的代表直接到会场。

2. 会议代表凭餐票就餐。

3. 会议正式代表凭胸卡领取会议礼品。

4. 除特别注明外，每人发言10分钟，第一声铃响8分钟提醒，第二声铃响停止发言。剩余时间开放提问、讨论。

(资料来源：http://www.douban.com/evenl/11900788/discussion/25089743)

就会议须知而言，大型会议一般会有更全面的要求，写法也不尽相同，一般格式与内容参见下文。

会 议 须 知

(一) 请妥善保管大会的各种文件，不得外传、复制。请勿携带文件到非会议场所，以防丢失。

(二) 参加大会时，请提前15分钟入场，按指定区域、位置入座，并保持良好的会场秩

序。会议进行时请关闭携带的通信设备。会场内请勿吸烟。

（三）请各位会员（理事）按照议程要求，准时到达指定地点参加大会安排的会员集体活动（会议、晚宴），以保证活动顺利进行。

（四）遵守会场的各项规章制度，爱护公共设施，注意清洁卫生，不得携带易燃、易爆等危险物品进入会场。

（五）请遵守会议纪律，服从大会安排，如不能全程出席大会时，须向大会秘书处请假并征得同意。

（六）会议期间如遇到其他问题，请与秘书处联系。

联系人：×××

第三节　会议接待方案

一、会议接待方案的含义

会议接待方案是指安排与会者的迎送和吃、住、行、游、乐等接待活动及具体事务的文案；既属于会议专题写作方案；即可以包含在会议总体方案中，也可以单独拟写，作为会议总体方案的附件。

二、会议接待方案的基本内容

1．接待对象和缘由

会议接待对象的种类众多，包括上级领导、政府官员、协办与支持单位、特邀嘉宾、会议成员（正式和列席）、参展单位、客商、普通观众以及媒体记者等；有以政府代表团名义来访的，也有联合组团参加的，还有的是以个人身份参会。每一种接待方案一定要写清楚具体的对象。同时，还要简要说明为何接待，即接待的缘由、目的和意义。

2．接待方针

接待方针即会议接待工作的总原则和指导思想。接待方针应当根据会议目标和会议领导机构对接待工作的要求，以及参加对象的具体情况确定。

3．接待规格

接待规格包括迎接、宴请、看望、陪同、送别参加对象时，主办方出面的人员的身份，以及主办方安排的食宿标准等。

4．接待内容

接待内容包括接站、食宿安排、欢迎仪式、宴请、看望、翻译服务、文艺招待、参观游览、联欢娱乐、票务、返离送别等方面。

5. 接待日程

写明各项接待活动的日程安排。

6. 接待责任

写明各项接待工作的责任部门及人员的具体职责。例如，大型会议活动可设置报到组、观光组、票务组等工作小组，分别负责与会者的接站、报到、签到、观光旅游、返离时的票务联系等工作。

7. 接待经费

写明与会者的食宿和交通费用的安排，有时也包含安排参观、游览、观看文艺演出等的支出；涉外会议活动还包括一定数量的礼品费用。对外公布的接待方案一般不写这一部分的内容。

三、会议接待方案的编写

会议接待文案编写的基本格式与结构如下。

1. 标题

标题由会议活动名称＋"接待方案"组成，如"××××国际论坛接待方案"。

2. 主送机关

如果接待方案直接上报上级时，应当写明上级机关的名称；如果以请示的附件上报，则不必写主送机关。

3. 正文

正文要具体写明会议的接待对象和接待缘由、接待方针、接待规格、接待内容、接待日程、接待责任、接待经费等。

4. 提交文案的会务工作机构

5. 提交方案的时间

第四节　会议文案范例

一、第十八届中国兰州投资贸易洽谈会总体方案

为打造开发开放平台，加强招商引资，承接产业转移，聚焦大开放、大开发，推进科学发展、转型跨越、民族团结、富民兴陇，举办第十八届中国兰州投资贸易洽谈会（简称兰洽会）。根据《甘肃省人民政府关于做好第十八届中国兰州投资贸易洽谈会筹备工作的通知》（甘政发[2012]24号），为做好本届兰洽会各项筹办工作，制定总体方案。

（一）时间和地点

第十八届兰洽会定于 2012 年 7 月 5～10 日在甘肃兰州举办，开幕式于 7 月 6 日上午 9:00 在甘肃国际会展中心（兰州市北滨河东路 1 号）举行。

（二）指导思想

以科学发展观为指导，深入贯彻党的十七大和十七届六中全会精神，积极落实《国务院办公厅关于进一步支持甘肃经济社会发展的若干意见》（国办发[2010]29 号），以实施"十二五"发展规划为主线，按照转型跨越发展要求，坚持"开放、开发、合作、发展"的宗旨，以"承接东中部产业转移，发展循环经济，促进转型跨越"为主题，围绕循环经济示范省建设、兰州—西宁经济区建设、关天经济区建设、文化大省建设、能源基地建设、有色冶金新材料基地建设、特色农产品生产与加工基地建设，积极把握国内外产业加速向内地转移的机遇，充分利用国内国外"两种资源、两个市场"，开展国际间、省际间、区域间的经济交流与合作，拓展对内对外开放的广度和深度，扩大内需，促进投资，发展战略性新兴产业，改造提升传统产业，推动科技进步，调整经济结构，转变经济发展方式，深入推进西部大开发，推进科学发展、转型跨越、民族团结、富民兴陇。

（三）目标任务

第十八届兰洽会参会宾客人数超过 20 000 人，招商引资签约额超过 1 800 亿元，力争把兰洽会逐步办成西部产业特色突出的区域性、专业化品牌展会，成为区域性的投资合作窗口、商贸流通桥梁和文化旅游交流平台。

（四）主办、协办、承办单位

主办单位：商务部（正在申请）、国家工商行政管理总局、国家旅游局、国务院台湾事务办公室、中华全国工商业联合会、中华全国归国华侨联合会、中国国际贸易促进委员会、天津市人民政府、黑龙江省人民政府、安徽省人民政府、江西省人民政府、山东省人民政府、广东省人民政府、重庆市人民政府、四川省人民政府、云南省人民政府、西藏自治区人民政府、陕西省人民政府、甘肃省人民政府、青海省人民政府、宁夏回族自治区人民政府、新疆维吾尔自治区人民政府、新疆生产建设兵团、深圳市人民政府、厦门市人民政府。

协办单位：商务部投资促进事务局、中国侨商联合会、中国个体劳动者协会、中国外商投资企业协会、中国国际投资促进会、香港贸易发展局、澳门贸易投资促进局、香港中华总商会、香港总商会、香港中华厂商联合会、香港工业总会、澳门中华总商会、日中经济协会、日本贸易振兴机构、日本国际贸易促进协会、大韩商工会议所、韩国贸易协会、泰国中华总商会、新加坡中华总商会、澳大利亚贸易委员会、英中贸易协会。

承办单位：甘肃省人民政府、兰州市人民政府。

(五) 主要内容

第十八届兰洽会将突出承接产业转移，发展循环经济，组织开展投资推介洽谈，甘肃名优特新产品展示展销，重点产业和重点地区发展展示宣传，省际经济合作交流研讨，文化旅游博览交流等系列活动。

1. 投资项目推介洽谈

重点围绕新能源及装备制造产业、新材料、生物制药等新兴产业，石化、建材、农产品深加工等优势产业，由省发展改革委和省经合局牵头，组织市州、有关企业、商（协）会与境内外投资商开展投资项目对接洽谈活动，举办甘肃招商项目推介洽谈会，各市州专项推介洽谈会，兄弟省市区招商引资暨经贸洽谈活动等。

同时，在大会期间，对我省的重点项目组织集中签约仪式。签约项目继续坚持"三个必须"原则，必须是符合国家现行产业政策的投资项目，必须是未签过的正式合同项目，必须是省外、境外客商投资的项目，保证签约项目真实可行。

2. 承接东中部地区产业转移

根据全省区域发展战略和产业布局，以及国家级和省级重点园区的承载能力，把握产业转移的新趋势、新动向，加强对长三角、珠三角及港澳台地区的招商力度，推动各市州承接东部产业转移。省直有关部门和市州要结合"十二五"规划，围绕承接产业转移，提升传统产业、发展战略新兴产业、促进富民特色产业，举办承接产业转移专题对接活动。

3. 循环经济发展交流

以循环经济示范省建设为重点，围绕特色优势资源循环一体开发，省发展改革委、省工信委等直有关部门和市州要推出一批循环产业链开发的经济合作项目，邀请有关战略投资商，开展投资合作洽谈活动，组织循环经济工业示范园区、示范企业展示活动和专题研讨交流等活动。

4. 新能源开发合作

围绕千万千瓦级风电示范基地二期工程和太阳能发电示范基地建设，由省发展改革委等省直有关部门和市州牵头，谋划新能源开发项目，推出一批太阳能、风能开发项目和相关技术研发项目，组织新能源装备制造展览，新技术新产品展览，邀请国内外相关领域企业和客商开展合作交流，举办专题研讨活动。

5. 特色经济合作

围绕特色农业和优势资源开发，由省农牧厅、省经合局等省直有关部门和市州牵头，邀请组织行业协会、相关企业和客商，开展特色农产品生产与加工为主的投资贸易洽谈活动。

6. 文化旅游推介

围绕文化大省建设,依托文化旅游资源,开展文化旅游推介和联合促销等活动,积极发展文化旅游产业。邀请文化界知名企业和品牌,海内外专业旅行商和旅游开发企业,组织开展对接洽谈合作。同时开展文化开发、旅游合作展示交流和项目合作活动,组织国内外客商到甘肃旅游观光。

7. 非公企业项目洽谈

由省工商局牵头,邀请省内外民营企业进行投资推介,举办项目对接洽谈签约活动,开展民营企业合作交流。

8. 商协会交流

由省经合局和省政府驻外办事处负责,邀请相关省市区代表,积极组织各省市区陇商协会和知名陇商,以"聚焦优势产业,合力跨越发展"为主题内容,开展经贸合作和交流联谊活动,返乡考察投资,促进甘肃在外商会和各类在甘商协会的项目合作与创业发展。

(六)主要活动

(1)第十八届兰洽会开幕式(主办:兰洽会执委会)

(2)第十八届兰洽会欢迎宴会(主办:甘肃省委、省政府)

(3)第十八届兰洽会重点项目签约仪式。(主办:兰洽会执委会)

(4)甘肃非公企业项目签约仪式(主办:兰洽会执委会,承办:甘肃省工商局、甘肃省私营企业协会)

(5)甘肃省重点经济合作项目推介洽谈会(主办:兰洽会执委会,承办:甘肃省经济合作局)

(6)韩国—中国陕甘宁青新五省区项目对接洽谈会(主办:兰洽会执委会、韩国驻西安领事馆,承办:甘肃省外事办、经济合作局)

(7)甘肃国际新能源技术论坛暨产品展览会(主办:联合国工发组织、中国贸促会、甘肃省政府,承办:甘肃省贸促会、有关市州政府)

(8)甘肃循环经济国际项目推介会(主办:兰洽会执委会,承办:甘肃省贸促会)

(9)兄弟省市区项目推介与对接活动(主办:兄弟省市区代表团,承办:兄弟省市区有关单位)

(10)甘肃省各市州专场推介与洽谈签约活动(主办:各市州人民政府,承办:各市州有关部门)

(11)第十八届兰洽会汽车专业展(时间:7月19~25日,地点:甘肃国际会展中心)

（七）展示展览（略）

（八）邀请工作

围绕大会投资促进、贸易洽谈、商品展销、旅游促销等主要活动,邀请国家有关部委领导出席指导,邀请各省市区代表团、国际国内知名商协会、国际商务机构、投资促进机构组团参会参展,通过多种渠道重点邀请国内外知名企业、大型企业集团和民营企业参展参会。

本届兰洽会计划邀请境外、省外宾客 20 000 人。各市州、各部门要充分利用各自的渠道,结合项目预约洽谈和商品贸易促销,广泛邀请投资商、贸易商和相关专业机构参会参展。

（九）会务服务和保障

1. 新闻宣传

大会在展馆设立新闻中心,为各参展代表团的新闻宣传做好服务。执委会新闻宣传部为各代表团协助联系新闻发布会会场,协助邀请企业和媒体参会。组织省际间广播、电视、网络、报刊媒体的互动交流报道。

2. 宾客接待

为参会宾客推荐定点接待饭店,提供优质的食宿服务。编制大会旅游指引,为参会宾客推荐旅行社和精品旅游线路,提供优质旅游服务。在参会宾客相对集中的指定接待宾馆为参会团组配备专职联络员和医疗卫生员,做好全程陪同及安全服务。

3. 安全保障

执委会安全保障部门做好会场、活动场所及各省市区代表团和参会参展商集中驻地提供安全保卫工作,卫生防疫部门做好公共卫生安全和食品药品监管工作,确保万无一失。

4. 交通服务

执委会接待部门协助各省市区代表团联系和安排会议期间的工作用车,并预订返程飞机票、火车票等。

5. 广告招商

利用活动会场及其他有关场所开展冠名活动;利用展馆内外空间、会刊、会务用品、投资甘肃网、兰州市主要街区为参会参展企业提供广告服务。编辑出版《第十八届兰洽会会刊》和《参展指南》等,介绍大会概况、各省市区和境外参会参展团组,宣传市州投资环境,介绍企业及名优品牌等。

（十）组织机构

由各联合主办单位参加成立兰洽会组委会,作为兰洽会领导机构,组委会下设执委会,作为兰洽会筹备工作议事协调和执行机构。

兰洽会执委会设办公室、投资项目部、展务部、接待部、文化旅游部、安全保卫部、卫生保障部和新闻宣传部等工作机构。

1. 办公室

负责大会日常事务;负责文秘、会务、财务、信息服务等工作;负责重大活动的衔接协调,组织实施大会开幕式;负责宾客邀请的安排部署及联络协调,办理大会票证等工作。办公室工作由甘肃省经济合作局(兰洽会办公室)负责。

2. 投资项目部

负责编制招商目录和推介资料;组织投资洽谈、项目签约等投资促进活动;负责展馆投资洽谈服务工作,协调市州开展投资项目推介、对接工作;负责陇商和商协会活动的组织联络。投资项目部由省发展改革委牵头,省工信委、省商务厅、省工商局、省经合局等部门负责,日常工作由省经合局组织联络。

3. 展务部

负责展馆布局规划,落实展位分配和招展工作;负责省市区代表团和其他有关方面布展的协调服务;组织市州布展,审查相关布展方案,并监督实施布展;做好展馆整体布展的管理和安全监督。展务部由省商务厅、省工商局、省经合局、省投资集团、兰州市兰洽办等负责,日常展务工作由省经合局负责,展馆保障工作由省投资集团公司及甘肃会展中心有限责任公司负责。

4. 接待部

负责制订接待工作方案,并组织实施;负责统一安排指定接待单位,组织安排好宾客的报到、迎送、对口接待服务;负责欢迎宴会等活动的组织实施等。宾客接待部由省商务厅、省委省政府接待办牵头,省交通运输厅、省政府外事办、省经合局、省工商联、省台办、省贸促会等单位负责,日常工作由省经合局负责联络衔接。

5. 文化旅游部

负责兰洽会文化演出活动的协调管理,牵头组织大会招待演出活动,协调有关文化展演事宜;负责大会宾客和团组的旅游服务,落实旅行社、宾馆饭店的推荐和监督等工作。旅游服务部由省文化厅、省旅游局负责。

6. 安全保卫部

负责重要来宾、代表团驻地、展馆、重大活动场所的消防、治安保卫、交通协调等工作。安全保卫部由省公安厅牵头,省市公安、国家安全等部门共同负责。

7. 卫生保障部

负责重要来宾的医疗保健,落实宾馆饭店、展馆、重大活动场所的防疫处理和食品卫生监督工作；负责提出相关应急预案，做好防疫安排。卫生保障部由省卫生厅负责。

8. 新闻宣传部

负责兰洽会的新闻宣传工作，营造大会舆论氛围；分阶段组织召开执委会新闻发布会；负责中央、省外、境外新闻记者的邀请和接待，省内媒体的组织工作。新闻宣传部由省委宣传部、省政府新闻办负责。

根据兰洽会总体方案，甘肃省各市州制订本地区筹备工作方案，执委会各成员单位和工作机构制订专项实施方案，各相关单位制订具体活动实施方案，建立执委会会议协调沟通机制，共同抓好筹备落实，兰洽会办公室（省经济合作局）做好总体联络与协调。

联 系 单 位：甘肃省经济合作局

电　　　话：（0931）8833109、8831190、8832022

传　　　真：（0931）8811567

兰洽会在线：www.lanzhoufair.gov.cn

投 资 甘 肃：www.gsinvest.gov.cn

邮　　　箱：gsinvest@163.com

（资料来源：兰洽会官网 http://www.lanzhoufair.gor.cn/）

范例分析：

会议总体方案不仅要围绕会议的主要内容、主要活动、整体结构等来撰写，还要考虑到会议的目标、特点以及创新性等。这份兰洽会方案表现出的只是大型会议的总体风貌，具有全局性、简洁性和整体性等特点。在实际操作中，如新闻宣传、宾客接待、安全保障、交通服务、广告招商等都还需要有更具体的文案。

二、第28届国际天文学联合会大会志愿者招募文案

（一）基本情况

1. 大会简介

2012年8月，中国将首次在北京举办第28届国际天文学联合会大会。届时，将有来自世界各国3 000多名天文学家齐聚一堂，交流天文科学各领域的最新研究成果、前沿热点与发展趋势。天文学一直是人类文明进程中最振奋人心的研究领域之一。大会参会者将有机会感受到当今中国天文学在研究、观测设施和学科发展等诸多方面的最新进展。参会者将通过学术报告以及座谈等方式来了解天文学各领域的最新科研成果。活动日程将包括一系列学术、文化和游览活动。

国际天文学联合会（英文简称IAU）成立于1919年，其宗旨是组织国际学术交流，推动国际合作，促进天文科学的发展。联合会会员及职业天文学家主要来自于世界各个国家，他们活跃在天文学研究和教育领域。此外，国际天文学联合会也积极地与世界各地的

组织开展合作。目前,国际天文学联合会已在世界 90 个国家拥有超过 10 000 人的会员。

2. 会议时间

2012 年 8 月 20～31 日

3. 会议地点

中国国家会议中心:北京

4. 大会组委会

中国天文学学会

中国科学院国家天文台

(二)志愿者项目计划

志愿者项目计划,旨在招募在学高年级本科生及研究生或年轻学者奉献出自己的时间,在大会组织工作方面为中国天文学会和大会组委会服务。大会将为学生和年轻学者提供一次特殊的机会,参与天文学的学术对话、交流和研讨,有机会了解最新的学术进展,并接触天文学领域的学术带头人。志愿者和学生的参与将扩大国际参会者对中国的了解和认识。拟招募 50 名志愿者。

(三)工作描述

志愿者服务是大会组织和参会者现场经历的重要部分。志愿者将主要服务于以下几个岗位。

注册台/咨询台

参会者和信息指引

大会报告支持与协助

嘉宾接待

会议室支持

会议组织者支持

志愿者服务时间为 2012 年 8 月 19～30 日。最终日程待定。每名志愿者每天需要服务 8 小时,但会有充裕的时间进行休息和参加学术会议。

志愿者可享有:

参加全部学术会议

参观全部展览和赞助商区域

大会材料

每日 2 餐(早餐/午餐,或午餐/晚餐)

2 件志愿者 T 恤衫

志愿者证书

(四) 志愿者要求

在学学生(高年级本科生、学士及以上学位)或年轻天文学者,拥有少于 2 年的工作经历。

中外学生均可报名参加。年龄在 20~28 岁之间。

熟练使用中英文,知晓一门其他外语更佳。

热情洋溢、高度热忱、精力充沛,具有服务意识、有耐性,并且志愿努力工作。

有较强的社交能力。

(五) 报名

报名申请须以电子邮件或传真方式发送到组委会,截止日期为 2012 年 3 月 15 日。

报名邮件主题请注明:志愿者招募姓名、单位

电子邮件:iauga@nao.cas.cn

传真:+86-10-64807730

电话:+86-10-64806326

申请者须提交以下信息(均需中英文各一份)

自荐信

简历

(六) 招募时间表

2012 年 3 月 15 日 报名截止日

2012 年 4 月 15 日 确定志愿者名单

2012 年 6 月 15 日 介绍大会

2012 年 8 月 5 日 岗位培训和日程安排

2012 年 8 月 19 日 会前动员会

2012 年 8 月 20~31 日 大会现场服务

(资料来源:http://www.cas.cn/xw/zyxw/yw/201108/t20110806_3320181.sheml)

范例分析:

在大型会议的筹备与组织中,志愿者的招募文案是必不可少的。一般来说,会议的级别与规格不同,对志愿者的招募要求也有所区别。国际天文学联合会大会是国际天文界最重要的学术和工作会议之一,被称为"天文界的奥林匹克"。第 28 届国际天文学联合会大会在中国的召开,为世界各国天文学家搭建一个高水平的研讨交流、合作共享平台,为社会公众提供一场弘扬科学精神、传播天文知识的科普盛筵。因此,对会议志愿者的条件

要求也是严格的。这份招募文案,从志愿者项目计划到工作描述、志愿者要求、报名、时间表等言简意赅,堪称典范。

三、中国(深圳)国际创新大会方案

(一)世界创新高峰论坛

1. 论坛特色

力求站在新时代发展的前沿,引领自主创新的强劲浪潮,落实科学发展观,促进中国经济的创新发展,搭建世界"创新与合作"的高端交流的桥梁,打造以中国自主创新为主体的前瞻性、战略性创新理论与政策学术研究的"思想碰撞""理论交流"的展示平台。以科学发展观推动中国的经济社会发展从资源依赖型向创新驱动型转变,推进区域经济发展,提高综合国力,使中国的创新道路越走越宽。

2. 邀请嘉宾

本次论坛聚焦我国城市管理、政府服务、城市创新、科技创新、企业创新、管理创新、体制创新、品牌创新、文化创新、教育创新等问题,以政界、理论界和企业为主,提出中国所关心的热点问题。集合专家、学者及精英的真知灼见,发掘与提升中国的软实力,利用全球智力资源推动中国建设创新型国家的发展进程。将邀请国内外政界、金融界、科技界、学术界领袖,商界知名企业家,文化教育界和社会团体杰出人士,具有创新能力的企事业单位代表,主流媒体等参加论坛。

3. 论坛形式

本次论坛的组织形式包括主题报告、专题论坛、市长圆桌会议、城市经营项目投融资洽谈、参观考察等。其中:

(1) 专题论坛

围绕"知识产权与科技创新""知识产权与产业发展"等主题进行。

(2) 市长圆桌会议

围绕"创新城市之间的合作新模式与资源互补"议题进行。同时,将组织"城市经营项目投融资洽谈会",邀请国内外金融投资机构及创新企业参加。为各参会代表和有需求的机构、企业搭建现场交流与商务对接的平台。

4. 相关活动

为提高市长圆桌会议质量,广泛听取不同城市的意见,论坛前期将开展"城市创新与发展"论文征集活动,对于优质论文,还将安排参加论坛现场的研讨交流。

(二)发明创新与专利成果展

(略)

（三）日程安排

（略）

（四）报名办法

1. 世界创新高峰论坛

参会代表请于 2009 年 10 月 30 日前，将报名表寄至大会组委会办公室或提交至大会组委会电子邮箱 zwh@chinacreative.cn；或登录大会网站 www.chinacreative.cn 进行在线报名（报名表也可从大会网站下载）。

2. 发明创新与专利成果展

参展单位请于 2009 年 10 月 15 日前，将报名表寄至大会组委会办公室或提交至大会组委会电子邮箱 zwh@chinacreative.cn；或登录大会网站 www.chinacreative.cn 进行在线报名（报名表也可从大会网站下载）。

（五）大会宣传

（略）

（六）大会特别服务

（1）城市经营项目投融资洽谈会（选择性）：拟在世界创新高峰论坛期间，举办由参会城市、国内外投融资机构及有投资意向企业参加的城市经营项目投融资专场推介会。

（2）发明创新成果转让对接会（选择性）：拟在展会期间举办由参展商、投融资机构及有投资意向企业参加的专场 PR 推介会。

（3）提供展台搭建及运送咨询。

（4）网站链接服务（免费）：参会单位的公司名称和网站将单独链接到本展会网站，以最大程度地进行展前宣传。

（5）提供高交会期间的特殊住宿折扣等服务。

（6）论坛设立参会嘉宾、参会贵宾、参会白金贵宾、参会钻石贵宾等席位，请在《参会回执》中注明并申请相应席位，经组委会审核后确定。

（七）参会须知

（1）参会企业须在所属行业具有一定的知名度，产品市场占有率较高，拥有专利产品，具有良好发展前景。

（2）参会机构须为诚信度较高、具有市场运作经验的投融资机构。

（3）参加"市长圆桌会议"及"城市经营项目投融资洽谈会"的人员和企业实行实名

制。凡有意在市长圆桌会议发言的机构和企业,请直接与组委会办公室联系。

表 5-6　世界创新高峰论坛参会回执

参会人员姓名	单位	职务	性别	年龄	民族
经办人		电话		手机	
经办人所在单位			签章		
通信地址				邮编	
电子信箱				传真	
参会选择 (在□内打√)	□ 参会嘉宾:1 800 元人民币/人 ;□ 参会白金贵宾:5 800 元人民币/人;□ 参会贵宾:2 800 元人民币/人;□ 参会钻石贵宾:8 800 元人民币/人。各席位享受服务内容详见下页"备注"。				
合计金额(人民币)		元整(大写)		小写金额:¥	
联系方式	中国(深圳)国际创新大会组织委员会深圳办公室 联系人:××× 电　话: 传　真: 地　址:深圳市福田区同心路 1 号 B 座 2008 邮　编:518027				
备注	(一) 参展细则详见大会网站 http://www.chinacreative.cn。 (二) 如有特殊情况及要求,请及时与组委会联系,以便安排。 (三) 参会各席位享受服务内容。 参会嘉宾(1 800 元人民币/人)。 (1) 出席主题论坛、专题论坛、市长圆桌会议。 (2) 参观"发明创新与专利成果展"。 (3) 与参会领导、嘉宾交流并集体合影留念。 (4) 会务资料,高交会门票。 (5) 出席 16 日主题晚宴及 17、18 日的会期用餐。 (6) 深圳参观考察。 (7) 论坛会务礼品。 (8) 赠送中央级刊物《创新时代》杂志 6 期。				

(资料来源:中国(深圳)国际创新大会组织委员会 http://www.chinaczealive.cn)

范例分析:

例文中的"世界创新高峰论坛"——论坛特色、邀请嘉宾、论坛形式、相关活动以及报名办法、大会特别服务、参会须知等项目都是会议方案所必须描述清楚的部分。发明创新与专利成果展、大会宣传等部分的写法本书有专章介绍,此处略。这则例文中的"世界创新高峰论坛参会回执"也是一般会议文案中最常见的附表(参见表 5-6),供写作时参考。

本章前沿问题

现代大型会往往集论坛、展览、活动等于一体,这已成为国际会议业发展的一种趋势。如何确切地对洽谈会、交易会、论坛等与会议形式的界定是学术界讨论的问题。大型会议文案系统性写作问题是值得关注的。

练习与思考

1. 如何给会议文案分类?
2. 简述会议文案的写作要求。
3. 以一日会议策划为例,试述会议策划方案写作的要点。
4. 试述会议手册文案的主要内容。
5. 试述会议接待方案的基本内容。
6. 阅读下列材料并思考问题。

准备会议文件与材料

会议文件是提请会议讨论和有助审议事项的文书材料。它是一种非正式文件,有些是供会议讨论审议的;有些是会议进程中形成的;有些是为保证会议顺利进行而制作的。

会议文件的准备是开好会议的重要前提。会议文件,特别是会议主旨文件的优劣,直接影响会议的质量。大多数会议文件在会议召开之前就形成了,其准备工作是和其他会前准备工作同时进行的,这些文件由会议筹备机构负责准备;会议过程中形成的文件,由会议秘书机构负责。

按照文件的性质和功能划分,会议文件的类型可分为:主旨文书(如大会报告、领导讲话、开幕词、闭幕词、主持词、决议草案等)、议案文书(如我国人大、政协会议提交审议的议案、议案说明等)、事务文书(如会议细则、代表须知、日程安排、代表名单、选举办法等)、议决文书(会议纲要、决议、公报等)和信息文书。

下面仅对几种常用的会议文件进行介绍。

1. 主持词

主持词是重要会议的执行主席(即主持人)主持会议时使用的文件,即主持人的讲话稿。书面的主持词能够确保会议程序的严肃性和准确性。主持词应与会议和活动的主题紧密结合,具有宣告性的特点,语言(文字)要简明扼要,尽量口语化。

主持词的主要内容包括：宣布会议开始；介绍会议的其他主席和主要领导人、主要来宾；报告会议的出席人数；说明会议的目的、任务和宗旨；宣布会议议程或程序；强调会议的纪律和注意事项；介绍发言者的姓名和职务；宣布会议的结果；宣布会议结束等。

各场次、时段（节）会议主持人的主持词，要尽早书面送达主持人手中，由主持人审定。大型的和重要的会议，主持词应尽早印发给有关单位和人员。

2. 开幕词

开幕词是会议或大型活动开幕时宣布会议或活动正式开始的致辞，通常由主办方身份最高的领导人致辞。会议的开幕词除宣布会议开幕外，一般还要说明会议的宗旨、目的、任务和要求，并预祝会议成功。由于大型活动通常会另外安排主旨发言，因此，其开幕词只起宣布开幕的作用，具有较强的象征意义和礼仪性。

3. 闭幕词

闭幕词是会议或大型活动闭幕时宣布会议或活动结束的致辞，通常由主办方参加会议或活动的身份最高的领导人致辞。会议的闭幕词除郑重宣布会议闭幕外，一般还要回顾、总结、评价会议的进程、成果和意义，提出贯彻会议精神的要求，对与会者寄予殷切希望。大型活动的闭幕词通常只起宣布闭幕的作用。

开幕词是会议前就起草的；而闭幕词则必须在会议议程进行得差不多的时候组织写作，因为需要对会议成果进行总结评价。

4. 讲话稿

在会议上发表讲话，除了即席讲话，都需要文稿。讲话稿是讲话成功的保证，也是会议取得成果的一个重要方面。讲话稿的话题一定要集中，要言简意赅，不能东拉西扯；要根据会议的性质和中心议题及讲话者的身份确定话题。从文体属性上看，讲话稿大多是议论性文体。通过宣讲，发表意见看法，提出主张要求，诉诸听觉，通过摆事实、讲道理来说服听众，有鼓动性。

思考题：

1. 会议准备文件的类型有哪些？
2. 主持词是重要会议的主持人主持会议时使用的文件，试以大学生军训入营为题，模拟写出大会的主持词。

第六章

展览文案

学习目标

1. 了解展览计划、展览会刊、展览合同的概念与内容。
2. 掌握展览计划、展览会刊、招展招商文案以及展览合同的写作要领。

基本概念

展览计划　展览会刊　招展文案　招商文案　展览合同

第一节　展览计划的写作

一、展览计划的概念

通常所说的博览会、展览会、展销会、看样订货会、展览交流会、交易会、贸易洽谈会、展示会、展评会、样品陈列等，都属于展览的范畴。展览会是一个十分庞杂的系统。想要成功举办一届大型的展览会，尤其是希望把新开发的展览会打造成品牌展时，那么，不论是对展会的主题进行选择，还是考虑展览会的基本框架，包括展览会的定位、展品范围以及招展招商等各方面工作的安排，都必须要有周密的计划。

二、展览计划的类型

（一）人员安排计划

对于展览会而言，人员安排主要包括工作人员安排、参展人员安排和媒体记者接待安排三个方面。

（1）应由一个经验丰富的项目经理来指定下属各部门的负责人，并确定各部门的工作职责和员工人数。在人员安排计划中，尽快确定展览项目的经理（负责人）非常重要。

(2) 要正确估算参展人数,选择特邀嘉宾,并做好各类参展人员的住宿、餐饮、活动和交通等安排。

(3) 要安排专人负责媒体记者的接待,以期和媒体之间建立良好的关系。

(二) 进度控制计划

展会进度计划,即对展览会筹备以及展会期间的各项工作进行统筹安排,其主要目的是让办展机构的所有单位和工作人员都能明确各个阶段的具体工作及任务,以保证展览会的各项工作有条不紊地进行。

在制订展览会的进度控制计划时,应遵循四个基本原则:各项工作目标明确、各阶段安排统筹兼顾、各项工作切实可行及进程安排合理有序。

(三) 招展招商计划

招展计划是为招揽参展商而制定的各种策略、方法和安排;专业观众组织(招商)计划是为招揽观众而制定的各种策略、方法和安排,两者都是展览项目计划执行的重要环节,内容庞杂、方法多样。

(四) 服务供应商计划

合理选择供应商既能有效降低办展的成本,又可以提高对参展商和观众的服务水平,因此,选择和管理服务供应商是展览会策划的重要内容。要成功地举办一届展览会,策划人员必须制订可行的服务供应商计划,从而为参展商和观众提供优质的配套服务。文案人员应熟悉与参展商和观众活动紧密相关的搭建、运输、住宿、旅游、餐饮等行业,尤其是那些品牌企业,并与之建立良好的关系。

(五) 现场管理计划

有效的现场管理是展览顺利举办的重要保障,为此必须制订详细、可行的计划。展览会的现场管理包括布展计划、展会开幕计划、展馆现场管理、观众登记计划、现场服务计划和撤展计划等内容。

三、展览计划的写作

(一) 展览日程安排计划

对于不同性质、不同规模的展览日程安排也不相同。一般来说,小型展览会可以提前一年开始安排,撰写计划;大型国际展览会则需要提前两年至两年半开始准备。下面我们以大型展览的计划安排为例,来看每个阶段的具体事务。

1．两年前

（1）饭店预订（考察饭店设施及服务，并与饭店洽谈、签订协议）。

（2）确定场馆使用面积，并与场地所有方洽谈、签订合同。

（3）制作工作进度表。

（4）搜集邮寄名单，寄发展览会宣传资料、报名表等。

（5）定期召开筹备会议，落实各项工作的进度及决议。

（6）制作筹备企划书（包含展览会的意义、宗旨、内容，工作进度及预算等）。

（7）制订营销计划（如何宣传推广本次展览会）。

（8）选择合适的专业展览顾问公司。

（9）初步确定展览会主题及拟定邀请人员名单。

（10）决定报名费及相关费用（可参考以前的展览会并由筹备会决议）。

（11）搜集旅游、文艺等资料（可委托或指定专业旅行社办理）。

2．一年半前

（1）草拟展览会通告（包含邀请函、展览会主题及日期、地点等）。

（2）印刷并寄发展览会通告（针对可能参与的人士，初步告之展览会的举办日期、地点、报名费及摊位费等）。

（3）确定展会期间的论坛形式及内容（为邀请演讲人等作准备）。

（4）初步确定社交活动（酒会、晚宴、开闭幕式等）。

（5）制定各类印刷品的印刷时间表，并与设计印刷公司协调（参展手册、宣传册、报名表、名牌、邀请卡等）。

（6）网页设计（委托专业公司或专业人士制作，以便参展商与观众等上网浏览或进行网上报名）。

3．一年前

（1）草拟展览会说明书及合同。

（2）收集参展商名单。

（3）招展工作正式开始。

（4）印制并寄发宣传手册及相关表格（mailing list）。

（5）确认演讲人和嘉宾是否接受邀请，并提供论坛题目。

（6）选制展览会纪念品、资料袋、奖牌等（如定制数量、确认交货期等）。

（7）向政府有关部门报备本次展览会的举办时间。

（8）联络并确定展览会的有关供应商（如视听、音响及灯光设备、旅行社、交通、餐饮、会场布置等）。

4．半年前

（1）检查展览会的各项准备工作。

（2）安排展览会的会议议程，并挑选论坛主持人。

（3）寄发通知函件给申请参展者，告之其参展申请是否被接受，以及展览会的具体日期、地点。

（4）寄发通知给所有受邀请的主持人，并提供相关参考资料，如参展商构成、演讲人背景等。

5．3个月前

（1）发布新闻。

（2）邀请出席开闭幕式的嘉宾（如需嘉宾致辞，应书面告之时间、地点）。

（3）规划和招聘现场工作人员（包含人员报到、设立主办单位接待办公室等）。

（4）草拟展览会期间的活动手册（包含议程、演讲人、主持人、开、闭幕式等）。

（5）安排接机事宜（车辆、接机人员、通关安排、下榻宾馆等）。

（6）展览会现场布置规划（如机场欢迎牌、会场、报到处、酒会、晚宴场地等）。

（7）报到处使用规划（包含使用流程）。

（8）确认各项餐饮安排（包含酒会、茶点、午餐、晚宴等）。

6．1～2个月前

（1）报名参展工作结束（统计、评估参展商）。

（2）与饭店核算已预订房间数。

（3）培训现场接待工作人员。

（4）印制展览会节目手册、参展商名册（供与会者报到时领取）。

（5）印制其他物品（如胸卡、证书、邀请卡、餐券等）。

（6）落实各个环节（包含参展议程、论坛演讲人、主持人、视听设备、开闭幕式嘉宾及流程、酒会、晚宴等）。

（7）召开参展商协调会（明确摊位位置、进场、撤场等问题）。

（8）检查场馆的各项准备工作。

7．展中阶段（开展前3天＋展会期间）

（1）召开新闻发布会（准备新闻通稿及相关资料、安排新闻发言人）。

（2）现场接待工作人员预演（筹委会主要委员也应到场）。

（3）报到相关资料装袋。

（4）检查各场所布置（主要是会场及展览会现场）。

（5）设立报到处、秘书处（相关资料进场）。

（6）各项节目、表演彩排。

(7) 会场布置（包含灯光、音响、麦克风、电脑、投影仪等）。

(8) 参展商进场（报到，领取资料）。

(9) 检查餐饮安排（再次核实数量及菜单）。

(10) 展览会正式开始（根据流程表开展每一项工作；每日闭馆后，要对当日工作及问题进行总结，并及时改善；同时，预习第二天的工作流程）。

8. 展后阶段

(1) 统计参展商及观展人数（包含总量、来源地区及行业等）。

(2) 整理、分析相关资料并归档。

(3) 与饭店核对总住房数（收集账单、支付账款）。

(4) 财务结算。

(5) 给协助单位、主要参展商、演讲嘉宾等相关人员寄发感谢信。

(6) 征求参展商和专业观众的意见。

(7) 召开总结大会（报告收支情况、总结经验、解散筹委会）。

(8) 编撰展览会文集。

(9) 薪资清册。

(10) 结案，并开始准备下一届展会。

（二）参展计划

从参展商的角度来说，一份务实而有效的参展计划非常重要。参加展览会不是简单的派几个人带着展品样本去展馆展示企业的产品，而是一个涉及面很广的复杂工程项目。因此，参展商需要制订详细的参展计划，一个好的参展计划是取得最大参展效益的基础。

参展计划应该包含在企业的年度工作计划中，统筹安排。参展计划一般包括以下几点。

(1) 展出目标：确定参加展览会的目的或预期达到的目标。

(2) 选择展会：根据展出目标，确定要参加的一个或数个展览会。

(3) 展出重点：确定所参加的展览会所要宣传或展览的重点项目。

(4) 相关活动：确定在展会期间要开展的各种活动。

(5) 时限要求：按照展览会的时间，确定各项工作的起止时间。

(6) 人员安排：指定参展项目的管理人员、工作人员，并明确各自的分工责任。

(7) 资金计划：安排全年度用于展览会的资金使用计划。

(8) 筹备工作：确定与所参加展览会配套的资料准备、展品制作、运输等工作。

在年度计划的指导下，针对每一个要参加的展览会制订出详细的参展方案。在参展方案中，除了年度计划中的相应内容以外，还应包括主题、标志、色彩、文字、照片、图片、展品、布局等针对展览会的具体要求，以及对指定的展位设计和施工公司提出的要求。

第二节　展览会刊制作文案

一、展览会刊的概念

一般展览会都会有一本会刊,它是由展览会组织机构编印的专门刊物,是用于辑录参展客商及展品信息资料的载体,用于方便展览会的信息交流。展览会刊是一个展览会的权威资料,是一个综合平台,服务于展览的主办方、参展方和参观方三方。可以说,展览会刊也是信息时代资源整合的重要形式之一。

二、展览会刊的主要内容

展览会的会刊主要内容是举办展览会相关机构的情况及资料、参展客商介绍和广告等。

（一）展览会情况介绍

这部分内容包括展览会的主办、承办、协办或支持机构的名称、介绍,或者政府及有关部门批准举办展览会的文件,展览会亮点以及历届展览会的概况等(参见相关链接6-1)。

相关链接6-1：2012中国塑料博览会

中国塑料博览会(以下简称塑博会)以"立足华东,面向全国,辐射世界"为基点,依附宁波地区强大的产业优势,以及余姚中国塑料城供销链的产业群聚效应,并通过内聚力量外拓市场,积极延伸产业链。自1999年举办以来,已连续成功举办十三届,并已发展成为中国塑料行业最具行业知名度、影响力的品牌,被誉为"中国塑料行业第一展",被国家商务部列为2012年引导支持展会。

塑博会作为业内年度盛会,集结了一批国内外塑料原料、模具机床、塑料机械方面的优秀企业,其中不乏世界知名品牌参展参会,如巴斯夫股份公司、三菱树脂株式会社、拜耳公司、宝理塑料株式会社、首诺公司、高六商事株式会社、SK集团、云天化集团、蓝星集团、台湾台化、奇美集团、住友集团、德国阿博格、德马格、科倍隆、海天国际控股有限公司、震雄集团、力劲集团等,为塑料行业的上、中、下游企业提供了一个拓展及巩固市场、信息咨询和交流的平台。

第十四届中国塑料博览会

展会日期：2012年11月6～9日

展览时间：11月6日 09:30～16:30
　　　　　11月7日—8日 09:00～16:30
　　　　　11月9日 09:00～13:00
布展日期：11月1～5日
撤展日期：11月10～11日
展览地点：浙江省余姚市中塑国际会展中心
展览规模：46 000平方米 2 200个标准展位
主办单位：中国石油和化学工业联合会
　　　　　中国石油天然气集团公司
　　　　　中国石油化工股份有限公司
　　　　　中国中化集团公司
　　　　　中国轻工业联合会
　　　　　浙江省余姚市人民政府
支持单位：中华人民共和国商务部
　　　　　中国商业联合会
承办单位：余姚市中国塑料城展览有限公司
指定媒体：中塑在线
展览内容：塑料原料区、模具机床及工具机区、塑料机械区、塑料制品区
同期举办：第八届中国塑料产业发展（国际）论坛
展位价格：

展位类型	费用（元）	备　　注
标准展位 3m×3m	5 800	1. 提供：围板、楣板、地毯、二盏灯、一张桌子、两把椅子、一个单相电源插座 2. 双面，三面开展位 6500元/9平方米
光地展位	550/平方米	需要36平方米（含）以上，仅光地不含任何设施

2011年展会回顾：

456家展商参展，参展商内、外品牌比例为70:30；特装展位与标摊展位比例为71:29。

来自海外25个国家和地区及国内29个省市388个城市的专业买家逾25 280人登记参观，比2010年增长10%。

展会优势：

中国是全球第一大塑料制品生产国，而华东地区的塑料制品占全国总产量的一半

以上。塑料原料、机械、模具及工具机市场商机无限;宁波作为华东地区最重要的生产基地,各式塑料及机械需求量的年均增长率为6%。

塑机厂商抢滩华东市场的首选之地,宁波是中国塑机制造的重要基地,在全国销售市场中更处于重要位置,是塑机厂商的必争之地,也是海内外厂商逐鹿中国的最佳入口。

余姚中国塑料城是中国最大的塑料原料集散地,汇集原料经销商、代理商、分销商等经营企业逾千余家,是海内外原料企业寻求商机的最佳平台。

(资料来源:http://cpe.21cp.com)

(二)展览会活动一览表

展览会活动一览表包括各项活动的时间、地点、活动内容等。

(三)展馆展位布置平面图

展馆展位布置平面图包括展览中心的总平面图,以及各分馆楼层的具体展位图等。

展区主要依据展品类别来划分,一个专业题材的展区可能只占用某一个场馆的一部分,也可能占满一个甚至几个场馆;当展区确定后,还要根据场馆的场地特征等具体情况来划分展位。

在划分好展区和展位后,还要按照一定比例将其绘制成展位平面图,并在图上表明各展区的名称、所有展位的代号,以及场馆的停车场、出入口、洗手间、楼梯和现场服务设施等,以便参展商在选择展位时能更快、更好地作出决定。一般来说,展出同类展品的参展商被安排在同一个展区,对于该展区内仍可获得的展位,参展商可以根据自己的需要进行选择。

(四)参展客商名录

参展客商名录包括参展客商名录及展位号等。大型展览的会刊还会刊登参展客商的文字介绍。文字介绍资料由参展客商提供。

(五)会刊广告

会刊广告基本是参展客商的宣传广告,可以登载于会刊的封面、封一、封底、封三、扉页、内页等位置。

(六)联系方式

联系方式包括组委会、承办方、相关服务方能够公布的联系方式,以方便参展商、观众的联络需求。

三、展览会刊的编写要求

展览会刊的编写总体上要求全面、准确、实用。

(一) 前期准备阶段

(1) 要做好相关信息的征集工作。这些工作的重点是与参展商相关的那一部分,会刊编辑人员必须明确其是否参展,是否需要刊登广告并得到刊登广告所需要的相关资料。

(2) 要收集好展会主办方的相关资料,并明确其设计意图。

(3) 参展企业名录征集。一般来说,展会主办方会为参展企业提供免费的会刊名录服务(主要是对所有参展单位进行简介,包括公司标识、展区展位号、公司性质、经营范围、联系方式以及产品图片等方面)。为征得参展企业的同意并确保刊登内容的准确性,通常需要设计一个"参展企业会刊名录登记表",以邮寄、传真、邮件等形式与参展企业取得联系并达成协议。参加本次展览的企业有义务予以配合,按要求用正楷填写"参展企业会刊名录登记表",并根据表格要求提供正确而详细的信息资料,包括企业和展品的英文材料(特别是国际性展览)。若没有条件提供英文材料,主办方将提供翻译服务。

(二) 编辑确认阶段

一般而言,会刊的编辑工作应与展览会的展位销售工作同步进行,所以,编辑时间可能长达数月。由于展位销售工作可能会延续到展览会开幕之前,故会刊一般需要在展览会开幕之前的 2 周之内完成编辑、校对、印刷、装订的全部编印工作。

(三) 设计与印刷

会刊的美术设计工作可以提前进行,会刊的编排技巧与一般杂志相近,要求图文并茂,使用图片须注意分辨率,确保清楚,视觉效果好;会刊的印制规格一般为 16 开本或 32 开本,封面基本是彩色的;广告印刷分为彩色和黑白两种。可会刊的印刷数量按需要确定。

第三节　招展招商文案写作

一、招展文案

(一) 招展的概念

招展的目的是招揽到合适的企业(也包括专业媒体等潜在参展商)来参展,从而实现主办单位与参展企业的价值传递。招展工作的好坏直接影响着展览会的效果,它是展览会取得成功的基础。

招展由以下两方面的工作组成：①准备工作，包括招展计划书的制订、招展函的设计与印刷、潜在参展商数据库的建立等；②招展工作，包括人员拜访、代理机构的确定及电话招展等。

（二）招展文案的主要内容

完整的招展文案应该在全面掌握各种相关市场信息，尤其是同类展览会情况的基础上，结合展览会的定位和潜在参展商的需求，对各项招展工作进行统筹安排，应至少包括以下 9 大方面。

(1) 潜在参展商分析。
(2) 展区和展位划分。
(3) 参展商数据库管理。
(4) 招展分工。
(5) 招展价格。
(6) 招展函的编印与发送。
(7) 招展手段。
(8) 招展预算。
(9) 招展进度控制。

（三）招展方案的制作

招展方案是展览会诸多方案中的核心方案之一。

1. 招展控制方案

在编制招展方案时，要在全面掌握市场信息的基础上，参考展览题材所在行业的特点，对各项招展工作进行统筹规划、合理安排。一般的招展工作进度控制参见表 6-1。

表 6-1　招展进度控制

时间节点	招展工作	宣传推广支持	招展目标	负责人
展前 12 个月	内部通告	专业报刊 内部刊物 展览会会刊	向业界发布展会基本信息	
展前 9 个月	新闻发布会 直接发函招展	新闻宣传 发放新闻稿 邮寄广告	促进招展	

续表

时间节点	招展工作	宣传推广支持	招展目标	负责人
展前6个月	进一步招展 确认参展商	综合性报刊 广告 横幅	促进招展	
展前3个月	加强展览宣传	电台、电视台	落实招展	
开幕前期	强调会展品牌 大力宣传展览会亮点	电台、电视台 海报 会刊广告	提升专业观众对展会满意度	
展览会后	统计数据 扩大展会影响 报道展会成果	专业报刊 展览会会刊	对展会质量分析 为下届作准备	

2. 编制招展函

在招展方案中,编制招展函是文案写作的中心工作。

招展函,又被称为参展手册,是办展机构用来详细介绍展览会和招揽目标参展商的文字材料,通常被制成小册子的形式。不同的展览公司,甚至不同的展览会,招展函的外观、风格、内容框架等都存在着明显差异。一般来说,一份完整的招展函至少包括以下内容。

(1) 写给参展商的邀请信。

(2) 展会的基本内容,包括展览会的举办背景分析、展会名称、举办时间及地点、办展机构等。

(3) 往届展览会所取得的成绩,一般包括参展商和专业观众数量、专业观众结构分析等内容。

(4) 本届展会的亮点和创新之处。

(5) 本届展会的专业观众组织和宣传推广计划。

(6) 参展办法,包括参展程序介绍、展位和广告等配套服务及报价、参展申请表、付款方式、优惠政策、联系办法等。

(7) 附相关图片,如往届展览会图片、场馆分区图、周边地区交通图等。

3. 编写参展说明书

参展说明书主要包括以下几个方面的内容。

(1) 前言,主要是对参展商参加本会展表示欢迎,阐明本说明书编制的原则和目的,提醒参展商在筹展、办展、展览和撤展等环节要自觉遵守本手册的相关规定等。前言要求言简意赅。

(2) 展览场地基本情况,包括展馆及展区平面图、展馆相关的交通图、展览场地的基本技术数据等。

(3) 会展基本信息，包括会展的名称、举办地点、展览时间、办展机构、指定承建商、指定运输代理、指定旅游代理、指定接待酒店等。

(4) 会展规则，会展要求参展商和观众等参加展会时必须遵守的一些规章制度。

(5) 展会搭装指南，对展位搭装的一些基本要求和说明，主要包括标准展会的说明和空地展会搭装说明等。

(6) 展品运输指南，对参展商将展品等物品运到展览现场所作的一些指引和说明，主要包括海外运输和国内运输等。

(7) 会展旅游信息，是对解决参展商及观众等参加会展期间的吃、住、行等需要和会展前后的旅游需要等做出的一些说明。

(8) 相关表格，是有关参展商在筹展和布展过程中需要使用的各种表格，主要包括展览表格和展位搭装表格两种。

二、招商文案

（一）展会招商的概念

展会招商就是邀请观众到展会来参观。观众对于展会来说至关重要，有一定数量和质量的观众是展会成功的关键因素。

一般说来，展会招商所邀请的一些特殊观众可称为"专业观众"，所谓"专业观众"是指从事展会上所展示的某类展品或服务的设计、开发、生产、销售或服务的专业人士以及该产品的用户。与"专业观众"相对应的是"普通观众"。有些展览会对观众的要求比较严格，例如，广交会就只邀请专业观众参加，普通观众不允许入场。

尽可能多地邀请到"有效观众"对参展商来说意义很大，因此，许多参展商总是在这方面做足文章。

（二）招商方案的主要内容

展览招商方案是为展览邀请观众而制订的具体执行方案。它是在充分了解展会展品的需求市场的基础上，合理地安排招商人员在适当的时间里通过合适的渠道而进行的展会招商活动；是对展会招商活动进行的总体安排和把握，其目的是力求保证展会开幕时能有足够的观众到会。

国内大多数展览是既对专业观众开放，又对普通观众开放的，因此，其招展也应该包括这两类观众。

常见的展览招商方案有制订招商方案、展会招商分工、展会通讯及观众邀请函的编印发送计划、招商渠道和措施、招商宣传推广计划、招商预算以及招商进度安排（参见表6-2）等内容。

表 6-2　招商进度控制

时间	招商宣传推广方式	预期目标	预算	备注
展前 9 个月	新闻发布会;专业杂志刊物	向业界发布展会基本信息		
展前 6 个月	主办单位邀请;其他展会邀请;公众媒体宣传;国外邀请;合作邀请	促进招商		宣传推广具体
开幕前期	直接邮寄;电话核实	统计专业观众;进一步招商		
展览期间	大力宣传展览会亮点	提升;观众对展会满意度		
展会后续	统计数据;扩大展会影响;报道展会成果	对展会质量分析为下届作准备		

(三) 招商方案的制作

1. 制作参展商数据库

招商方案要想顺利完成,离不开一个数据庞大、分类科学、信息丰富的参展商数据库。展览公司首先需要安排专人,甚至成立专门的部门广泛收集潜在参展商的有关信息(各个公司的做法都不一样,有的由公关研发部负责,有的会成立专门的网络信息部,有些则直接由项目组负责),然后进行科学的分类整理,以供展览文案人员分析、调用。

一般而言,收集目标参展商的信息主要可通过以下一些渠道。

① 现有参展商数据;
② 行业协会和商会的会员名录;
③ 电话黄页;
④ 专业杂志和网站;
⑤ 同类展览会的会刊;
⑥ 向专业咨询公司购买名录;
⑦ 客户的信息咨询或参展申请;
⑧ 与其他公司交换数据;
⑨ 组织客户答谢会等活动。

2. 制订专业观众组织方案

专业观众组织工作的主要目的是让目标观众知道和了解展览会,并引起其前来参观的兴趣。大致可分为展前、展中和展后三个阶段,具体工作包括以下方面。

(1) 展前制订专业观众组织计划,搜集有效信息,分析目标观众,确定最佳手段,实施观众组织计划(编印展会通讯、撰写和邮寄观众邀请函等)。

(2) 现场观众组织,包括交通、餐饮、咨询等现场观众服务和管理工作,以及安全、卫生保障等事宜。

(3) 展后工作,包括对观众数据进行统计和分析,更新数据库,寄发感谢信和挖掘潜在参展商等。

3. 制作展会通讯

展会通讯是办展机构根据展会的实际需要编写的、用来向展会的目标客户通报展会有关情况的一种宣传资料,通常是小册子或是报纸。办展机构一般采用直接邮寄,或用电子邮件的方式发送给目标客户。

展会通讯可以起到及时向目标客户传达信息,促进展会招展、招商,以及树立办展机构良好形象等作用。

展会通讯的主要内容如下。

(1) 展会的简报。包括展会名称、举办时间地点、办展机构、展会的LOGO、展会的特点与优势等。

(2) 招展通报。通报所有参展企业的名录,对行业知名企业还可以重点报道。

(3) 招商通报。

(4) 展会期间相关活动通报。如专业研讨会、信息发布会等。

(5) 参展(参观)回执表。其目的在于方便客户及时反馈其参展(参观)的有关信息。

为了能使目标客户产生兴趣,展会通讯要做得美观大方,具有知识性、趣味性、时尚性。对于重点客户,除直接邮寄展会通讯外,还要电话回访,以引起其重视。

展会通讯在写作和制作上的要求如下。

(1) 具有知识性、时尚性和趣味性。

(2) 外观美观大方。

(3) 内容短小精悍,信息真实可靠。

第四节 展览合同编制文案

一、展览合同的概念

展览活动涉及主办方、承办方、参展商、与会者、消费者等多方面的关系,为了明确各方在展览活动中的权利和义务,依照我国《合同法》的相关规定,根据展览性质而制定的合同,即为展览合同。

广义的展览合同是指围绕展览依法制定的各种合同的总称;狭义的展览合同主要是指展览承办单位为租赁会场、展馆等,或者与参展商之间依法制定的设立、变更、终止各方民事权利和义务关系的一种书面合约或契约。

展览合同除了具有一般合同的共性外,还具有以下特点。

1. 主题的特定性

展览合同的各方均是与展览有某种联系的公民、法人或其他组织。

2. 内容的财产性

展览合同的目的和内容是特定的经济利益和经济关系。

3. 标的物的单一性

展览合同权利和义务指向的对象是单一的,通常指涉及展览的商品、行为或智力成果等。

4. 订立的合法性

在《合同法》之外,不同的展览合同还有不同的法律依据。

二、展览合同的主要内容

（一）展览租赁合同

展览租赁合同是出租人将租赁物交付承租人使用、收益,承租人向出租人支付租金的合同。其特征是:租赁合同是诺成的、双务的、有偿的合同;租赁合同的标的物是特定的非消耗物;租赁合同转移的是租赁物的使用权,而非所有权;租赁合同具有期限性和连续性,时间是租赁合同的基本要素。

租赁合同分为书面和口头两种形式。租赁期限6个月以下的,可以由当事人自由选择合同的形式,无论采用书面形式还是口头形式,都不影响合同的效力。租赁期限6个月以上的,应当采用书面形式;未采用书面形式的,不论当事人是否就期限作了约定,都视为不定期租赁。

展览租赁合同主要包括以下内容。

① 租赁物的名称;
② 租赁物的数量;
③ 租赁物的用途;
④ 租赁期限;
⑤ 租金及其支付期限、方式;
⑥ 租赁物维修;
⑦ 其他补充条款;
⑧ 订立合同的时间;
⑨ 签章。

（二）展览买卖合同

展览买卖合同，是出卖人交付标的物并转移标的物的所有权于买受人，买受人支付价款的合同。其中，依约定应交付标的物并转移标的物所有权的一方称为出卖人；应支付价款的一方称为买受人。出卖人应当是买卖合同标的物的所有权人或其他有处分权人。

展览买卖合同的主要内容如下。

① 合同双方的名称或姓名、地址；
② 标的物的名称、品质、数量等；
③ 标的物的价格、金额、货币等；
④ 货款支付的方式、时间、地点；
⑤ 标的物交付的方式、时间、地点；
⑥ 标的物的运输方式；
⑦ 检验标准；
⑧ 结算方式；
⑨ 纠纷解决方式、管辖机构和适用法律；
⑩ 合同的份数；
⑪ 其他条款；
⑫ 订立合同的时间；
⑬ 签章。

（三）展览运输合同

展览运输合同是承运人将旅客或者货物从起运点运输到约定地点，旅客、托运人或者收货人支付票款或者运输费用的合同。运输合同的承运人必须是经营运输业务的人，既可以是公民，也可以是法人。运输合同依据不同的标准可以划分为不同的种类。以运输的客体为划分标准，可以分为货物运输合同和旅客运输合同；以运输工具为划分标准，可以分为铁路运输合同、公路运输合同、水路运输合同、航空运输合同及管道运输合同；以运输方式为划分标准，可以分为单一运输合同和联合运输合同。

展览运输合同的主要内容如下。

① 货物的名称、规格、数量、条款及包装要求；
② 货物起运地点及到达地点；
③ 货物起运日期及到达日期；
④ 运输质量及安全要求；
⑤ 货物装卸责任和方法；
⑥ 收货人验收办法；

⑦ 运输费用及结算方式；
⑧ 托运方的权利和义务；
⑨ 承运方的权利和义务；
⑩ 收货人的权利和义务；
⑪ 其他条款；
⑫ 订立合同的时间；
⑬ 签章。

（四）展览承揽合同

展览承揽合同是承揽人按照定做人的要求完成工作，交付工作成果，定做人给付报酬的合同。完成工作并交付成果的一方称承揽人；接受承揽人的工作成果并给付报酬的一方称为定做人。承揽人完成的工作成果称为定做物。承揽活动是人们生产、生活不可缺少的民事活动，如加工、定做、修理、印刷等，均与人们的生产、生活息息相关，故承揽合同是现实社会生活中广泛存在的合同类型。

展览承揽合同的主要内容如下。
① 合同双方的名称或姓名、地址、法人代表姓名；
② 委托标的物介绍；
③ 标的物的数量、质量等要求；
④ 标的物的验收办法；
⑤ 合同履行的地点、期限、方式；
⑥ 报酬的支付及支付方式；
⑦ 解决争议的方式；
⑧ 其他条款；
⑨ 订立合同的时间；
⑩ 签章。

（五）展览仓储合同

展览仓储合同，是指当事人双方约定由保管人为存货人保管储存的货物，存货人支付仓储费的合同。

展览仓储合同的主要内容如下。
① 合同双方的名称或姓名、地址；
② 仓储物的品名或品类；
③ 仓储物的数量、质量等；
④ 仓储物验收的内容、标准、方法、时间及验收人的资质条件；

⑤ 仓储物保管条件的要求；
⑥ 仓储物入库与出库的手续、时间、地点、运输方式；
⑦ 仓储物自然损耗的标准和对损耗的具体处理办法；
⑧ 仓储物计费的项目、标准、计算方法；
⑨ 仓储物结算的方式；
⑩ 合同的有效期限；
⑪ 合同的变更及解除方式；
⑫ 损害赔偿责任的具体划分；
⑬ 违约责任；
⑭ 解决纠纷的方法及申诉部门；
⑮ 其他条款；
⑯ 订立合同的时间；
⑰ 签章。

（六）展览供用电（水、热力）合同

以供用电合同为例。供用电合同又叫电力供应合同，是指供电人向用电人供电，用电人支付价款的合同。供用电合同的供电人是全国各地具有企业法人资格的供电局；用电人则十分广泛，包括国家机关、企业、事业单位、各类社团法人、个体工商户、农村承包经营户和广大城乡居民。供用电合同的标的是电力。

展览供用电（水、热力）合同的主要内容如下。
① 供电（水、热力）方式，供电质量和供电（水、热力）时间。
② 用电（水、热力）容量，用电地址，用电（水、热力）性质。
③ 计量方式和电（水、热力）价，电（水、热力）费结算方式。
④ 供用电（水、热力）设施维护责任的划分。
⑤ 合同的有效期限。
⑥ 违约责任。
⑦ 其他条款。
⑧ 订立合同的时间。
⑨ 签章。

三、展览合同的编制要求

展览合同的主要条款包括：标的、数量、质量、价款或者报酬、履行期限、履行地点和方式、违约责任和解决争议方法等。

展览合同的一般写作结构如下。

（一）首部

展览合同的首部是整个合同书的抬头部分，一般写明：展览合同名称、合同各方当事人的身份情况、合同订立的依据和目的。

（二）正文

正文是展览合同的核心内容，必须逐条写明：《合同法》规定的主要条款、合同本身性质决定的有关条款、当事人一方或几方特别要求必须具备的条款以及其他条款。

值得注意的是，展览所得收益（包括但不限门票销售、展览招商、展览营销、展览相关展品开发和活动策划所得的全部收入）如何分配，双方应当在展览合同中做出明确约定。

合同当事各方根据本合同的约定分别承担展览的各项费用，但根据展览的性质不同，合同当事各方之间经常会发生一定的展览费用（如场地费、招展费等等）结算，关于这种展览费用的金额和结算方式，合同当事人应在合同中做出明确约定。

在双方其他权利和义务中，双方可就上述条款中未约定明确的其他权利和义务事项进行约定。

在展览合同中，可以设置违约责任条款，根据违约的情况不同设置违约金、赔偿损失、单方面解除合同等不同的救济措施。

甲乙双方在履行合同的过程中应通力协作，合同的未尽事宜由双方在友好协商的基础上妥善解决。在展览合同中，可以设置续延、变更与解除条款，对合同续延、变更与解除的条件、方式做出约定。

在展览合同中，应当设置不可抗力条款，一般的表述为：如发生自然灾害、战争等不可抗力的情况，承借方应当首先保护展品安全，立即停止展览活动，由当事各方共同协商进一步措施，合同暂时中止；待不可抗力事件结束后，合同是否恢复履行，如何恢复履行应由当事各方协商确定；如因不可抗力给文物造成损失，应当根据具体情况减轻或免除承借方的赔偿责任，因不可抗力给合同当事方造成损失的，双方互不负有赔偿责任。

在展览合同主文部分的最后，应有专门条款标明合同的生效与失效期限。

（三）尾部

展览合同的结尾部分也是落款部分，一般由合同各方当事人签名或盖章，并写明合同订立的时间。经过公证或见证过的，还必须加盖公证或见证机关单位的公章。

另外，在展览合同附项部分应注明附件名称以及份数。

展览合同在写作上要注意：合同主体要合格，合同内容必须合法，合同条款要具体、明确、全面，合同手续齐全，文字准确、规范、通俗等。

此外，展览期间，制作的各类宣传品、文化产品、文化活动和各类新闻宣传中使用的展品影像都涉及展品的知识产权。为了保护当事各方利益,在一份完备的展览合同中最好单独设置知识产权授权条款,这种授权应当是由展品提供方向展览的承办方做出的,也是展品提供方除提供展品以外的附随义务之一,在这一条款中应当明确授权的范围、限制等。

第五节　展览文案范例

一、第111届中国进出口商品交易会出口展参展手册

前言:

为方便参展,规范秩序,特制定《第111届中国进出口商品交易会出口展参展手册》(以下简称手册)。本手册自第111届中国进出口商品交易会(以下简称广交会)起执行。此前凡与本手册相抵触的相关规定,均以本手册为准。

也可通过浏览广交会的网站 www.cantonfair.org.cn 了解本届广交会的概况。

本手册的解释权归中国对外贸易中心。

时间安排(略)。

特别提示(略)。

第一章　展会介绍

一、主办和承办机构

主办机构:中华人民共和国商务部广东省人民政府

承办机构:中国对外贸易中心(以下简称外贸中心)

二、展会时间

第一期:2012年4月15～19日每天9:30～18:00

第二期:2012年4月23～27日每天9:30～18:00

第三期:2012年5月1～5日每天9:30～18:00

换展期:2012年4月20～22日　4月28～30日

三、展会地点

中国进出口商品交易会展馆A区、B区与C区

地址:广州市海珠区阅江中路382号

四、展区安排

广交会按电子及家电、照明、车辆及配件、机械、五金工具、建材、化工产品、日用消费品、礼品、家居装饰品、纺织服装、鞋、办公、箱包及休闲用品、医药及医疗保健、食品及土特产品15大类商品设置50个展区。《广交会展馆商品及展区分布表》详见附件1.1和附件1.2。

五、组展方式

广交会遵守"宏观指导,地方组团,行业协调,专业办展"的16字方针。设48个交易团,各类企业应按其所在行政区域或系统参加交易团,并作为交易团成员参加广交会。6个进出口商会及外商投资企业协会发挥行业服务协调作用,负责相关展区协调管理工作。

六、广交会机构设置

(一)广交会秘书处(简称秘书处)

职责:负责广交会大会总体协调;广交会重大活动的组织与协调;商务部领导及嘉宾到会接待工作,落实部、司领导交办事宜。负责广交会有关信息的编号、上报;广交会各办之间的文件流转和机要、保密等文秘管理工作;负责统筹现场展览服务和通讯、财务等配套服务;后勤保障等日常工作。

电话:020-89130109

秘书处日常办事机构设在外贸中心办公室(电话:020-89138105)。

(二)广交会业务办公室(简称业务办)

职责:组织、布置出口成交工作,负责外贸政策研究、形势分析,指导出口成交统计工作;指导广交会展览成效评估工作,研究制订广交会组展工作方案;组织开展有关广交会改革发展调研;负责有关业务信息编报(包括广交会总结等);指导查处违规转让和倒卖展位以及知识产权侵权行为;联系交易团、商会/协会,协调有关展览工作;指导和推动信息化工作,建立完善的广交会电子政务系统、电子商务系统和信息服务系统等。

电话:020-89130415

业务办日常办事机构设在外贸中心广交会工作部(电话:020-89138569)。

(三)广交会外事办公室(简称外事办)

职责:负责广交会对外交往、外事活动的组织安排。包括安排广交会领导的外事活动;接待应邀来访的外国经贸代表团;邀请或协助邀请外方主讲人、驻华使(领)馆官员、商会团体或公司代表等参加在广交会期间举办的上述相关会议。

电话:020-89130435

外事办日常办事机构设在外贸中心国际联络部(电话:020-89138625)。

(四)广交会政治工作办公室(简称政工办)

职责:负责广交会思想政治工作的组织、管理和协调;负责违规转让和倒卖展位的检查工作。

电话:020-89130445

政工办日常办事机构设在外贸中心政工部(电话:020-89138469)。

(五)广交会保卫办公室(简称保卫办)

职责:负责广交会展馆和重要活动的安全保卫工作;负责对到会采购商、国内与会人员的住所及主要活动场所的安全保卫工作实行统一的组织指挥,包括制订广交会保卫方案,协调各级公安部门行动,维护广州地区的社会治安,为广交会创造安全良好的社会环境;负责展馆的防火安全;负责维护广交会展馆及其附近道路交通秩序,保障交通畅顺。

电话:020-89130455

保卫办日常办事机构设在外贸中心保卫部(电话:020-89138715 89138713)。

(六)证件服务中心(简称证件中心)

职责:会同外贸中心有关部门,负责广交会证件的印证、制证、发证,采集、分析、汇总采购商信息资料;负责规划完善办证系统、培训使用办证系统和现场管理。

电话:020-89074092

证件中心日常办事机构设在外贸中心客服中心保卫部(电话:020-89138707)。

(七)新闻中心

职责:负责广交会期间记者邀请、接待、重要采访活动的安排以及组织召开新闻发布会;负责编辑出版《广交会通讯》;负责广交会官方刊物《新展望》的出版发行和组稿工作;及时跟踪媒体报道,编辑《舆情快报》;负责宣传品的制作和发放管理;组织广交会现场资料拍摄和新闻中心数据库的管理。

电话:020-89130465

新闻中心日常办事机构设在外贸中心办公室(电话:020-89138489)。

(八)卫生保障办公室(简称卫生办)

职责:负责统一领导和指挥广交会卫生保障工作。与卫生行政部门保持密切联系,了解和掌握卫生动态,制订卫生保障工作方案和卫生防疫情况宣传口径;检查卫生保障措施落实情况;接受病情报告,处理卫生保障工作中的突发事件;组织、协调卫生防疫力量及相关工作;汇总广交会卫生防疫情况信息,编写简报。

电话:020-89130391

卫生办日常办事机构设在客服中心综合管理部(电话:020-89139828)。

(以上机构会议期间电话的启用时间为4月9日,如有变化,以广交会公布的电话号码为准。)

第二章　参展企业资质标准(略)

第三章　参展申请(略)

第四章　展位评审与安排办法(略)

第五章　参展展品管理规定(略)

第六章　涉嫌侵犯知识产权的投诉及处理办法(略)

第七章　涉嫌侵犯知识产权的投诉及处理办法实施细则(略)

第八章　中国进出口商品交易会贸易纠纷防范与解决办法(略)

第九章　广交会馆内宣传品管理规定(略)

第十章　广交会展位使用管理规定(略)

第十一章　广交会出口展展品质量及贸易纠纷投诉监控办法(略)

（资料来源：中国进出口商品交易会官方网站 http://www.cantonfair.org.cn）

范例分析：

创办于 1957 年春季的广交会，迄今已有 50 多年历史，是中国目前历史最久、层次最高、规模最大、商品种类最全、到会客商最多，且分布国别地区最广、成交效果最好、信誉最佳的综合性国际贸易盛会，素有"中国第一展"之称。广交会的展览文案，不论是关于国内参展商的，还是对境外采购商的都比较成熟。《第 111 届中国进出口商品交易会出口展参展手册》这篇范例总共有十一章，全面阐释了国内参展商参加广交会所关心的问题，细致入微，值得学习。限于篇幅，本例文只节选了该手册的第一章。

二、中国(北京)国际服务贸易交易会展商须知

1. 综合信息(略)

2. 展商须知

2.1　展商职责

2.1.1　为了交易会秩序及大多数参展商的利益，参展单位不得以任何理由在 2012 年 6 月 1 日 17:00 之前撤展。

2.1.2　展商在撤馆时须使场地保持原样，由于展商的原因对展场造成的损坏，由场馆按损坏程度向展商收取整修赔偿费。

2.1.3　展商须负责将搭建材料与建筑垃圾运离现场，并须在 2012 年 6 月 1 日 24:00 之前将其所有物品撤离现场。否则，组委会有权处理展商遗留的现场物品，由此产生的费用由展商自行承担。

2.1.4　展商对展品演示的安全操作负责，凡对观众可能造成伤害的演示需有妥善的安全保护措施。

2.1.5　展商必须保证其展品在演示时不会产生诸如激光、毒气等有害身体健康的射线或气体。

2.1.6　在整个展期，组委会在公共区域设有安保人员，但参展商需对自己的展品及财物安全负责，如有贵重展品参展，展商需自行聘请安保人员。

2.1.7　展台必须随时准备接受有关安全部门的安全检查。

2.1.8　展商应配合组委会工作人员做好统计和评估工作。

2.2　进馆证件

2.2.1　证件申办(略)

2.2.2　领取证件

① 参展商请于 5 月 27 日 15:00 前到国家会议中心"参展商现场报到处"报到，领取

参展证。对申办施工证的搭建商,主场搭建商将提前告知领取施工证的时间和地点。

② 对于预订光地展台且有特装的参展单位,须于 4 月 1 日前将布展方案(含效果图、施工图、电路图、材质说明及消防检验合格证、消防措施等)报主场搭建商审核后方可领取施工证,在撤展后一周,凭施工证及押金收据到主场搭建商处退回押金。

2.2.3 施工证管理

① 领取《施工证》时请核对证件数量并保管好收款收据,防止丢失,证件或收款收据遗失,押金恕不退还。

② 领取《施工证》时应如实申报施工区域,到主场搭建商办理用电等手续前必须出示押金收据,施工人员应随身携带押金收据备查。

③ 进场撤展人员必须佩戴《施工证》或《参展证》等证件。

④《施工证》退还前必须将展台清理干净并运走,不得将特装垃圾留在展厅内,或弃置在广场、道路及会展中心范围内的其他区域,否则将不予退还押金。

2.3 展品运输(略)

2.4 展品进出展场(略)

所有进、出馆的物品均须接受保安人员的查验。布展期间和开展期间展品只进不出,须出馆的物品,须持有组委会现场服务中心开具的《参展商物品出馆核准单》,经主场搭建商负责人签字后方可放行。布、撤展及交易会期间,参展单位应有专人看管展台,确保展品安全。

2.5 展台设计与施工

2.5.1 标准展台

展览区的标准展台搭建由国家会议中心提供或由国家会议中心指定的服务商提供。下面表格是标准展台的基本配置,任何改动要求均须得到主场搭建商的书面批准,并在 4 月 30 日前向组委会办公室提出申请,否则默认为同意以下标准配置。标准展台改动涉及的费用均由展商自负,原收取费用不予退还。

标准展台示意图(略)

2.5.2 特装展台

① 租用光地展商,在展台装修过程中须遵守各项搭建规定以及政府和场馆的有关规定。展商在施工前,须向主场搭建商报送施工平面图、效果图、电路图;交纳施工管理费、施工证件费等(详见附件 1)。

② 展台装修、搭建必须设计合理、牢固可靠。

③ 展馆之间板、地面、天花板或任何其他建筑物严禁用钉、钻凿或任何装修。由参展商原因造成展台、装修及展场损坏的,参展商应负全责。展品摆设及展台设计须顾及对临近展台视野及观众人流的影响。

④ 搭建材料应使用绿色环保材料。

⑤ 特装展台色彩和搭建高度应符合组委会有关要求(详见附件2)。

2.5.3　展馆数据

货门：4.8m 高×4.5m 宽

地面承重：1~4 号馆 3.5 吨/平方米；4A，5~6 号馆 0.8 砘/平方米

供电：三相四线 380V/220V 交流 50 周波/秒

2.6　展台管理与安全(略)

2.7　展台用水、电、气(略)

2.8　会场搭建及设备租赁(略)

2.9　展品及宣传品管理(略)

2.10　撤展管理(略)

2.11　责任(略)

2.12　境外展商注意事项(略)

(资料来源：中国(北京)国际服务贸易交易会组委会 http：//www.ciftis.org)

范例分析：

中国(北京)国际服务贸易交易会(简称京交会)是经国务院批准，由中华人民共和国商务部与北京市人民政府共同主办的展会，自 2012 年起每年在北京举行。京交会是目前全球唯一涵盖服务贸易 12 大领域的综合型交易平台。在展览文案中，展商须知是一份所有展览都必须对外公布的文案。展商须知可以作为展览招商或展会宣传的材料之一，也可以用作展览会期间服务参展商、对参展商进行管理的规范文本。

三、展览设计搭建服务合同书

依照我国有关法律法规，并结合双方具体情况，遵循平等互利、互惠互让的原则。甲、乙双方就上述展会展台的设计、制作与搭建工作，经友好协商达成如下合同项目。

(一) 乙方责任

(1) 乙方须严格按照双方确认的最终图纸施工，不得擅自更改。

(2) 乙方须负责制作，安装及提供报价单所列项目。

(3) 乙方在约定交工之日时，必须完成会场搭建工作。

(4) 在搭建制作过程中认真履行甲方提出合同书上的要求。

(5) 在施工过程中，如工程质量、人员安全、安全设施发生了问题，均由乙方承担责任。

(6) 在施工过程中如甲方提出更改意见，乙方应尽量满足甲方的要求，如在报价范围

之外,乙方可现场出具报价单,经甲方签字认可后方可生效。

(7) 展览期间,工程如因甲方人为损害或不可抗力所造成的损失,乙方不承担责任。

(8) 乙方负责在展会期间每日派专人监测电路,并负责维修。

(9) 乙方负责在×月×日下午15:00布展完毕,×日下午15:00完成主体工程并交付甲方,并协助甲方展品进馆布展。

(10) 场馆施工押金由甲方交付,如果展览期间出现施工质量问题,由乙方承担责任。

(二) 甲方责任

(1) 按甲方确认的活动设计方案(见图纸),监督乙方实施。

(2) 甲方应向乙方确认正确的公司名称及标准字体和颜色。

(3) 甲方应向乙方签字或盖章确认最终效果图纸及施工图。

(4) 如有增加项目,须经双方协商,达成协议后,乙方才可施工增加项目。

(5) 若因甲方不能按时付款或未及时提供展览工程所需的相关资料,或参展产品未能按时到达现场,所导致的展览工程工期的延误及其他直接损失均由甲方承担。

(三) 总价及付款方式

(1) 总价:人民币×万×仟×佰×拾元整(RMB:×××元)。

(2) 付款方式:合同签定之日付全款的60%,即人民币×万×仟×佰×拾×元整(RMB:×××元);余款40%即人民币:×仟×佰×拾×元整(RMB:×××元)在展会第二天(即:××××年 ×月×日)以现金或支票一次性付清。

(四) 违约责任

(1) 工程交工后,如因施工质量问题给甲方人员、财产造成损失,乙方应予赔偿。如因施工质量问题给第三方造成损失,乙方应以自己的费用解决问题,并避免甲方因此遭受损失。

(2) 因任何一方违反本合同的规定,导致本合同无法履行的,违约方应支付200%的违约金。因违约行为导致对方经济损失且违约金不足以补偿的,应赔偿对方相应的经济损失。双方因合同的解释或履行发生争议,可参照《中华人民共和国经济合同法》协商解决,如协商解决无效,任何一方有权向××人民法院提起诉讼。

(五) 其他

(1) 合同生效后,任何一方都不得擅自终止;否则,追究其经济责任。

(2) 因双方中任何一方的责任给对方造成损失,责任方须赔偿对方因此而造成的全部损失。

(3) 若有其他未尽事宜,由双方协商解决。

(六) 本合同自双方签字、盖章之日起生效

(七) 本合同一式两份,双方各执一份,具有同等法律效力

(八)附加条款(须双方负责人签字后生效,否则视为无效)

以此对应的报价单、最终效果图为合同书附件(一)和附件(二),以双方签字或盖章为准!

甲方:　　　　　　　　　　　　　　　　乙方:
甲方签字:　　　　　　　　　　　　　　乙方签字:
盖章:　　　　　　　　　　　　　　　　盖章:
　年　月　日　　　　　　　　　　　　　　年　月　日

(资料来源:http://wenku.baidu.com/view/b3499b74a26925c52ddb90J.html)

范例分析:

展览设计搭建服务合同的撰写除了需要考虑合同的一般条款,如双方责任、付款方式、违约责任等之外,还应注意要适合展览会设计搭建本身的特点,如工期约定、项目增减、按图施工、水电费用、展位维护等。在拟定合同时,要求细致全面、双方约定、对等合理。

本章前沿问题

展览业是一个新兴的服务产业。展览会的举办是涉及展览馆经营商、组展商、配套服务供应商、参展商、观众等利益关系的经济活动,由于展览会具有集群效应,因此,展览会的举办又是一项关涉政治、社会、文化的综合活动,在展会组织的协调服务功能、知识产权保护等方面都需要规范。展览会组织者如何做到以服务为本、以满足参展企业和与会观众的需求为办展的主要宗旨,这其实是对展览文案的写作提出的新要求。

练习与思考

1. 名词解释:展览计划,展览会刊。
2. 简述展览会刊的主要内容与编写要求。
3. 试述招展文案的主要内容。
4. 试述招商方案的主要内容。
5. 展览合同的编制要求有哪些?
6. 阅读下列材料并思考问题。

展后跟踪工作

展览结束后,对展览会进行质量分析、改进,是为了提高下届展览会的质量。从观众组织的角度来分析,展后工作主要包括感谢工作、媒体跟踪报道、下届展览信息发布、发放意见调查表和征询表等。

1. 感谢工作

对所有的参展企业、重要的专业观众、支持单位、合作单位以及曾给予展览会大力支持的媒体,都应该给予感谢。对于重要的客户,展览组织方可以采取登门致谢,甚至通过宴请的方式表示谢意。人类毕竟是感情的动物,举办展览会的目的就是给人们提供一个情感交流的场所,让与会者从心里喜欢这个地方、喜欢这个活动和喜欢这种服务,从而都愿意来这里见面谈生意。

2. 媒体跟踪报道

主要是对展览会进行一个回顾性的报道,将有关情况(如展会创新之处、知名人士参观等)、有关的统计资料及数据提供给新闻界宣传,以进一步扩大展览会的影响。展览会的各类统计数据主要包括展览环境,如参观人数、专业含量、平均参观时间等;展览效果,包括展位布局、成交额、参展商和观众的反馈意见等。

3. 发布下届展览会信息

世界上众多的知名展览会,几乎所有主办单位都会在展览会期间通过会刊、展会快讯、场馆的电子大屏幕或公司的网站等途径,发布下届展览会的相关信息。这些信息通常包括下一届展会的创新之处(highlights,如推出新的展区等)、预期展出面积、参展商数量和专业观众人次,以及新的服务项目等,用于吸引公司或组织继续参展、吸引专业观众再次参观。由此可见,发布下届展览会信息也是专业观众组织招商的重要渠道之一。

4. 收集反馈意见

如果说展前调研是提升专业展会的信息量、专业性和参展商满意度的关键,那么,展中和展后调研就是改进展会服务、提升展会品牌、扩大展会影响的起点。在展会期间或展会结束后(在实际工作中,许多主办单位将调研时间放在展览会即将结束时),主办单位可以委托专业机构向参展商或专业观众发放意见调查表,征求他们的意见和建议,以期进一步改进产品和服务。为吸引主办单位,有些场馆也免费或低价提供这种服务。

单就专业观众组织而言,对于参展商的调查,主要是了解他们对本届专业观众数量和质量的看法,并征求他们的宝贵建议;对于专业观众的调查,主要是为了了解对观众的服务还可以在哪些方面进行改进。

5. 数据库更新

展览会结束后,根据观众登记表上的信息,主办单位要在已建立的数据库中对观众数据进行添加与更新,这样的数据库才是最完整、有效的。更新数据库的工作是最烦琐的,需要投入大量的人力与时间。但是,做好了数据库的更新工作,不管是对展后的观众统计,还是下届展览会的观众组织工作都是十分重要的。

综上所述,主办者的上帝是参展商,参展商的上帝是专业观众。早在20世纪70年代,国外很多展览公司就明白了这个道理;而国内不少展览会主办者到现在还没有完全明白和适应。对于展览会来说,与招揽参展商一样,专业观众组织也是重中之重,它是一个展览会生存和发展的根本,失去了专业观众来源就失去了一个展览会的存在价值。因此,国内展览公司必须在观众组织上做到细致入微、面面俱到、有始有终。

（资料来源:许传宏. 会展策划与组织. 北京:高等教育出版社,2010）

思考题:

1. 在展后的感谢工作、媒体跟踪报道、下届展览信息发布、发放意见调查表和征询表等工作中,文案人员需要配合的主要工作有哪些?

2. 试分别拟写一份展览后需要用的意见调查表和征询表。

第七章

节事文案

学习目标

1. 了解节事、商贸节事活动、婚庆活动策划的概念与文案类型、写作要求。
2. 掌握商贸节事活动策划、婚庆活动策划的基本流程。

基本概念

节事　节事文案　商贸节事活动　婚庆活动策划　现场管理文案

第一节　节事文案写作概述

一、节事与节事文案

（一）节事

节事（festival & special event）是节庆和特殊事件的统称。节庆通常是指有主题的公共庆典；特殊事件是指精心策划和举办的某个特定的仪式、演讲、表演或庆典，可以包括国庆日、庆典、重大的市民活动、独特的文化演出、重要的社团活动、贸易促销和产品推介等。

随着时代的发展，节事活动也日益增多。除了传统意义上的节日、庆典之外，作为非物质文化遗产的重要组成部分，如那达慕大会、彝族火把节、傣族泼水节、黎族三月三、祭孔大典、太昊伏羲大典等也成为重要的文化节事活动；随着都市休闲和乡村旅游的发展，产生了如西瓜节、啤酒节、龙虾节等节事活动；文化创意产业发展催生了与此相关的电影、时装、卡通、音乐等节事活动；此外，运动健身类、婚庆类节事也备受青睐，如登山节、马拉松赛、摩托车赛、婚庆节等。

据不完全统计，我国每年开展的节日庆典活动有近万个。

（二）节事文案

目前，我国大多数节事以政府主办为主，但随着政府职能的转变，由政府主导、市场运作的组织模式日渐成为主流。这种模式通常是由节事活动举办地的旅游、文化等各相关部门和部分企业共同参与运作。

在节事活动的统筹、规划、协调、组织过程中，从节事活动的主题策划、整体方案、节事活动的可行性研究报告到节事活动的营销实施方案、宣传推广方案、赞助方案、现场管理方案、配套活动方案等，都属于节事文案的范畴。

从广义上说，在节事活动中，凡是为节事活动的推进而诉诸文字表达的各种方案、公文以及图表等，都可以称做节事文案。

例如，为了旅游促销，很多地方在年初就推出了年度节事活动手册，将系列的节事活动的日程安排及主要内容向社会公众公开，这里的"节事活动手册"就是节事文案的一种。

二、节事文案的类型

节事文案有多种分类方法，通常是根据节事活动的属性。一般来说，节事按照影响区域或程度可分为：重大节事、特殊节事、标志性节事和社区节事等类别。

节事按照内容属性基本可以分为：文化艺术类（包括各种文化节、艺术节、摄影节、戏剧节等）、历史民俗类（包括民族、民俗节事等）、自然生态类（包括自然风光、生态现象等）、运动休闲类（包括群众体育赛事、登山探险活动、狂欢活动等）、衣食物产类（包括美食节、服装节、特产和花卉节等）以及其他综合类（如旅游节）等类型。

为了便于把握，在本书中，我们以节事活动举办的时间为序，将节事文案分为节事前文案、节事中文案和节事后文案三类。

（一）节事前文案

节事活动举行之前所要写作完成的文案称为节事前文案。此类文案主要有：节事活动项目的策划书、申请书、可行性论证报告；举办节事活动需要使用的文件，如节事活动的通知、通告、邀请函；节事各种活动的议程、日程、程序；节事活动的接待方案、宣传方案以及安全保卫方案；与相关合作方的合作合同文本等。

（二）节事中文案

节事活动举行之中所要写作完成的文案称为节事中文案。此类文案主要有：围绕节事活动的开幕式发言稿、致辞、登记表、纪要、简报、通讯、节事新闻报道以及调查问卷与统计表等。

（三）节事后文案

节事活动举行之后所要写作完成的文案称节事后文案，如节事活动的后续宣传报道、节事评估报告、节事总结报告等。

三、节事文案的写作要求

判断一个节事是好节事、还是坏节事，文案工作做得怎么样是非常重要的因素。节事文案写作是一项立足现实，面向未来的创造性活动，在写作中需要注意。

（一）目的明确

文案写作如果是无目的的构想与拼凑，根本就没有成功可言，更不要说解决问题了。有一些节事活动表现出较强的随意性、守旧性和盲目性。究其原因，通常是在节事的立项策划准备阶段就存在对目标市场定位不准、分类不明、主题不新等情况，从而使得节事活动失去了具体的目标。

节事文案应避免随意性，增强科学性和准确性，应该从节事程序上加以控制，规范节事文案的组织行为。此外，还可以吸引节事利益相关的各方代表参与文案工作，通过头脑风暴等方法听取多方意见，纠正和修正节事文案的不准确之处。

（二）突出特色

特色是节事活动的魅力所在，是节事活动的独特卖点，是进行差异化竞争的关键。主办者如果忽视节事特色，则会导致节事主题相互复制、举办模式雷同等现象，如遍地开花的花卉节、美食节等。缺乏特色的节事活动很难有市场竞争力，一花一草、一人一事皆可办节，关键是要有特色。

好的节事活动是民族性和地域性的集中体现，是传统和现代的有机结合。节事活动有无特色是关系到其能否存在发展的大问题。节事活动要突出特色，表现在文案上，关键就是要发现节事的长处和亮点，文案写作就是要试图突出这个长处或亮点，并发扬光大。

（三）贵在创新

节事要以当地优势资源或者优势产业为基础，形成自身特色，切忌毫无根据地移花接木。这种优势资源可能是人文的，也可能是自然的；可能是历史的，也可能是现代的；可能是当地已经存在的传统节日庆典、公众集会，也可能是为了某一件事情、某一个名人专门举办的活动，或宗教礼仪活动等。

节事文案的写作贵在创新，这种创新可以是节事理念的创新、节事主题的创新、节事举办形式的创新，也可以是节事组织与体制的创新。只有在创新的基础上，节事才能创建并保持其特色。写作内容和手段必须新颖、奇特,扣人心弦,使人印象深刻。

（四）规范高效

节事文案的写作具有规范性,尤其是策划与申报、活动的流程设计与写作都有相关的规定,节事文案的规范性是必须的。

另外,在提倡建设生态型、节约型社会的今天,新型节事活动应牢牢把握高效原则,为建设节约型社会,提高节事的举办效率。

市场导向下的节事活动由于预算约束会客观地走上节约成本、提高效率的途径。因此,在主题写作和内容设计上,就应摒弃那些耗资巨大,社会、经济、文化等多方效果并不显著的活动项目和内容,做好前期的投资、收益分析和成本、效益分析,避免举办铺张浪费的节事活动。

第二节　商贸节事活动组织文案

一、商贸节事活动概述

商贸类节事活动一般是以地区的工业产品、地方特色商品和著名物产及特产为主题,辅以其他相关的参观活动、表演活动等开展的节事活动。这类节事活动除了可以起到商品交流、经贸洽谈等经济功效以外,还可以为举办城市带来很多的社会效益。例如,中国豆腐文化节、大连国际服装节、青岛国际啤酒节、北京西单购物节、中国银川国际汽车摩托旅游节、中国山西国际面食文化节、中国银川赏石旅游节、重庆国际茶文化节、中国(宁夏·中宁)枸杞节、中国·桐乡菊花节、菏泽国际牡丹花会、景德镇国际陶瓷博览会等。

目前,商贸节事活动的举办,在各地还是以"政府引导、社会参与、市场运作"的模式为主。城市节事活动首先是一种经济活动,举办的重要目的之一就是要获得良好的经济效益和市场效果。因此,从长远来说,围绕节事活动展开的从项目策划、集资、广告、会务、展览,到场地布置、彩车制作、观礼台搭建、纪念品制作,都将以招标投标、订立合同契约的有序竞争方式进行,并逐步形成新兴的"节事经济"和"节事产业"。作为一种新兴的产业,商贸节事活动正引起人们越来越多的重视,因而,商贸节事活动文案的写作也显得越来越重要。

二、商贸节事活动策划文案

（一）商贸节事策划的基本程序

进行商贸节事活动的策划必须先了解它的程序。一般来说,商贸节事活动策划的流程图如图 7-1 所示。

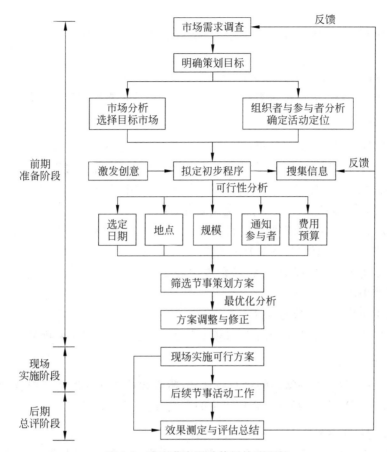

图 7-1　商贸节事活动策划的流程图

（二）商贸节事策划文案的写作

1. 需求调查文案

在进行商贸节事活动策划时，首先，要收集活动相关的各种资料，包括文字、图片以及录像等活动资料。其次，有关节事活动方面的政策和法规、公众关注的热点、历史上同类个案的资讯、场地状况和时间的选择性，也都是调查的内容。调查是策划的基础，充分的调查能为策划提供客观、可靠的依据。最后，对收集的资料要分类编排，结集归档，写成调查报告与可行性研究。

具体写作要求可参见本书第二章。

2. 目标文案写作

商贸节事活动的目标必须清晰、明确，它是策划工作所希望达到的预期效果，是策划工作的核心。

目标文案写作应围绕核心进行，从节事活动策划工作的特性出发，明确目标的过程应建立在以下的基础上。

(1) 选择目标市场：通过市场分析，选择目标市场。

(2) 确定活动定位：通过对组织者与参加者进行分析来确定活动定位。

3. 拟定初步方案

成功的策划是创造性思维的过程及结果，是策划者在头脑中把多种有效信息组合成创意和灵感，并包含有策划者对特定信息的思维组合。拟定初步策划方案要点有以下几点。

(1) 选定主题。主题是对活动内容的高度概括，是整个策划的灵魂。策划方案要为广大公众接受，就必须选好主题，并避免重复化、庸俗化。

(2) 选定日期。除了固定的纪念日，节事活动日期的选择一般较为灵活，但策划时要先将日期确定下来，以便作具体的时间安排，并将其列入组织计划中。

(3) 选择地点。在选择地点时，必须考虑公众分布情况、活动性质、活动经费以及活动的可行性等因素。

(4) 估计规模。估计参与者的人数。

(5) 预算费用。预计活动成本和各项费用支出，使有限的资金发挥最大的作用。

4. 筛选方案

初步方案拟订后，围绕活动的目的与意义，精心设计活动的形式和内容，要有独特的创意，根据节事策划原则，筛选最合理优化的方案，避免落入俗套。

5. 调整与修正方案

在选定策划方案后，还要根据节事活动策划的动态性原则，对策划方案进行调整和修正，以满足节事活动举办的需求。

节事活动策划是一项十分复杂的系统工程，具有很强的创造性；在策划过程中，要求不断推陈出新，通过新颖别致的创意、周密的计划、精心的安排，来达到出奇制胜的效果。

三、商贸节事活动现场管理文案

商贸节事活动的现场管理，一般会围绕人流管理、活动现场管理、突发事件的应对管理以及现场结束管理等方面进行，因此，在文案写作上，这几方面是重点。

(一) 商贸节事活动人流管理方案

对于商贸节事活动的现场而言，安全性与秩序性都非常重要。大多数节事活动对于人流的管理都是通过排队入场等方式来进行的，但也有些大型节事活动的现场为自由入场，如啤酒节、服装节等。不论采取那种入场方式，编制入场管理计划表，整合各种资源都十分重要,现场管理方案的编制要注意以下几方面。

1. 人流管理的方案编写原则

(1) 优化人员流动路线。对于办公区和后台区而言,场地布置要以减少人员运动为目的;对于活动现场,往来的通道要以来访的观众顺畅通行为目的,并尽量使其走动的距离最大化。

(2) 减少阻塞。节事活动管理工作的一个重要目标是尽量增加有价值的活动。如果节事活动是户外的,则可以采取很多方式来减少观众排队时间,如沿街的娱乐表演、流动餐点、现场演示等。

(3) 空间利用最大化。节事活动一定要对空间进行充分有效的应用,要尽可能多地将空间分配到顾客活动区域,尽可能少地为后台等辅助设施分配空间。

2. 确定实施步骤

(1) 确保直接参与入场管理的工作人员对自身任务的理解。

(2) 召集相关工作人员熟悉节事活动现场。有必要的话,应安排相关工作人员进行彩排。

(3) 通过现场调查,听取工作人员意见,及时反馈、修正、更改入场管理计划表。

(4) 所有工作人员一般应在节事活动开始前半小时到岗待命。

(5) 参加者入场后,要安排充足的现场维持人员,确保演出及工作人员专用通道的畅通。

3. 编写流程图

节事活动入场管理流程详见图 7-2。

4. 写作注意事项

(1) 工作人员的选派方案非常重要,它直接表明节事活动管理的水平。

(2) 入场标识系统设计方案要醒目、准确、易懂、直观。

(3) 室内、室外节事活动场所的安排要有所区别。

(4) 商贸节事活动的现场布置方案原则是要保证各类通道畅通,根据需要可设立缓进通道,以确保公共安全。

(二) 商贸节事活动现场管理文案

节事活动的现场管理包括对舞台、灯光、音响、

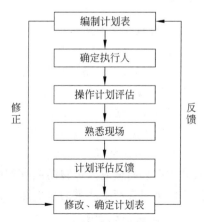

图 7-2 节事活动入场管理流程

布景、装饰、视觉及特效、节目和主持人、供电设施等具体人员及事物的管理。这些项目一般需要专业人员进行管理,并应纳入节事活动的整体管理范畴,其文案写作应注意以下几点。

1. 准备工作方案

节事活动在准备阶段,舞台的设计,声、光、电设备的租用,节目和主持人的选择等,都需指定不同的人员负责落实与操作。根据节事活动的具体情况,需要选择代理供应商来完成的,更要及早落实、实时沟通、确保无误。

2. 写作要点

(1) 出席嘉宾名录及相应接待工作方案。
(2) 主持人工作流程与规范。
(3) 所有音响、视频设备以及供电设施的落实方案。
(4) 现场活动秩序管理方案,如排除干扰因素、现场喧哗的管理等。

3. 注意事项

(1) 节事活动现场的安全问题是第一位的,人的安全、设备的安全,都需要有预案。
(2) 经验表明,要确保节事活动现场节目的顺利进行和活动设备的正常运行,必须事先做好相关预案。
(3) 配有餐饮活动的节事活动,有关餐饮服务方式、内容及原则等的管理,也应充分做好预案,并要专题计划与实施。

(三) 突发事件的应对管理与现场结束管理文案

节庆活动现场可能会发生一些意想不到的事件,主办方应事先有足够的准备,并做好管理预案。

1. 紧急医疗预案

由于节庆活动现场是一个人流集聚的场所,紧急的伤病事件随时都有可能发生,如心脏疾病、中风和其他危害生命的疾病以及外科创伤有的与会者则可能会因为饮食改变、酗酒、睡眠不足、疲劳、环境变化、孤独等,产生各种不适症状,因而需要得到更多的照顾。

在节庆活动的现场预案中,一般应建立一个紧急医疗救护系统,安排医护人员值班,并与当地医院取得联系,确保出现紧急病人时能立即送往医院实施救护。

另外,节庆活动组织者应加强对现场餐饮卫生的管理,谨慎选择餐饮合作对象。如果因食物不洁而造成人员腹泻或食物中毒,将会带来无法挽回的损失,对主办城市及主办单位的形象都会产生严重的负面影响。

2. 消防工作预案

消防工作对于任何一个节庆活动都是十分重要的,组办单位决不可以抱有侥幸心理。

花费时间、甚至财力去预防那些未必发生的事情在这里是必要的,为防患于未然,节事活动必须配备必要的、充足的防火器材,做好火灾等灾害发生时的各种预案。

3. 设备故障预案

设备故障预案应考虑到供电等现场设备会存在的不足或出现紧急故障的可能,除启用备用电源外,应通过供电部门或其他部门迅速借用周围电力,确保节事活动用电或设备的正常运作。

4. 其他

节事活动还有可能出现现场秩序混乱、停车拥挤以及天气突变等突发问题,这也需要做好相关预案。及时、妥善地解决危机,确保节事活动的顺利开展是管理的宗旨。

节事活动结束后,现场的结束管理和清理工作也十分重要。具体的实施方案步骤有如下几点。

(1) 确保参与者快速、有序的离开活动现场。

(2) 活动参与者离场后,所有工作人员应到岗,整理现场及物品。

(3) 所有物品经核查后,登记、交验、签字等。

(4) 节事活动项目负责人对活动工作及时总结,并进行相关的表彰、奖励等。

第三节　婚庆活动策划文案

一、婚庆活动策划的概念

(一) 概念

婚庆活动可以看作是节事活动的一种,但更侧重于"庆"与"事"。

婚庆活动策划是指为客人量身打造婚礼庆祝活动而进行的策划,涵盖各种婚礼形式和各种婚礼形式的组合体。婚庆策划者根据每对新人的不同爱好、追求和构想为新人量身定做婚礼。

(二) 不同的要求

婚姻是人生的大事,每对新人都希望自己的婚礼办得唯美又时尚,因此,准备结婚的新人们对婚庆活动策划也有不同的要求。

1. 婚礼形式

西方的婚礼大多是两段式——傍晚的宣誓仪式和晚间的宴会。宣誓仪式部分一般在教堂或者室外举行,之后在酒店举办宴会;也有人在宣誓地点举办室外自助餐会。现在,国内很多酒店也开始利用自有的花园来承办这样的室外婚礼。

从流行趋势来看,仪式和宴会分开的婚礼形式比较受新人欢迎,尤其是其中一部分在户外举办的婚礼更是增添了时尚感。

2. 色彩选择

在色彩策划方面,由于传统习俗,国人对婚宴色彩的要求与欧美、日本的婚礼有较大区别。国外的大多崇尚白色,认为这是纯洁、高雅的象征。而在我国的传统中,"中国红"是少不了的,不过,随着国际间的交流日益密切,我国的新人也逐渐接受并喜爱穿白色婚纱,但婚礼上的所有道具,如喜帖、鲜花、桌布等都有自己的个性要求。目前,较流行淡彩婚礼,宴会色彩与礼服、婚礼风格、主题相搭配,花瓣粉、淡草绿、银杏黄等自然色系较受欢迎。

(三)需要注意的问题

1. 一份周密的合同文案

新人需要详细地了解婚礼策划所涉及的范围,特别是一些细节部分。制定合同时要把具体的要求都列入其中,以防止在婚礼过程中发生纠纷。

签订一份婚庆活动的文字合同,是对新人的保障。一般来说,合同中应规定婚庆公司提供的服务项目;新人需交纳的费用总金额,以及何时付款,每次付款的比例,在发生违约情况时,公司应承担的责任及赔偿条款等。另外,商家口头作出的承诺也要一并写入合同,以免利益受到损失。总之,在撰写合同文本时,列得越详细对新人越有保障。

2. 要有连贯的主题策划

虽然婚礼的创意灵感随处可见,但必须有贯穿全场的主题。好的婚庆策划人要善于和新人交流沟通,只有充分了解了新人自身的背景和要求,才能从中发掘出两人自身的特质和适合的主题,从而策划出属于新人自己的独一无二的婚礼。

3. 要注意细节的策划

婚庆策划者不仅要有好创意,还要能够全方位的帮助新人把关,分析各种婚礼创意及流程,如婚礼会场、当天的来宾等;另外,请柬、席位卡、留言卡等细节方面的安排也很重要,在策划方案中都要有所体现。

二、婚庆活动策划的流程

婚庆活动需要一个系统的流程,每个环节都不可疏漏。正规的婚庆公司一般会配有专门的策划文案人员、业务工作人员(包括花艺、摄影、摄像、司仪、化妆、后期制作等),规模大的公司还有专门的接待人员,负责洽谈业务等。

从新人的角度来说,婚庆策划的主要流程有以下方面。

（一）收集相关信息

在确定了结婚吉日后，首先应该了解婚礼相关信息。结婚是人生的头等大事，需要细心筹划，建立婚庆策划的基本概念，以便和婚庆策划人员进行沟通，确认可行性。

（二）确定婚礼会场

婚礼会场的确定是婚庆策划流程中最重要的事情，新人们一般可通过电话咨询，索取婚宴酒店宣传单等方式了解会场情况。在有了初步的婚礼会场目标之后，还需要对选中的几家婚礼会场进行现场考察，通过比较后再作决定。

（三）选择婚庆公司

选择一个理想的婚庆公司来操办婚礼活动十分重要，好的婚庆公司实力雄厚、设备齐全、人力资源丰富。因而，包括策划在内的婚庆活动流程也就比较规范。不过，品牌婚庆公司收费标准较高，这是需要新人们细心选择的。

（四）选定工作人员

婚庆活动事情繁多，从策划到支持、音乐、空间设计、摄影、花艺、化妆造型、婚庆用品制作等都需要精心考虑。当然，这些工作是可以打包委托婚庆公司去做的。但是，像邀请伴郎、伴娘以及亲朋好友等是需要新人们自己完成的。

（五）参加婚宴人数

参加婚宴人数的第一次预估，直接关系到婚礼会场预订，因此，在双方父母与新人的"四方会谈"后，各自都要开始确认参加婚礼的人数，最后把人数汇总。

（六）婚礼内容准备

婚礼策划的着重点在于婚礼本身，好的婚庆策划需要充分做好婚礼内容的准备工作。婚礼所需要的主持人、接待人员、摄影及摄像师，婚礼用车、用物以及婚礼当天的会场布置、节目流程，甚至于必要的婚礼道具、影音设备等都需要做好充分的准备。

（七）正式举办婚礼

一场好的婚礼是有灵魂的，是能让所有朋友来宾共同参与，难以忘怀的。为了达到这一目的，在举办婚礼时，会场布置的格调、灯光、音乐、道具、情感表达方式、舞台节目、主持人、主持词等各种人、物和情境元素需要完美配合来演绎新人期待中的婚礼。

三、婚庆活动策划书

婚礼筹备是一个复杂的过程，提前为即将进行的婚庆典礼进行系统策划是非常有必要的，既能避免新人们手忙脚乱，又能打造完美的浪漫婚礼瞬间。下面是一份比较完备的婚庆活动策划书模本。

（一）婚礼筹备计划

① 确定婚礼日期，选择良辰吉日；
② 确定婚礼预算；
③ 预算宾客名单与婚宴桌数；
④ 确定婚礼场所，预订结婚酒店；
⑤ 选择婚庆公司，确定婚礼风格；
⑥ 确定伴郎、伴娘人选；
⑦ 确定主婚人、证婚人；
⑧ 规划外地宾客的行程；
⑨ 选择结婚纪念礼品与回礼。

（二）婚前准备事项

① 婚礼的所有项目干系人沟通婚礼筹备进展；
② 就婚礼筹备进展与计划和新人双方父母沟通；
③ 发放喜帖给亲朋好友；
④ 电话通知外地亲朋好友；
⑤ 网上发布结婚通知；
⑥ 再次确认主婚人、证婚人；
⑦ 对于重要亲友，再次确认参与人数；
⑧ 结婚物品与礼品采购；
⑨ 新家布置用品采购；
⑩ 新婚家电、家具采购；
⑪ 新婚床上用品采购；
⑫ 新婚婚房彩色气球、装饰用品采购；
⑬ 彩灯（冷光）以及其他婚庆用品采购；
⑭ 新郎、新娘婚纱礼服定制；
⑮ 结婚戒指与首饰采购；
⑯ 新娘化妆品采购；

⑰ 喜帖、红包、喜字、彩带、拉花、喷彩、糖、花生、瓜子、茶叶等的采购；
⑱ 预订烟、酒、饮料、鲜花、蛋糕等；
⑲ 新郎、新娘形象选择；
⑳ 新娘开始皮肤保养；
㉑ 新郎剪头发；
㉒ 选择婚纱摄影机构，预约拍摄日期；
㉓ 拍婚纱照；
㉔ 选片、冲印或喷绘；
㉕ 布置新房；
㉖ 确定婚礼主持人，再次确认伴郎、伴娘；
㉗ 就婚礼当天计划与设想和主持人沟通；
㉘ 再次确认来宾人数、酒席桌数；
㉙ 确定酒席菜单、价格；
㉚ 与酒店协调婚宴布置等细节；
㉛ 婚礼化妆预约；
㉜ 选择化妆地点与跟妆师；
㉝ 确定婚礼当天的造型；
㉞ 确定婚车数量、婚庆车辆预约；
㉟ 预约扎彩车的时间、地点；
㊱ 婚庆摄像预约；
㊲ 为远道而来的亲友准备客房；
㊳ 确定婚礼音响师、婚礼乐队和婚礼音乐、花童。

（三）婚礼前一天准备

① 就准备情况和婚礼当天分工与筹备组作最后沟通；
② 根据准备情况，就婚礼当天仪式进程与主持人作最后沟通；
③ 与伴郎、伴娘再次沟通；
④ 最后确认帮忙的亲友；
⑤ 最后确认婚宴、婚礼用车、摄影（像）、化妆等细节准备情况；
⑥ 确认婚礼当天要发言人的准备情况；
⑦ 确认主、证婚人发言准备情况；
⑧ 确认父母代表发言准备情况；
⑨ 确认来宾代表发言准备情况；
⑩ 考虑新郎、新娘在仪式上或闹洞房过程中，可能会遇到的问题及解决方案；

⑪ 最后确认婚礼当天所有物品准备情况；
⑫ 最后试穿所有礼服；
⑬ 将婚礼当天要穿的所有服装分别装袋；
⑭ 准备婚礼当天新郎、新娘的快餐干粮；
⑮ 最后检查所有物品并交于专人保管；
⑯ 准备好戒指；
⑰ 准备好红包；
⑱ 准备好要新人佩戴的饰物；
⑲ 准备好新娘补妆盒；
⑳ 准备好糖、烟、酒、茶、饮料等；
㉑ 准备焰火等道具；
㉒ 新郎、新娘反复熟悉婚礼程序；
㉓ 注意睡眠，早点休息。

（四）婚礼当天流程安排

1. 出发前事项

① 早起化妆与拍摄，以及其他事项

为了留下珍贵而美好的镜头，通常要进行新娘化妆的拍摄工作。新娘化妆过程及新娘家的要点镜头有：从化妆后期开始拍摄、睫毛、头纱、最后的完妆及走出摄影楼；跟随新娘到新娘家，家人一起的合影、藏鞋的镜头等。

新郎家：陪同主持人跟随花车到达新房，由摄像师对房间进行拍摄；车队主管落实车辆到位情况，待车辆到齐后，开始拍摄出发仪式。

人员组成：新郎、伴郎、新郎的父母、婚礼主持人、摄像师、新人的亲朋好友等。

① 新郎发型做好后到达女方娘家附近等待。
② 新娘完成化妆工作，通知新郎。
③ 扎彩车、专车送新郎至女方娘家。
④ 安排人员将糖、烟、酒、茶、饮料等带至酒店。
⑤ 专车送新娘回娘家（一般 8:30 前到达）。
⑥ 伴郎准备好鲜花、红包。
⑦ 新娘回到娘家，准备好新鞋。
⑧ 所有婚车到达女方娘家（一般 9:00 到达）。

2. 新娘家仪式

（1）传统仪式：敲门、盘问、塞红包、挤门、新郎找新鞋、向女方家人承诺、新郎背新娘出门、彩带渲染、踩气球等。

一般的做法：花车到新娘家楼下后，待迎亲的人员都下车后，由伴郎把新郎的车门打开，新郎带领大家上楼，敲门；新郎到新娘房间后，听主持人安排先给新娘单腿下跪献上手捧花，再掀开新娘的头纱；给新娘找鞋，并给找到鞋的朋友奖励红包，拿到鞋后要把新鞋举过头顶，然后单膝下跪给新娘穿上新鞋，扶起新娘戴上胸花；给女方父母行礼后，新郎向两位老人献孝心；下楼，到花车前，由新郎给新娘开启右车门，扶新娘上车，伴郎给新郎开启左车门，新郎上车。

(2) 车队出发。

(3) 车队到达男方家。

3. 新郎家仪式

(1) 传统仪式：新郎抱新娘进门、彩带渲染、踩气球、小孩儿滚床等。

(2) 伴娘准备好茶、新娘给男方父母敬茶。

(3) 新郎、新娘出发前往酒店。

4. 新婚典礼仪式

人员及要求：

音响师，按照婚礼进程配合司仪播放放背景音乐，调节音量大小。

现场督导，开场前检查现场、道具及人员就位情况（包括花童），协助司仪清场，婚礼过程中指挥礼炮手按需要打礼炮，按照每个环节需要及时传递道具、话筒等。

婚礼流程（约 30 分钟）

(1) 在优美的音乐声中，婚礼主持人致开场词。

(2) 新郎出场，致来宾答谢词。

(3) 在司仪的引导下，新娘在幸福门处说出对新郎的爱语。

(4) 新郎拿起话筒，用歌声迎接新娘；来宾致以热烈的掌声。

(5) 新郎来到新娘面前，献花、和新娘一起宣读爱情誓言；新郎从幸福门上的鲜花中，取出结婚信物——戒指，为爱人带上（注意，戴到无名指上时，速度要慢，给摄像师拍照的时间），伴娘把新娘为新郎准备的戒指交给新娘，由新娘为新郎带上。新人面对典礼台站好，在主持人的示意下共同走上典礼台，伴郎、伴娘跟随其后，伴娘花童、亲朋把花瓣抛撒在新人身上。

(6) 一对新人已经站在他们人生最重要的舞台上；站在所有的亲朋好友，为他们祝福、为他们见证的舞台上，新郎打开新娘的面纱，两人面向观礼者并立。

(7) 主婚、证婚人代表大家向新人进行主、证婚，并向新人表示祝贺（主、证婚人致辞完毕后，新郎要握手表示谢意）。

(8) 新人把对父母的养育之恩化为深深的敬意，并融入在三次鞠躬里；新郎对父母致感谢词；新人感谢双方父母并送上对父母的礼物，献茶。

(9) 新人和双方父母合影留念。

(10) 在亲朋好友的见证下,新人共同点燃爱的烛台。

(11) 新人面对面站好,主持人讲述有美好寓意的故事,新郎亲吻新娘(注意,新人接吻时间要长一些,并缓慢旋转)。

(12) 新人走向香槟塔,共同倾倒甜蜜的爱的美酒,共饮交杯酒。

(13) 夫妻对拜。

(14) 感谢来宾,请来宾上台和新人合影。

(15) 典礼结束,宴会开始。

(五) 蜜月旅行计划(供选择)

(1) 制订蜜月旅行路线与计划。

(2) 如果选择出国旅行,须按规定时间提早准备好身份证、签证和护照。

(3) 确认所有的住宿酒店的预订和相关证件。

(4) 准备好行李。

(5) 准备好预订的车票、机票等。

(6) 再次确认预订的住宿酒店。

(7) 开始旅行。

 相关链接 7-1：主题婚礼策划提示

设计一场完美的婚礼是从婚礼场地的选择到婚礼现场的布置等多方面都需要考虑周全的。

1. 婚礼场所

一般可以从网络、杂志或者是结婚不久的亲朋那里了解如何选择好的婚礼场所；也可以与婚庆公司的专业人员到你青睐的婚礼场地进行实地考察。通过以下几点可以进行判断：婚礼场所是否有足够的空间容纳亲朋宾客的数量；是否有举办鸡尾酒会的条件；是否有足够多的停车场车位满足亲朋宾客的要求；以及是否有 KTV、娱乐场等场所。

新人可以与主题婚礼策划方案的策划人员详谈宴席要求,对大厨和婚宴菜肴是否满意,需要清楚的一点是你有自主决定婚宴菜肴和婚宴乐队等方面的权利。另外,婚礼场所在主题婚礼策划方案中的一些特殊的规定,如是否可以在婚礼场地内设置吸烟区,是否可以再户外空地搭建临时帐篷等,这些都不应忽视。

2. 婚礼邀请函

婚礼邀请函是主题婚礼策划方案中较重要的一项,设计的主要内容有:婚礼的地点、时间,婚礼的风格、主题,以及礼仪规范等。

如果有特殊情况,如婚礼举行地点在其他城市,则婚礼邀请函可以提前至婚礼前的6～8周或更早时间发出,以便客人们有足够的时间安排酒店和预订机票。

3. 婚礼开支

合理的婚礼花费,应主要考虑以下几个方面:包括邀请函、婚礼蛋糕、礼服等,这些费用谁来承担,这都是需要新人乃至双方父母进行讨论的问题;另外,赠送给亲朋来宾的小礼品不必太过铺张,也可以考虑对现有资源的免费利用,以减少婚礼开支。可以用自己的方式控制好婚礼成本。

(资料来源:中华婚庆网 http://www.zhhhg.com)

第四节　节事文案范例

一、中国豆腐文化节简介

(一) 源起

中国豆腐文化节是由中国商业联合会、安徽省人民政府主办,淮南市人民政府、安徽省旅游局承办,每年9月15日在海峡两岸(淮南、台北)同时举办的,集文化、旅游、经贸于一体的国际性商旅文化节庆,自1992年起连续在淮南举办。豆腐作为一种传统养生食品,已有两千多年历史。淮南在豆腐的发明、制作、食用及以豆腐为本的豆腐文化方面,为人类的古代文明留下了光辉的一页,也为人类的现代文明作出了应有的贡献。豆腐之法始于汉淮南王刘安。

明代大药理学家李时珍在《本草纲目》二五卷《谷部》中载:"豆腐之法,始于汉淮南王刘安",并详细介绍了豆腐的制作方法。公元前164年,刘安袭父封为淮南王,建都寿春。刘安好道,为求长生不老之药,招方士数千人,有名者为苏非等八人,号称"八公"。他们常聚在楚山即今八公山谈仙论道,著书炼丹。在炼丹中,以黄豆汁培育丹苗,豆汁偶与石膏相遇,形成了鲜嫩绵滑的豆腐。刘安炼丹未成却发明豆腐。之后,豆腐技法传入民间。

豆腐古时名称很多,有菽乳、黎祁等。五代时的陶谷,在他著的《清典录》中说:"日市豆腐数个,邑人呼豆腐为小宰羊。"大约到了唐、宋以后就称之豆腐了。唐代鉴真和尚在天宝10年(公元757年)东渡日本后,便把豆腐技术传进了日本,所以日本的豆腐业一直视鉴真为豆腐制作的祖师。豆腐,在宋朝传入朝鲜,19世纪初传入欧洲、非洲和北美,逐步成为世界性食品。

淮南八公山是豆腐的发祥地。由于八公山泉水澄清味甘,终年不竭,特别是豆腐发源地周围农民世代相传的高超技艺,使八公山豆腐独具特色,久盛不衰。其与众不同之处:一是口感细腻绵滑、营养倍加丰富;二是细若凝脂,洁白如玉,清鲜柔嫩;三是托于手中晃动而不散塌,掷于汤中久煮而不沉碎。其味在清淡中藏着鲜美,吃起来适口、清爽、生津,可荤可素,历史上曾作为贡品。如今用八公山豆腐制作的"豆腐宴"已经成为淮南地区独具一格的上等宴席。

豆腐,不仅是人们餐桌上的美味佳肴,营养丰富,而且具有医疗保健作用。豆腐及其制品所含的植物蛋白,有人体必需的 8 种氨基酸。常食用豆腐,可以降低血液中胆固醇的含量,减少动脉硬化的机会。嫩豆腐中还含有大豆磷脂,是生命的重要组成部分,对人体细胞的正常活动和新陈代谢起着重要的作用。经常食用豆腐不仅对神经衰弱和体质虚弱的人有所裨益,而且对高血压、动脉硬化、冠心病等患者有一定的辅助疗效。目前,豆腐已经被全球公认为"国际性保健食品"。

(二)豆腐文化蕴含着丰富的内涵

豆腐问世已有两千多年历史,同世间任何一件有价值的商品都蕴含着丰富的文化内涵一样,豆腐制作工艺的不断发展,豆腐制品种类的逐步繁多,豆腐菜肴的日益丰富,豆腐品尝的方法和感受,豆腐的精神和品质,林林总总,构成了独特的"豆腐文化"。它是美食文化中的一朵瑰丽的奇葩,是以豆腐为载体,以豆腐的独特品位、丰富营养、风格品质、蕴含哲理、历史渊源等为基础,由饮食渗透到人类精神领域的一种文化。

民间流传着许多丰富多彩的豆腐故事,通俗朴实的豆腐歌谣,富有哲理的豆腐谚语与幽默风趣的豆腐歇后语,这些劳动人民的口头作品,是豆腐文化的源头。

宋、元、明、清咏豆腐题材的古体诗就有 20 余首,今人咏豆腐的旧体诗词和新诗也在百首以上。这些诗词追溯了豆腐的源头,凭吊了豆腐的发明人,描述了豆腐的制作工艺,赞美了豆腐的优美质地,解释了豆腐蕴含的哲理,内容极为丰富。北宋大文学家苏东坡极喜食豆腐,在杭州做官时,经常亲自动手制作美味豆腐菜,"东坡豆腐"的雅号流传至今。他曾有诗曰:"煮豆作乳脂为酥,高烧油烛斟蜜酒。"南宋爱国诗翁陆游的,"浊酒聚邻曲,偶来非宿期。拭盘推连展,洗釜煮黎祁。"在诗中,把豆腐作为美味佳肴招待亲朋好友,展现出一幅农家乐的景象。而元代郑允端《豆腐》一诗中,"种豆南山下,霜风老荚鲜。磨砻流玉乳,蒸煮结清泉。色比土酥净,香逾石髓坚。味之有余美,五食勿与传。"从原料、豆腐的制作过程到成品都很齐全,极力赞美豆腐的色、香、味、美,并誉其为"五鼎食"。清代胡济苍的诗词,"信知磨砺出精神,宵旰勤劳泄我真。最是清廉方正客,一生知己属贫人。"不写豆腐的软嫩味美,而写豆腐的藻雪精神,由磨砺而出,方正清廉,不流于世俗,赞美其风格高尚。

以豆腐为题材的散文,首先以宋代文学家杨万里《诚斋集》中《豆卢子柔传——豆腐》

为最早,其文用拟人的手法把豆卢子的存在比作"豆腐身世",色洁白粹美,味有古大羹玄酒之风,曾隐于滁山,以汉末出现,至后魏始有所闻,构思有趣。其次是元代的虞集的《豆腐三德颂》,颂扬了豆腐的食用和医用的作用。近年豆腐题材散文更常见报刊。他们从不同侧面、不同层次描写了豆腐文化的外延与内涵,有一定的深度和力度。

在小说中,豆腐也是其情节描述的对象。在我国古典小说名著《水浒传》《红楼梦》、《西游记》、《儒林外史》和鲁迅小说《故乡》,传统戏剧《双推磨》,现代古装京剧《豆腐女》以及电影《白毛女》和《芙蓉镇》等作品中,都有对豆腐的描写或是以豆腐为内容的作品。仅以《儒林外史》和《红楼梦》两本巨著中涉及豆腐的描写就不下数十处。

豆腐的膳食文化基于豆腐自身的营养(高质量蛋白质,不含胆固醇)和观感(即无色、无味、无形)的两大特点,在漫长的两千多年的历史中,创造许多烹饪、品尝、描写、赞誉豆腐的膳食文化。关于豆腐菜的传说也很多,或讲其来历、或讲其特色、或讲其命名,同时,又与各种各样的人物、故事交织在一起,大多具有地方特色和乡土气息。每道豆腐菜名都有一个美丽的传说,每道豆腐菜肴都有一种独特风味。据不完全统计,我国就有豆腐菜肴千余道。淮南是豆腐的发源地,故豆腐名菜更多。这些菜肴不仅制作精美,而且看起来赏心悦目,吃起来味美溢香,说起来更是各有典故。随着豆腐的走向世界,中国人吃了两千年的日常食品,如今已成为西方餐桌上的珍馐。

(三)豆腐故乡举办中国豆腐文化节

豆腐文化是中华民族祖先留下的宝贵遗产,它是中华民族文化的一个组成部分,为人类文明进步和世界饮食文化作出了不可磨灭的贡献。在西方一些国家中,以为豆腐是日本的发明。为了弘扬民族文化,光大华夏美食,促进人类健康,推动中外豆腐文化交流和经济技术合作,由原商业部和台湾省豆腐商业同业公会联合会分别于1990年9月15日至17日在北京、台北举办了首届中国豆腐文化节,同时,将9月15日淮南王刘安诞辰日定为中国豆腐文化节。

由于豆腐的故乡在淮南,淮南八公山豆腐饮誉海内外,所以,首届中国豆腐文化节结束不久,淮南市人民政府基于弘扬民族文化和扩大对外开放的考虑,1991年年初,积极争取中国豆腐文化节的承办权,得到了安徽省人民政府的大力支持。原商业部决定:第二届中国豆腐文化节于1991年9月15日在淮南举办。后因淮河流域遭受历史罕见的洪涝灾害,故推迟到1992年。由于第二届中国豆腐文化节举办得非常成功,原商业部和省人民政府商定并由安徽省原副省长张润霞在第二届中国豆腐文化节闭幕式上宣布:中国豆腐文化节今后每年9月15日都在淮南举办。

因第二届中国豆腐文化节淮南推迟一年举办,而台湾地区届时举办了,因此,产生了海峡两岸中国豆腐文化节届次不一致的问题。为了解决这一问题,1993年原商业部出面协商,决定今后海峡两岸举办中国豆腐文化节都不再使用届次,统一改用年号(1998年和

1999年因亚洲金融危机和国内水灾等原因停办2年）。后为了表明豆腐节的连续性和举办地,2002年经主办单位中商会和安徽省人民政府同意,又以在淮南举办的次数计算改为届次。

中国豆腐文化节期间共接待中外宾客2万多人,其中外宾和港澳台地区同胞千余人。田纪云、孙起孟、马文瑞、李德生及卢荣景、傅锡寿、回良玉等国家和省级领导同志,上千名地市、省直部门领导,牛满江、洪光住等数百名专家、学者,数十个文化经贸团组先后参加节庆活动。200多位中外记者先后到淮南采访。1993年5月29日,在北京人民大会堂成功地召开了新闻发布会,孙起孟、洪学智、李葆华、王郁昭、陈作霖等领导同志到会,张劲夫同志发表了热情洋溢的讲话。1996年淮南市设计并由国家电信总局发行了46.8万套"中国豆腐文化节电话磁卡",开地方"节庆"全国通用电话磁卡发行之先河;1997年还通过安徽省邮电局发行了印制精美的中国豆腐文化节200电话卡,也产生较好的影响。组委会先后编印了《中国豆腐文化节节刊》(三集)、《中国豆腐菜谱》(三集),以及《中国大豆制品》、《八公山豆腐》等书籍,将豆腐文化向更深层次拓展。

中国豆腐文化节先后安排了开、闭幕式,豆腐文化国际研讨会、豆腐菜肴烹饪大赛、经贸活动、文化活动、观光旅游等六个方面大中型活动共60多项。

(1) 开幕式隆重热烈,中央省市领导、中外来宾及数十万群众参加。开幕式文艺表演场面壮观,内容丰富,格调高雅,充分展示了淮河的古老风韵、民族文化风采以及淮南现代化建设的伟大成就。

(2) 豆腐文化国际研讨会百家争鸣,共300多位国内外专家、学者参加,发表论文百余篇,汇编了豆腐文化论文六集。部分论文中的科技成果已转化为生产力,2000年淮南市成功开发研制生产了一种纯天然无糖,集豆浆、豆脑、豆腐为一体的方便绿色食品"益益"牌方便豆腐粉,较好地解决了豆腐保鲜、运输的难题,为淮南豆腐走向世界创造了条件。

(3) "首届全国豆腐菜肴烹饪大赛"由中商会、中烹协和淮南市人民政府联合主办,规格高、权威性强、参与面广、影响力大。吸引了16个省市自治区的26个团队和217名选手参赛,名厨汇集,各显技艺,充分展示了当今豆腐菜肴烹饪的最新水平,上万人前往参观,受到与会来宾和社会各界的广泛关注和一致好评,成为豆腐节中具有强大生命力和巨大发展潜力的活动项目。

(4) 经贸活动紧紧围绕招商引资和扩大销售作文章,重点举办了产品展销会、商品交易会和经贸洽谈会。产品展销会由全国、全省及淮南市的十多种展销会组成,全国20多个省市(包括台湾地区)近千家企业上万种产品参展,产品丰富,交易活跃。商品交易会商贾云集,集展销、订货、洽谈、交易为一体,每年安排30余项活动内容。

(5) 文体活动丰富多彩。上海《解放日报》赴淮慰问演出团、中国人民解放军海政歌舞团、中国人民解放军八一摩托车队、国家跳伞队、中央民族歌舞团、中国煤矿文工团等国家级文体团组及毛阿敏、彭丽媛、李双江、蒋大为、李谷一、杨丽萍等著名演员来淮南为节庆作精彩表演。西安、武清、淮阴等友好城市歌手大赛和海峡两岸名家书画交流展以及友好城市书画、文学笔会,促进了海峡两岸的交流以及淮南与各省、市间的文化交流与交融。民间艺术踩街表演、金秋灯展花展、大型焰火晚会等使节庆更加绚丽多彩。

(6)观光旅游活动渐入佳境,主题活动内容不断增加,形式更加新颖,充分展示了淮南古老的文化和淮河两岸秀丽风光。豆腐节期间开发了豆腐寻源游、淮南风光游、卧龙山风景区、茅仙洞风景区、上窑风景区等景点开发建设已初具规模。特别是八公山风景区建设取得重大进展,投巨资复建了汉淮南王刘安宫、白塔寺、大门等景点,借豆腐节举办之际隆重推出八公山旅游节,成功地树立了八公山风景区的良好形象,迅速打造了八公山旅游品牌,有力促进和带动了淮南旅游产业的发展。节庆期间共接待国内外游客数十万人,促进了旅游经济发展。随着淮南旅游资源的进一步开发和旅游项目的加速建设,旅游活动已成为豆腐节的主体活动之一,促进并带动豆腐节的长远发展。

(7)办节条件和投资环境得到有效改善。淮南以办节为动力,加大了文明城市建设力度,美化了市容市貌,提高了城市服务功能,改善了投资环境。

中国豆腐文化节充分体现了"豆腐为媒,文化搭台,经贸、旅游唱戏"的宗旨,充分展示了淮南较好的经济基础,良好的投资环境,安定团结的政治局面和两个文明建设的巨大成就。中国豆腐文化节的举办,对于弘扬民族文化,光大华夏美食,扩大对外开放,提高淮南知名度,让淮南走向世界,让世界了解淮南,促进淮南与海内外经济文化交流与合作,起到了积极地推动作用。中国豆腐文化节正在向国际性商旅文化节庆的水准迈进。

中国文化博大精深,豆腐文化源远流长。豆腐文化的丰厚积淀有待我们去开发、去光大。作为豆腐故乡的淮南人民有责任、有义务、有能力持续办好中国豆腐文化节,为弘扬国粹豆腐、光大华夏美食,促进人类健康作出更大的贡献。

(资料来源:中国豆腐文化节组委会办公室 http://www.beancurd.org)

范例分析:

中国是豆腐的故乡,中国豆腐文化节在弘扬民族文化,光大华夏美食,促进人类健康,推动中外豆腐文化交流和经济技术合作中发挥了巨大作用。这篇节事活动的简介从豆腐文化节的源起开始,把蕴含着丰富文化内涵的豆腐历史连同自 1992 年以来,举办的历届豆腐文化节丰富多彩的节庆活动内容介绍给读者,起到了很好的宣传推广作用。

二、第 22 届青岛国际啤酒节参节指南

第 22 届青岛国际啤酒节于 2012 年 8 月 11 日到 8 月 26 日在青岛崂山区世纪广场啤酒城举行。八大板块活动——开幕式、啤酒品饮、嘉年华游乐、文娱演出、艺术巡游、饮酒大赛、经贸展示、闭幕颁奖。

（一）啤酒场馆主题日

8月11日 青岛啤酒奥古特主题日

8月12日 非洲金羚羊啤酒主题日

8月13日 德国皇家伯爵啤酒主题日

8月14日 德国卡士堡啤酒主题日

8月15日 德国猛士啤酒主题日

8月16日 丹麦嘉士伯啤酒主题日

8月17日 捷克黑山啤酒主题日

8月18日 德国科隆巴赫啤酒主题日

8月19日 青岛纯生啤酒主题日

8月20日 德国柏龙啤酒主题日

8月21日 德国威麦啤酒主题日

8月22日 荷兰喜力啤酒主题日

8月23日 德国慕尼黑皇家啤酒主题日

8月24日 青岛啤酒激情广场主题日

8月25日 美国百威啤酒主题日

（二）出行指南

1. 现途经世纪广场啤酒城的公交车辆共有19条线路

（略）

2. 啤酒节期间临时增加晚间啤酒城专线车

李村公园——啤酒城（126路）

台东——啤酒城（104路）

轮渡——啤酒城（321路）

水清沟——啤酒城（362路）

以上4条专线车每天17:30由各点发往世纪广场啤酒城，周日至周四啤酒城末车时间为22:30，周五、周六及开幕式、闭幕式为23:00，始发站设在香港东路（深圳路路口以东港湾式车站内）。

3. 停车场

原青岛国际啤酒城的免费停车场，乐天玛特地下停车场（仙霞岭路入，苗岭路出），青岛大剧院停车场，会展中心北区停车场。

4. 出租车停车点

仙霞岭路段（世纪广场啤酒城北门西侧）、香港东路（世纪广场啤酒城南门东侧），市民可在该站点打车离开世纪广场啤酒城或在该站点下车入城。世纪广场啤酒城东门（嘉年华游乐区）禁止出租车停车上下客。

5. 摆渡车停靠点

啤酒节期间，摆渡车往返于原啤酒城和世纪广场啤酒城之间，停靠点设在世纪广场啤酒城北门、东门和南门，市民可免费乘车返回原青岛国际啤酒城停车场。

6. 私家车主得走调流路线

（1）经沿海一线自西向东参节的，可沿香港东路/东海东路/海口路、海尔路一线，自南向北右转进入原青岛国际啤酒城停车场西口。

（2）经仙霞岭路以北区域各道路参节的，可沿海尔路、仙霞岭路一线或辽阳东路、同安路一线转入深圳路，自北向南右转进入原青岛国际啤酒城停车场东北口。

（3）经沿海一线自东向西参节的，可沿崂山路、香港东路、海尔路一线，自南向北右转进入原青岛国际啤酒城停车场西口。

停车后，可沿行人专用出口到达摆渡车站点。

（三）购票方式及地点

1. 现场购票

售票亭：啤酒城的香港东路南大门、仙霞岭路北大门、苗岭路西大门、梅岭东路东大门、嘉年华的东门、HB慕尼黑皇家水晶宫正门处及原酒城票务中心。

2. 网上购票

登录青岛国际啤酒节官方网站 www.qdbeer.cn 或啤酒节淘宝商城官方旗舰店（http://qdbeer.taobao.com），进入青岛国际啤酒节淘宝商城团购旗舰店，参团购买啤酒节门票、啤酒场馆品酒券、礼品酒券、啤酒节官方纪念品等。啤酒节门票网上团购可享受9折优惠价，品酒券、礼品酒券等享受9.5折优惠，大篷饮酒券购买达到一定数量后最多可享7折优惠价。

（四）嘉年华攻略

1. 位置

青岛博物馆东侧，毗邻青岛大剧院，正门位于青岛市梅岭东路，东门面朝云岭路，与会展中心隔苗岭路相望。

2. 游乐设备

24台大型设备和40余台辅助设备，其中包括跳楼机、幸福摩天轮、海盗船、无敌大飞轮、激流勇进大漂流、旋风骑士、飓风飞椅等设备,啤酒节专设儿童充气城堡乐园,供儿童游玩。

3. 门票种类及价格

A、B两类成人套票以及亲子套票共三类,价格分别为180元、170元与100元。A类套票包括共12项设备,比去年同类票要多出两种,包含跳楼机、幸福摩天轮与宫廷木马等设备;B类票共有设备10种,包括惊呼狂叫、无敌大飞轮等设备;为儿童印制的亲子套票则为家长与孩子们准备了包括充气城堡与梦幻热气球在内的10种中、小型娱乐设备。

4. 购票方式

① 现场购票点:6处场外售票点,啤酒城的香港东路南大门、仙霞岭路北大门、苗岭路西大门、梅岭东路东大门、嘉年华的东门及原酒城票务中心;10处场内售票点。

② 电话与网络购票:购票热线13869866551;也可以通过淘宝商城聚划算青岛分站(http://qdbeer.taobao.com)选购。

5. 温馨提示

游客游玩嘉年华时,请自觉遵守第22届青岛国际啤酒节嘉年华区域的游客须知,听从工作人员的指导、劝说和安排,不要自行使用嘉年华区域的游乐设施。老人、孕妇、残障人士及患有高血压、心脏病、腰椎病等疾病者,醉酒、吸毒、精神病患者请勿参加游乐项目。14岁以下未成年人参加游乐项目时,应在监护人的陪同下乘坐。所有的游客参玩游乐项目时,请勿携带贵重物品。

(五)志愿者服务

本届啤酒节志愿者服务站覆盖面更广,海尔路、深圳路、秦岭路、云岭路、原啤酒城分别设有服务点。啤酒节办公室在世纪广场啤酒城内外共设了19个服务点,延伸至啤酒城附近。

(六)啤酒节开关门、售票等时间

从8月11日起至8月26日。
周一至周四
啤酒城开城时间:8:30
售票时间:9:00~22:00
检票时间:8:30~22:10
各啤酒大篷音响停止时间:22:30
停止售酒时间为22:30

医护中心值班时间：8:20～22:40
各大篷门头灯光关闭时间：00:30
周五至周日
啤酒城开城时间：8:30
检票时间：8:30～22:10
各啤酒场馆音响停止时间：23:30
停止售酒时间：23:30
医护中心运营时间：8:20～23:40。

（资料来源：青岛市啤酒节办公室 http://www.gdbeer.cn）

范例分析：

始创于1991年的中国青岛国际啤酒节,由国家有关部委和青岛市人民政府共同主办,青岛市崂山区人民政府承办,是融旅游休闲、文化娱乐、经贸展示于一体的国家级大型节庆活动,每年8月中旬的第一个周六开幕,为期16天。啤酒节是国内规模最大的酒类狂欢活动,在国内外具有较广泛的知名度和影响力,被誉为亚洲最大的啤酒盛会。作为一个渐具品牌性的节事活动,必须要考虑到品牌的传播效应。"参节指南"是非常重要的一份文案,本文案从简介主题日到告知出行指南、票务服务、志愿者服务等,简洁易懂,为参节者提供方便,值得学习。

三、经典主题婚庆策划方案

（一）经典主题婚礼策划方案一

总体风格：浪漫优雅

特点：通过个性的细节装点,营造童话般唯美、圣洁的婚礼。

备选婚礼场地：植物园或者是空旷的户外绿地。

婚礼中花费最多的部分：一些可爱又梦幻的装饰物或仪式细节花费,例如,像《天鹅湖》那样由孔雀和白天鹅来一同见证你们的爱情誓言,或者是新娘乘坐着灰姑娘的南瓜车出场等。

场地布置最佳方案：可以用花朵拼成自己与爱人姓名的首字母装饰在入口处。

最佳主题色彩：奶油黄、梦幻浅粉、西芹绿。

新娘最佳造型：裹胸式小裙摆直线型婚纱。

新郎最佳造型：正式的浅色西服套装或燕尾服。

伴娘造型：浅色系及膝丝质晚装。

婚宴形式：西式婚宴。

餐桌装饰：8～10人座圆形餐桌,用玫瑰、并蒂莲、百合等作为主要的花材与水果元素结合进行花艺装饰。

婚礼背景音乐：由乐队演奏的 live 音乐。

婚礼蛋糕：椭圆形糖霜婚礼蛋糕，并用缎带装饰。

婚礼回礼：印有新人婚礼 LOGO 的音频制品或包装精致的糖果。

（二）经典主题婚礼策划方案二

总体风格：温馨私密。

特点：轻松的家庭式私密聚会。

备选婚礼场地：别墅式花园；小型休闲农庄或度假村。

婚礼中花费最多的部分：场地租金，户外婚礼仪式台、接待台的搭建费用。

场地布置最佳方案：造型优美的帐篷。

最佳主题色彩：绿色、粉色、浅黄色。

新娘最佳造型：短款公主型婚纱，搭配大花朵头饰或帽子。

新郎最佳造型：休闲西服。

伴娘造型：与新娘婚纱照搭配的棉质太阳裙，最好是花朵图案的。

婚宴形式：西式自助餐。

餐桌装饰：4～6人用木质方形或圆形餐桌；用小型花器摆放的球形桌花，或者直接用绿植包裹取代花器；搭配格纹或花朵图案的桌布。

婚礼背景音乐：乡村摇滚风格的乐曲。

婚礼蛋糕：用鲜花装饰的2层或3层圆形水果奶油蛋糕。

婚礼回礼：包装精巧的小罐蜂蜜或果酱，或者是具有田园风情的木制饰品。

（资料来源：美丽婚嫁官方网站 http://www.marry52.com）

范例分析：

结婚是一生中的大事，举办一场既温馨又浪漫、既热烈又隆重的婚礼是新人们的美好愿望，新奇又有创意的婚庆策划是不可缺少的。现在的婚庆有中式种西式之分，中式婚庆具有浓厚民族特色和饮食文化；西式婚庆则融入了更多的浪漫元素。无论采用哪种方式，给自己的婚礼来点创意，定会令你终生难忘。

本章前沿问题

现代节事活动的发展呈现出多元化、市场化、产业化、国际化，以及专业化的趋势。同样，节事文案的写作也必须适应这种变化。

练习与思考

1. 名词解释：节事文案。
2. 简述节事文案的类型与写作要求。
3. 试述商贸节事活动策划的基本程序。
4. 试述商贸节事活动现场管理文案写作的注意事项。
5. 试述婚庆活动策划的基本流程。
6. 阅读下列材料并思考问题。

广元"女儿节"

广元，中国历史上唯一的女皇帝、封建时代杰出的女政治家武则天的诞生地，民间有"正月二十三，妇女游河湾"的习俗。

地处川陕甘结合部的广元，具有北达京师、东去荆湘、西通西域的地利之便。20世纪70年代，计划经济时期的"物资交流会"是川陕甘三省及嘉陵江中下游地区互通有无的主要商贸活动。

广元1985年建市后，传统的"物资交流会"逐步演变成一年一度的"女儿节秋交会"。女儿节秋交会便是广元现代会展经济的起源。

1988年，广元以人大立法的方式，将每年9月1日定为"女儿节"。

广元女儿节不单单是女性的节日，商品交易会、投资说明会、采购商大会等众多伴随节庆的投资商贸展会也借势举办。除了关注展会直接带来的成交额，展会对城市的改变与产业的提升也值得重点关注。

广元是一座具有4 000年历史的城市，有积淀深厚的蜀道文化、三国文化、女皇文化、红色文化、川北民俗文化等。"文化立城"，广元有这个资本。

广元有一个共识：政府办展少些，市场办展多些。从自身资源出发，通过自己的品牌打造会展经济，把会展业作为重要产业来发展。广元要成为区域性的会展名城，首先要把广元女儿节打造成知名会展品牌。

在体制与机制上，广元与部分先进会展城市并未同轨。记者了解到，西部领先的"西博会"有专门的操刀机构——博览事务局。广元举办女儿节一贯以临时成立的组委会统筹协调节庆会展的相关事宜。缺少一个常设机构，在办展会的专业性与操作性等方面明显欠缺。

会展经济是城市经济的重要组成部分，会展经济也会亮出城市名片。结合广元自身资源，广元女儿节这一源于历史文化的节庆会展品牌，必将是广元会展经济大放异彩的着力点。

无论是从历史渊源还是现实发展条件,文化深厚、区位优越的广元打造"女儿节"知名会展品牌的底气是雄厚的,建成区域性会展中心城市指日可待。

(信息来源:四川在线广元频道,2012-08-14)

思考题:
1. 为什么说广元女儿节不单单是女性的节日?
2. 试述广元女儿节与历史文化节庆会展品牌的关系。

第八章

演艺文案

学习目标

1. 了解演艺文案的概念、特点和写作要求。
2. 掌握演艺活动策划的基本流程、基本内容。
3. 熟悉演艺活动策划手册编写的主要内容。

基本概念

演艺文案　演艺活动手册　工作单

第一节　演艺文案写作概述

一、演艺文案的概念

作为一种文化现象，人类最早的演艺形式是与音乐、舞蹈紧密结合的歌舞表演，在狩猎、庆祝、祭祀或巫术活动中，经常会有载歌载舞的表演活动。

作为现代会展产业的重要组成部分，演艺产业正在快速发展。从广义上来说，演艺作为一种新的经济形态，是以视听出版、影视传媒、演艺娱乐为依托的文化产业。通常所说的各类创意节目演出，如彩车巡游活动、艺术体操与卡通乐队表演，以及荧光舞、影子舞、互动激光舞等各类舞蹈表演等，凡是涉及演出艺术与技术的产业活动都属于演艺的范畴。

各类演出、企业晚会、公司年会，以及企事业单位的庆典、产品发布、开张、礼仪活动等都会有演出，各类演出及活动的计划、程序安排以及整体策划等都必须要有文案写作的工作。

通常，在演艺活动过程中，涉及申请、报告、协议、计划等各种文件的撰写与制订，这些都可以称做演义文案。

对专业的演艺公司来说，演艺资源的客户推广方案以及开展演职人员的招募、设备供应、场景信息、经纪服务、器材租赁、影视培训、宣传策划等工作也都需要有文案的支撑。

二、演艺活动的特点

清楚地把握演艺活动的特点,有助于更准确地写好演艺文案。演艺文案的主要特点有如下几点。

1. 主题性

演艺活动围绕什么主题展开,想表达出什么效果都必须要清楚。一台晚会或者大型综合性演艺活动是不能缺少主题的。主题是文案写作者在撰写演艺活动文案时需要明确的首要问题。

2. 娱乐性

对于演艺活动而言,娱乐性是生命,没有娱乐性就失去了演艺活动的根本。通常,我们会将演出的效果作为评判演艺活动成败的标准,如果没有娱乐性,那么观众就很难认可,也就不能说是成功的演艺活动。

3. 互动性

现代演艺活动的观众既是观看者,也是演出的参与者。在演艺活动中,主办者经常会设计出某些悬念,如采用手机、网络、微博、现场有奖问答等手段吸引观众参与,从而构成演艺活动互动性的特点。

4. 国际性

随着全球文化的深入交融,现代演艺活动中外合作频繁,因而,演艺活动也越来越呈现出国际性的特点。比如,上海世博会时,平均每天有超过100场的演艺活动,汇集全球众多的演艺团体前来献艺,具有很强的国际性。

三、演艺文案的写作要求

1. 专业性

演艺文案的写作要求有较强的应用写作能力。广义的演艺文案是指演艺活动的全部文案,不仅包括语言文字部分,还包括图画等部分;狭义的演艺文案仅指演艺活动的语言文字部分。演艺文案的写作有较强的专业性要求,例如,在通常的演出活动中,主办者需要事先做好功课,写好相关的演出文学台本、演出节目串词等文案。

2. 规范性

演艺文案的制作要求规范化和标准化,一方面,这有利于各方工作人员在演艺活动中相互准确无误地传递、认知和处理信息;另一方面,随着办公室自动化和网络化的推进,实行文案的计算机管理已成定势,只有做到文案结构、体式的规范化和标准化,才能为计算机管理文案奠定基础,从而实现文案拟写、传输、处理、归档的自动化和网络化。

3. 实用性

实用性是对演艺文案写作的基本要求。对于文案工作人员来说,需要熟悉演艺活动的运作流程,并能细化活动执行流程,有的甚至还需要熟悉相关演艺单位,有舞台主持经验;只有这样,其所写出的演艺文案才能得体实用。

4. 创新性

演艺文案的写作,最好具有原创性和创新性。在实际写作中,演艺的种类,多种多样如明星演唱会、周年庆典晚会、新年晚会、春节晚会、音乐会、慈善晚会、舞蹈表演等。好的演艺活动,与之相匹配的文案一定是具有创新性的。

第二节 演艺活动策划案的内容

一、演艺活动策划的概念

演艺活动策划是指为了完成演艺活动的目标,借助一定的科学方法和艺术手段,为演艺活动决策、计划而进行的构思、设计、制作策划方案的过程。它是通过文案人员精心安排的宣传文本和演艺执行方案,它是对演艺活动本身的发生、发展具有指导性作用的操作手册。

演艺活动策划也可以说是一种设计,好的演艺策划是对演艺活动的一种安排,或者说是一张有创意的规划蓝图。从执行层面来说,演艺策划就是有效地组织各种表演方式来实现演出战略的一种系统工程。可以说,它是一种程序,在本质上是一种智慧的理性行为。好的策划能编排出好的舞台节目表演,可以让人们在观赏中的大部分时间忘了自己的客人身份,使观众和舞台真正达到零距离亲密接触。

二、演艺活动策划的基本流程

从程序上说,大型演艺活动策划和实施,一般要经过以下流程。

(一) 项目立项

立项是演艺活动策划的第一步。所谓立项就是要把某个演艺活动作为一个项目确定下来,这个演艺活动要不要做?为什么做?一定要清晰明确。

重要的演艺活动往往提前一年甚至更早的时间就得立项了,特别是大型或系列演艺项目;在立项过程中,有的还需要报请上级有关部门批准。

(二) 可行性研究

可行性研究是演艺活动策划的一个十分重要的工作步骤。研究范围既包括大型演艺活动的适应性,也包括演艺环境和活动范围的适应性,以及物力与财力的适应性、效益的可行性等。

例如,从演艺效益的角度考虑,一次演艺活动在宣传方面如何节省费用;如果举办户外演艺活动还要考虑天气的情况、安全设施问题等,这些都是在进行演艺活动策划时要开展可行性研究的范畴。

(三) 提炼主题

为什么要举办演艺活动?这是必须要回答的问题。

确立与提炼演艺活动的主题是演艺活动策划的重要环节。不管演艺活动的宗旨是哪一方面的,如政治的、经济的、公益的、娱乐的等,只有确定下主题,后续的工作才能开始。

值得注意的是,在策划方案成文时,演艺活动的主题往往就是一两句话,或者几个关键词,并不是洋洋洒洒的大段文章。提炼主题的过程其实就是将演艺活动的主导思想凝练成简洁、响亮的文字的过程。

(四) 方案写作

1. 成立筹备组

在演艺活动方案写作之初,需要召开专题筹备会议。由筹备组成员共同协商,对演艺活动进行宏观总策划,最终,将演艺活动涉及的工作分成文案、宣传、外联、物品筹备、节目等几大部分,并选出每一项工作的负责人,同时,选出本次演艺活动的总负责人。

2. 制订活动计划书

根据筹备会议精神,认真落实筹备工作。一般来说,演艺活动原则上必须按照活动计划书进行,因而,制订一份详细的活动计划书十分重要。

在制订活动计划书的同时,可以将演艺活动程序表、活动日程安排表等关于演艺活动的基本资料打印装订成册,保证每个负责人人手一份,这样有利于活动的有序进行。

3. 分组与协调

演艺活动各分项目负责人,组织自己小组的成员展开工作。在工作中,要做到分工明确、责任明晰、权利对等;同时,各负责人要以会议或座谈等形式及时进行沟通和联系、团结协作,以便随时了解活动的进程;并且,要及时向自己的上一级领导汇报工作,对在自己经验和能力范围内无法解决的问题提出援助要求。

4. 总结与完善

对演艺活动的策划而言,要不断总结、反思,做到既有一定的模式,又有突破。好的策划一定要解放思想,在实践中摸索,与时俱进、开拓创新,这就需要不断的总结与完善。

三、演艺活动策划案的主要内容

演艺活动策划案通常没有一成不变的格式。文案人员可以根据具体情况进行撰写。一般包括如下方面。

(一) 封面

封面主要包括演艺活动的主题、策划方案的完成日期、编号和备注等。可单独成页；如果策划案内容较少，也可以省略此项内容。

(二) 目录

目录可以使人阅读时一目了然，目录是标题的细化。通常，策划案内容比较复杂时采用目录，内容简单的也可以省略。

(三) 正文

正文是方案的核心部分，主要有策划主题、所要实现的目标、演艺活动的主要内容和方式、演艺日程安排、演艺活动程序、效果预测等。

(四) 附录

在演艺活动策划案中，如果有预算明细表、注意事项、危机处理预案等相关表格内容，则可附录在正文的最后。

(五) 签署

签署是对封面内容的补充，演艺活动策划案的文末，一般应写明策划单位的名称及成文时间。

第三节 演艺活动策划手册的编写

一、演艺活动策划手册的概念

策划方案是记录策划活动成果的载体。演艺策划文案应对演艺活动的主题、内容、目标、形式、步骤、人员组织结构、具体分工、注意事项等都加以阐述，从而使演艺活动的参与者有章可循。

大型演艺活动具体操作起来十分复杂，牵涉面广，涉及的人员也很多，因此，为了确保演艺目标的实现，需要将演艺活动的具体步骤、途径、内容、实施方法等进行细致的安排。

演艺活动的组织方一般会将具体的工作内容编写成册，形成演艺活动手册。

二、演艺活动策划手册的主要内容

演艺活动手册也没有固定的格式。一般来说，根据具体演艺活动工作内容，可以从以下几个方面进行编写。

（一）预算与初步策划

演艺活动小到数十人参加，大到可以有数万人参加，对于组织者而言，必须要有精心的策划与预算。

对于演艺活动的策划者而言，在你开始策划之前，你首先应决定是否该举办这次演艺活动。如果决定举办，那么，如何确定规模？

演艺活动的规模决定于两个要素：资金和目标。

1. 成本的初步估算

以下是一个初步预算的样本，主要包括以下费用。

① 邀请函。

② 住宿。

③ 交通。

④ 会场租金。

⑤ 布置费用。

⑥ 食品。

⑦ 饮料。

⑧ 摆花。

⑨ 装饰。

⑩ 音乐。

⑪ 娱乐。

⑫ 发言人。

⑬ 舞台布置。

⑭ 视听设备。

⑮ 灯光。

⑯ 特殊效果。

⑰ 摄影师。

⑱ 座席卡。

⑲ 礼品。

⑳ 保险。

㉑ 保安。

㉒ 劳务费。

㉓ 电费。

㉔ 宣传材料。

㉕ 公关材料。

㉖ 翻译费。

㉗ 邮寄和手续费。

㉘ 工作人员工资。

㉙ 各种杂费。

2．初步策划

演艺活动的初步策划阶段应该明确,在什么时间、什么地方请专业人士来协助。例如,初步策划阶段需要请的人员有公共关系方面的专家、有创意的导演、能帮助管理后勤的制作人等。

在决定举办演艺活动的类型时,要清楚并且要时刻想着演艺活动的目标观众,明确什么人来参加该演艺活动至关重要。

好的构思也是确保演艺活动成功举行的一个重要因素。尽量把演艺活动从头到尾想一遍,策划者应该能完整的想象出演艺活动的全过程。

应该提出并回答以下问题。

① 目的是什么？

② 什么时候举行？

③ 一周中的那一天？

④ 一天中的哪个时间？

⑤ 谁来参加？

⑥ 那个场地最合适？

（二）时间安排与组织

1．确认活动时间

在演艺活动筹备过程中,必须严格的执行每一个时间安排。当然,时间安排可能会因为某些原因而变动,这就要求在文案写作过程中,要注意更新关键任务时间表、成本表和支付计划等。

2．日期选择

在最后确定演艺活动之前,应当拿出日历来仔细研究一下,举办演艺活动的日期与主要节日、学校假期、运动会以及其他特殊活动等的时间是否冲突。

3. 制订工作单

工作单相当于信息指南，其作用在于告诉演艺活动的利益相关方必要的工作信息。工作单就好像是一本工作流程手册，务必使每一个工作人员都能及时阅读到工作单，明确自己的任务分工。

常见的工作单开头应该是一份"通信录"，包括所有工作人员的姓名、职务、单位名称及地址、电话号码、传真、手机号码、电子邮件等。方便工作人员联系与沟通是工作单的重要功能。

另外，工作单的制作一般需要安排专人负责。同时，也要注意信息的保密。

（三）场地要求

演艺活动对于场地的要求比较严格。做策划方案时，不仅需要考虑空间上的要求，还有必要考虑时间上的要求。

例如，舞台、视听和灯光设备的搬运、安装、测试、排演、拆卸的时间等都要考虑在内。另外，乐手们是否需要更衣室和休息室；是否需要划出一定的区域来存放物品？这些都要考虑周到。

演艺活动在场地方面常常需要弄清楚以下问题。

① 什么时候可以布置场地？
② 举办场地的天花板高度是多少？
③ 视线是否足够好？
④ 需要一个舞台还是几个？
⑤ 舞台需要多大、多高？
⑥ 会场是否有固定舞台？
⑦ 场地是否可以提供现成的特效？
⑧ 舞台方面还需要包括那些预算？
⑨ 是否需要装饰物（道具、绿色植物）？
⑩ 舞台区域是否需要挂幕帘？
⑪ 是否需要使用视听设备？
⑫ 演出是否需要使用多种语言？
⑬ 视听服务商对舞台布置有何要求？
⑭ 必须留出多少时间彩排？
⑮ 如何上下舞台？
⑯ 楼梯上是否需要灯光？
⑰ 舞台、视听设备的搬运、装卸需要多长时间？
⑱ 舞台、视听设备的卸车和安装还需要什么特殊的辅助设备？

⑲ 在布置、彩排、正式演出活动和拆卸过程中,饮食和休息都会产生费用,预算是否包括了这些费用?
⑳ 灯光设备的搬运、拆卸需要多长时间?
㉑ 灯光设备的卸车和安装有没有特殊要求?
㉒ 是否打算使用特效?
㉓ 娱乐表演队活动安排和设施有哪些要求?

(四)交通安排

演艺活动的交通安排问题十分重要。一般要考虑以下问题。
① 大多数的观众与客人来自哪里?
② 演艺活动需要在市中心举办吗?
③ 预计的汽车数量是多少?
④ 考虑交通拥堵的问题。
⑤ 最近的停车场在哪里?
⑥ 停车场的工作时间。
⑦ 停车场能容纳多少辆车?
⑧ 停车费问题。
⑨ 申办停车证的问题。
⑩ 考虑到交通流量的因素了吗?
⑪ 代客泊车问题。

(五)客人抵达

演艺活动一般会邀请很多嘉宾,组织者应充分考虑到嘉宾抵达现场的舒适度。例如,天气情况,在任何地方,天气都有可能会对演艺活动产生影响。

此外,如防雨设备、物品存放、休息区域的预备等,也都应该先于客人而有所考虑。

(六)餐饮安排

演艺活动中的餐饮安排是不可缺少的。组织者必须确定有哪些人参加正餐;同时,员工、负责舞台和照明工作的人员、娱乐工作者、摄影师和作为嘉宾的媒体人士需要怎样安排,也必须考虑在内。

(七)其他事项

作为演艺活动组织者必须要制订一个详细的节目计划表,内容上要囊括舞台上可能涉及的所有事情,包括音响、灯光及大屏幕上显示的内容等;与演艺活动配套的摄影、特效等也都必须考虑到。通常需要注意以下问题。
① 演出活动什么时候开始？
② 什么时候结束？
③ 当节目达到高潮时，会要求演员现场演出吗？
④ 演员在膳食上有无特殊要求？
⑤ 有什么样的服装要求？
⑥ 需要多少位摄影师？
⑦ 摄影师什么时候到？
⑧ 摄影师怎样收费？
⑨ 了解特效的安全规则吗？
⑩ 特定的需要花费多长时间？
⑪ 制作费用怎样？

三、演艺活动工作单样本——联系名单

工作单是演艺活动现场工作的指南，包括对供应商的要求、对工作人员的工作安排、需要协商的费用等。工作单的各个项目必须罗列清楚、井井有条，并与活动项目的先后次序一致。

工作单的核心部分之一是联系名单。联系名单必须认真、详细地填写；必须包含每个联系人的全部信息。下面是一个联系名单的样本。

潜在联系人

豪华轿车（列出所有司机）
媒体（列出所有媒体）
摄影师
安保人员（列出全部人员）
道路通行证
绳和支架
空中跟踪装置
扬声器技术支持
特效人员
撰稿人
舞台/灯光/视听（列出所有关键的工作人员）
交通（大巴）
对讲机

其他潜在供应商

联系表是在演艺活动遇到紧急情况时确保联系畅通的保证,务必填写清楚。联系表的作用还有——在演艺活动结束后可以作为发感谢信时的参考。

联系名单

演艺活动制作公司

公司全称:

地址全称:

联系人:(列出所有联系人,如创意指导、主持人等)

职位:

电话:

传真:

电子邮件:

手机:

住宅电话:

现场工作人员

地址全称:

联系人:(列出所有联系人,如创意指导、主持人等)

职位:

电话:

传真:

电子邮件:

手机:

住宅电话:

舞台(列出所有关键工作人员)

公司全称:

地址全称:

联系人:

职位:

电话:

传真:

电子邮件:

手机：
住宅电话：

视听（列出所有关键工作人员）
公司全称：
地址全称：
联系人：
职位：
电话：
传真：
电子邮件：
手机：
住宅电话：

装饰（列出所有关键工作人员）
公司全称：
地址全称：
联系人：
职位：
电话：
传真：
电子邮件：
手机：
住宅电话：

灯光（列出所有关键工作人员）
公司全称：
地址全称：
联系人：
职位：
电话：
传真：
电子邮件：
手机：

住宅电话：

……

第四节　演艺文案范例

一、《印象·刘三姐》演艺文化的成功范本

"唱山歌哎，这边唱来那边和……"优美的歌声从浓浓的夜色里溢出，飘散在江面上。瞬间，光影撩开夜的幕布，远处的山峰魔幻般闪现，200多位身着银铬盛装的少女徐徐涉水而行，牛羊、村夫、牧童等时隐时现……

这是大型山水实景演出《印象·刘三姐》的一个梦幻场面。自从2004年3月正式亮相以来，它在创造高票房的同时，更获得全国文化产业示范基地、文化部首届创新奖及中国乡土文化艺术特别贡献奖等多项荣誉。

《印象·刘三姐》的成功，产生了巨大的示范效应。不少地方受其启示，因地制宜地推出了《印象丽江》、《印象西湖》、《禅宗少林》、《长恨歌》等实景演出项目。业界认为，《印象·刘三姐》已经成为我国文化产业的一个成功范本。

（一）文化和旅游完美结合的典范

如果说20世纪60年代电影《刘三姐》是秉承传说的经典之笔，那么《印象·刘三姐》则是大自然山水间一场前所未有的视听传奇。

方圆两公里的漓江水域上，十二座背景山峰，广袤无际的天穹，构成了迄今世界上最大的山水剧场。每当入夜，《印象·刘三姐》便在这里上演。渔翁唱晚，烟雾升腾，突来玉树琼阁，乍现蓬莱仙境。壮、苗、侗、彝、瑶、仫佬等民族的艳丽服饰随灯光变幻，竹排在彩色的江雾中漂荡，构成一幅幅梦幻烟雨漓江图。

"山水实景演出"——这一天才的创意，源自广西文艺界的一位重量级人物梅帅元的奇思妙想。这位才华横溢、极为知性的国家一级编剧，常常为漓江美景所陶醉，终于有一天萌生了在桂林山水间做一台实景演出的梦想。

带着这个"梦"，梅帅元进京找到张艺谋，两人不谋而合。来到漓江实地考察后，张艺谋将这个"梦"做得更大胆、更美妙：不要"一面舞台三面墙"的传统剧场结构，不要熟悉的明星，只要真实的竹林、远山、村庄、烟雨和同样真实的渔火、圩船、村夫、顽童……因为，这片美丽土地上的生活场景，本身就令人心醉神往。

如何将秀美的山水与文化结合起来？这需要一个绝妙的载体。梅帅元牢牢抓住桂林山水、刘三姐传说和张艺谋这三个极具影响力的品牌。以"地球上最美丽的山水组合"桂

林山水作为舞台,以壮族传说中的歌仙刘三姐为素材,请国内具有极高票房影响力的张艺谋为导演,由此产生了独一无二的《印象·刘三姐》。

从重新演绎久唱不衰的刘三姐山歌名曲,到挖掘广西绚丽多彩的12个民族风情歌舞;从运用高科技灯光衬映出如梦如幻的漓江山水风光,到使用耕牛、鱼鹰、斗篷、竹排等当地农家生产生活用具作为演出道具等,《印象·刘三姐》对资源的整合,达到近乎完美的境地。正因为如此,《印象·刘三姐》被称为中国演出史上的"一场革命"。

自开演以来,《印象·刘三姐》赢得了广大观众的赞誉和喜爱。短短4年内,观众已超过300万人次。在旅游旺季,还常常出现一票难求的盛况。"这是全世界其他地方都看不到的演出,从地球上任何一个地方买张飞机票来看都值得。"世界旅游组织官员看过演出后评价道。

《印象·刘三姐》的成功上演,改变了桂林的旅游格局。过去,一般游客游完漓江上岸,往往只在阳朔西街作短暂停留后即返回市区。如今,游客观赏完演出后,多会选择在这里住下,融入西街这个中西合璧的"地球村"去。有资料显示,不少游客愿意为观看演出而在阳朔多住一晚,景区的商业气象和人文价值也因此得到迅速提升,周边的土地增值达到5倍以上。

(二)政府与企业共演"双人舞"

政府启动项目,引入社会资本投资管理,《印象·刘三姐》一开始就是政府与企业的一曲"双人舞"。

《印象·刘三姐》从创意、立项、投资、论证、演出和推广,政府始终发挥了前瞻引导作用和超前促进作用。项目启动阶段,自治区文化厅第一时间内拨出20万元作为"种子资金",推动立项和可行性研究,并协调桂林市及阳朔县各部门,就项目选址、建设用地、土地征用、周边环保、协调农民等下达了近百个文件,为项目的确立和社会资本的进入做了大量基础性的工作。桂林市和阳朔县不仅在寻找演出地点方面给予大力支持,而且还推动此项目纳入自治区旅游重点项目,着力宣传和推介。

在此过程中,政府也清醒地认识到,在发展文化产业上,他们的责任在于通过服务、引导和协调,创造一个良好的投资环境,而投入和经营的主体必须交由市场这只手去牵引。

经过认真考虑,《印象·刘三姐》项目被介绍到化工企业广维集团。广维董事会仅用了1个月时间便作出了投资决定。很快,3 000万元资金打入该项目账户。"我们投资《印象·刘三姐》,就是看中了它的文化品牌和商业卖点,公司想运用自己的管理经验和运作模式,探索出一条文化产业新路子。"董事长覃济清说。实践证明,广维集团良好的投资机制、精细的管理运行、有效的营销机制、出色的市场推广,为《印象·刘三姐》的成功运作提供了有力保障。

既要强调艺术的表现,又要高度重视环境保护,这是政府和企业又一出色的合作。

漓江,是展示中国环保的一个重要窗口。为了世界永远有一条秀美的漓江,历届政府哪怕经济发展放慢些,也不愿去伤害漓江的环境。对于在漓江上搞山水实景演出,有关部门也提出了严苛的环保要求。为此,投资方在消化国内外先进技术的基础上进行大胆创新,采用竹排搭建的浮岛式水上舞台、环保型的水雾设备、灯光设备、隐蔽式设计音响系统等,最大限度地保证漓江的生态环境不被破坏。歌圩被绿色覆盖,绿化率达到了90%以上。依地势而建的梯田造型观众席,这些都突现了当地的建筑风格,与自然环境融为一体,与演出相得益彰,促进了阳朔民俗文化的进一步发展。

(三)农民演员不仅收获物质财富

如今,阳朔镇木山村23岁的小伙子莫桂才的生活忙碌而充实。白天,他是家里餐馆的小老板,晚上则穿着民族服装去参加《印象·刘三姐》的演出。"我也是一名演员啦,这样的日子,以前做梦都想不到!"他感慨地告诉记者。

在阳朔,还有很多像莫桂才这样的农民演员。《印象·刘三姐》演出地周边的木山、管家等7个自然村,人口2 000多人,其中200多人在演出中负责拉红绸、点渔火、举旗、养渔鹰等任务。

《印象·刘三姐》这场山水盛宴不仅使当地农民真正成为演出主角,而且也在很大程度上提高了他们的生活质量。

据了解,通过参与演出,农民演员人均月收入在七八百元左右,多的上千元。此外,当地农民通过参与演出、开办餐饮、出租房屋等,每年直接或间接从《印象·刘三姐》获得收益600多万元。有近一半的农民人均年收入超过3 000元。

更值得关注的是,《印象·刘三姐》不仅拓宽了当地农民的致富路,更让这些农民的精神生活发生了巨大变化。

戏里。每次演出进行到尾声时,演员们都会挑着一杆杆写着自己村名的旗帜,从观众面前大步走过,并向观众挥手致意。他们的神情里,透露出自信和自豪。

戏外。木山村一带过去非常穷,赌博、偷盗、斗殴时有发生。现在,大部分青壮年白天干农活,晚上演出,随着收入的增多、生活充实,社会治安得以改善。

"让农民演自己,把日常生活变成了艺术,实现了自我价值的升华,也展示了他们的个性美和自信心,这是《印象·刘三姐》最成功之处!"阳朔县县委书记谭峰如是说。

(资料来源:光明日报,2008-10-06,作者:刘昆、于敏)

范例分析:

这是一篇关于大型演艺节目《印象·刘三姐》的报道。作者从三个方面报道了《印象·刘三姐》的成功。从文案学习的角度来看:"山水实景演出"——这一项目从天才的创意、立项、投资、论证、演出和推广,以及项目选址、建设用地、土地征用、周边环保、协调农民等下达了近百个文件,正是有了这些实实在在的工作,才能有《印象·刘三姐》产生的巨大示范效应。

二、世界工程师大会"工程师之夜"演艺方案

"工程师之夜"拟定于11月5日晚7:30～10:00在浦东滨江大道南段平台上举行。滨江大道全长2 500米,由亲水平台、坡地绿化、半地下厢体及景观道路等组成,是面向上海东外滩。它的南段配备有21组喷口的追浪型世纪喷泉,全透明的风景观光厅,保留有70多年历史的船厂码头和巨型铁锚。沿岸有上海国际会议中心、香格里拉大酒店、海洋水族馆等项目。尤其是夜晚,在南段的亲水平台上人们可凭栏临江,眺望璀璨灯火中的浦西外滩典雅建筑和浦东现代化的摩天大楼。此处集中了星巴克、哈根达斯、一点红、宝莱纳等几家沪上著名的休闲餐厅,是游客休闲餐饮的绝佳场所。

晚会采取多处搭台同时表演的方式,内容多种多样。届时将有国际规格、上海特色的专业演出,结合青年知识分子的才艺表演共同呈现在与会宾客的面前。与会代表可随兴观赏浦江两岸的迷人夜景,观看节目,信步闲谈,享用美食,感受非凡的浦江之夜。本次晚会不仅为与会代表创造了一个放松休闲的绝佳机会,且能增强科技界与文化界的互动,将民族、时尚等元素交融在一起,体现出上海国际大都市的形象,也展现了我国青年知识分子的魅力与风采。

本次活动分设两个舞台,主舞台主要演出专业节目,在此可以观看到艺术家表演的歌舞、杂技、魔术、戏曲等精彩节目;另一舞台为青年风采表演专区,将邀请沪上中、高等院校的学生团体表演各自的传统特色节目,向与会嘉宾展示我国青年学子的风采;再配以休闲娱乐节目,通过民间艺人的手工艺表演及中华美食让国内外嘉宾度过一个难忘的夜晚。

另外,在晚会进行的同时用效果灯光照耀浦江两岸,为整场活动增色。最后还将安排绚丽的烟花表演,配以喷泉和绚丽的舞台灯光,将晚会推向高潮。

专业演出节目内容

序曲:

(一)开场群舞

青春之歌:扬起青春的风帆,开拓青春的航程。青春的火焰奔放炽热。

(二)民歌演唱

我爱你塞北的雪

谁不说俺家乡好

(三)新民乐(二胡　琵琶　笛子　唢呐　管子　合成器)

序

西域之途

(四)杂技表演

集体晃板:晃板登梯、晃板顶碗、晃板水流星等。

（五）独舞表演

旦角。已经有200多年悠久历史的京剧艺术是中华民族文化宝库璀璨的瑰宝。听不够的锣鼓声，演不完的生旦净丑。

（六）女声独唱（著名音乐剧选段）

阿根廷别为我哭泣

至高无上的爱

（七）双人舞表演

根之雕：树是生命的象征；根是生命的源泉，被赋予生命灵魂的两棵树根，相互缠交织、动静、相若即若离，编织成展示生命不息的一组组绚丽的根雕。

（八）爵士乐组合

茉莉花

玫瑰和酒的日子

（九）男声四重唱

莫斯科郊外的晚上

阿拉木汗

喀秋莎

（十）小提琴独奏

巴涅拉舞曲

查尔达斯舞曲

（十一）男女声二重唱

歌剧《茶花女》选段《饮酒歌》

（十二）大歌舞

同一首歌

青年风采：

此活动旨在给予年轻知识分子一个展示自我风采的机会，体现出中国科技新生力量的良好素质和艺术修养，增加此次晚会的趣味性和多样性。演出节目：如民族舞、英语歌曲联唱、舞狮表演、戏曲联唱、武术表演、韵律操。

时尚秀：

模特将展出近200套服装，时装秀与杂技表演的同台演出，极像一次非常精彩的嘉年华会。活动体现作为国际大都市之一的上海独特的时尚魅力。

舞台表演形式：在舞台上加入喷火、霹雳舞、特技脚车与滑轮表演。

民俗长廊：

米上刻字 蛋雕造型 绳编造型

迷你小车 龙音古埙 棕编艺术

赵氏面塑 立体剪纸 传统香袋
万氏剪纸 金属书法 江南糖画
中国结 金山农民画 周易断事
手工胸花 泥塑雕刻 巧环系列
珍珠串缀 龙凤字画 葫芦雕刻
幽默画像 肖像画塑 纸上敲画
快速剪影。

（资料来源：人民网 http://www.people.com.cn/GB/keji/1058/2636435.html）

范例分析：

从文案的角度来说，人民网上报道的这则"工程师之夜"演艺活动方案，是最常见的一种文案形式。文案中的专业演出节目内容是演艺活动的主体部分；此外，文案还就晚会活动分设两个舞台，采取多处搭台同时表演的方式、内容多种多样进行了重点介绍，从而体现了"工程师之夜"演艺活动与众不同的特色。

三、民族运动会开幕式文艺表演总策划的六大亮点

第九届全国少数民族传统体育运动会开幕式 2011 年 9 月 10 日晚在贵阳奥林匹克中心精彩上演，浓郁的民族特色所展示的巨大魅力，给观众留下了深刻印象。开闭幕式文艺表演总策划张华开幕式前夕接受新华社记者独家专访时，解读了开幕式上的六大亮点。

亮点一：巨型铜鼓上的倒计时

开幕式文艺表演前，体育场中心区升起一面巨大的铜鼓，随着"十、九、八、七……"的倒计时，铜鼓上十根巨大的太阳纹间依次喷射出一道道焰火，把现场气氛推向高潮。

总策划解读：铜鼓在我国西南地区的布依族、苗族等众多少数民族中，被广泛用于盛大仪式活动。鼓面上通常是精美的太阳纹浮雕，象征沟通天地人神。

亮点二：侗族大歌的"天籁之声"

在开幕式文艺表演"天地人和——中华颂"上篇"多彩贵州"第一章中，空中飘来了侗族大歌"蝉之歌"。奇妙的和声，是侗族人民日常生活中的咏唱，是生命本源的呼吸，是侗族人民在劳作生活中自然形成的天籁之音。

总策划解读：侗族大歌起源于两千多年前，是一种自然合声的民间合唱形式。20 世纪 80 年代，在法国的一次艺术节上，贵州黎平侗族大歌一鸣惊人。侗族大歌现已成为"世界非物质文化遗产"。

我们在创意和构思时认为，这样的"天籁之音"应自天上来。最终实施的创意方案是，若干侗寨木窗悬浮半空，飘然而来。窗台上坐着美丽大方的侗家姑娘，她们带着"蝉之歌"从天而降。地面以独特的侗家建筑鼓楼、风雨桥为背景，像一座座飞檐重叠的梦幻楼阁。

亮点三:"牛角"银冠的浩瀚"海洋"

两千多名身着盛装、头戴"牛角"银冠的苗家姑娘涌上舞台,如银色的波澜翻滚而来,构成了一片浩瀚的"银海"。

总策划解读:贵州是全世界苗族聚居最集中的地区之一。苗族人民将白银首饰的艺术发挥到了极致,造型极尽巧思,工艺精湛细腻。水牛角最初是一种原始崇拜符号,后来装饰与审美意象加重,最终形成水牛角银饰。"牛角"一样高高翘起的银冠,汇聚成"海",令人过目不忘。

亮点四:独竹漂和巨型芦笙

"清澈的水里",活泼的青年男女踩着"独竹漂"潇洒划过,颇有"一苇渡江"的意趣。而在上篇最后部分,上千名芦笙手从四周涌进广场,巨型芦笙汇聚成一个红色的大圆圈,仿佛一轮红日。

总策划解读:独竹漂是发源于贵州北部赤水河流域的一种民间绝技。独竹漂高手们脚踩一根楠竹,漂行水上,如履平地。本届民族运动会上,独竹漂第一次被列为竞赛项目。开幕式表演用艺术的手法,展现这一绝技的魅力。芦笙是我国西南地区许多少数民族,尤其是苗族非常喜爱的民族乐器。

亮点五:激情的空中藏族舞蹈

在下篇主题为"锦绣中华"的节目中,共安排了9个节目,由多个民族的舞蹈精品组成。其中,藏族舞蹈"雪域春风"一段,由威亚(钢丝)将男演员吊在半空,表演动作幅度大,充满激情,令观众大呼过瘾。

总策划解读:这段舞蹈演出时,色彩浓烈的唐卡纹饰铺展在地面,表现了一对雪域高原青年男女对自由、浪漫的爱情的憧憬。小伙子时而翱翔长空,时而匍匐大地;姑娘则围绕其侧,腾踏婆娑。可说是整个开幕式文艺表演难度最大的一个,空中视觉冲击力强烈。男演员在高达六层楼左右的半空,既要保持动作的优雅和准确,还要与技术保障部门默契配合,不能有丝毫失误。

亮点六:奥运冠军爬刀梯点燃主火炬

民族运动会主火炬点燃的方式果然非常特别,非常贵州。贵州籍的北京奥运会拳击冠军邹市明在主火炬塔下,穿越火道,用许多贵州少数民族喜爱的爬刀梯的方式,攀爬到最高处点燃了贵阳奥体中心的主火炬。

总策划解读:爬刀梯是贵州包括苗族人民在内的许多少数民族喜爱的一项传统体育项目,充分展示了他们勇敢的性格。而在民族运动会开幕式上选择这一方式点燃主火炬,并且由邹市明这位奥运冠军完成,虽然难度非常大,但充分体现了民族运动会参赛健儿不畏艰难、勇于挑战的体育精神。

(资料来源:http://spores.people.com.cn/GB/31925/230250/15635592.html)

范例分析：

在第九届全国少数民族传统体育运动会开幕式上，浓郁的民族特色所展示的巨大魅力，给观众留下了深刻印象。正如总策划所解读的"六大亮点"那样，对于文案人员来说，现代演艺活动策划必须要富有创意、亮点频频，才能吸引观众，给人留下深刻的印象。

本章前沿问题

从演艺活动的举办场所来分有一般剧场演艺活动和大型广场演艺活动。大型广场演艺活动具有广场效应，它与剧场内的小范围、小环境、封闭气氛不同，与开放式的展览会具有一定的相通性。

练习与思考

1. 名词解释：演艺文案，工作单。
2. 简述演艺文案的写作要求。
3. 试述演艺活动策划的基本流程。
4. 试述演艺活动策划案的主要内容。
5. 试述演艺活动策划手册的编写要点。
6. 阅读下列材料并思考问题。

梦圆东方·2012东方卫视跨年盛典

卫视齐烧钱、明星忙赶场、观众看花眼……在江苏、湖南两家卫视纷纷放出跨年阵容之后，东方卫视近日也悄然启动2013跨年项目，2012年12月31日晚19:30引爆5小时跨年狂欢夜。与各家卫视拼明星的路数不同，东方卫视今年把重点放在了去年的迎新倒计时的3D灯光秀上，而据东方卫视倒计时灯光秀导演严敏透露，此次灯光秀升级为4D，全球知名媒体直播，将成为中国标志性迎新，不仅展现上海风采，更将展现一个自信、大气的中国形象。

去年3D轰动全球 今年4D打造新标杆

2012年在上海外滩上演的倒计时3D灯光秀曾因逼真的3D效果、创意十足的画面、独特的中国元素在2012年的第一天轰动全球，这段时长仅7分钟、投影在上海外滩建筑墙面的3D灯光秀不仅在中国网络疯转，而且在美国CNN、ABC、FOX，英国BBC，日本NHK等世界各大媒体报道中国迎新时也不约而同地选择了这段倒计时，据该倒计时灯光秀导演严敏介绍，去年被世界各大媒体转播的次数超过300次，"我们是全中国独一无二的灯光秀"。

去年的成功无疑让今年东方卫视的跨年倒计时备受关注,近日,在一次采访中,严敏透露,"以前我们分新天地倒计时、外滩倒计时,但今年将只有一个上海新年倒计时,就是我们的倒计时灯光秀",严敏也介绍,此段倒计时也得到了政府官方的相当重视,上海市人民政府参与主办。相比于去年的3D灯光秀,今年的灯光秀将升级为4D,"我们采用的国际最领先的技术,可以说,无论投影面积、用灯规模、时间长度绝对是国内第一、国际领先的",严敏在采访时说得非常自信。

历时半年筹备　联合好莱坞打造

其实,去年的惊艳让倒计时灯光秀导演团队早早就为今年的倒计时筹备起来,"半年之前,我们就已经开始谈论今年倒计时灯光秀的方案了",导演严敏介绍,去年如果是因为新鲜让观众觉得惊艳,那今年才是真正的挑战。

为了达到不仅从技术层面,也从创意层面让今年的倒计时灯光秀再次让全球惊艳,现在倒计时灯光秀的团队已经是汇聚业内顶尖的国际团队,"现在不仅有整个中国最顶尖的3D设计师,更有一支好莱坞顶尖团队加入"。严敏口中的好莱坞团队,是吕克·贝松经典好莱坞商业科幻灾难大片《第五元素》的美术指导团队,除此之外,还有一支法国团队为内容设计上提供支持。

超一流的团队加上去年的成功,此次东方卫视倒计时灯光秀已经引起世界各大媒体关注,"今年的倒计时会有CNN、BBC等世界各大媒体全球直播,如果说去年只是一次惊艳的表演,现在我们的目标就是和纽约时代广场等倒计时一样,成为世界跨年迎新标志,不仅代表上海,更成为中国的标志性迎新活动"。

征集2013名普通中国人　灯光秀展现中国人形象

虽然关于灯光秀的细节严敏并不愿意过多透露,还是想把惊喜留在倒计时的最后一刻,但在记者的追问下,严敏透露相比去年灯光秀的元素,今年将增加"中国人"的形象,"我们现在设计一个'梦想一刻只看东方'的环节,准备在网络征集2013名普通中国人,邀请他们来上海先期拍摄,最后将他们的形象融入灯光秀中",让全国观众能够不仅是看,更可以参与到这段倒计时成为严敏目前考虑最多的问题。不过被问及将以何种形式展现这个画面,严敏并不愿详细回答。

据悉,这次征集活动将在东方卫视官方微博平台进行。

（资料来源：http://yule.sohu.com/20121218/n360805274.shtml）

思考题：

1. 为了达到"不仅从技术层面,也从创意层面让今年的倒计时灯光秀再次让全球惊艳","梦圆东方·2012东方卫视跨年盛典"策划的创新之处是什么？

2. 从演艺文案写作的角度来看,报道中的"我们是全中国独一无二的灯光秀"这句话的写作依据和作用是什么？

第九章

赛事文案

学习目标

1. 了解赛事文案的概念和写作要求。
2. 掌握赛事活动策划案、赛事报道文案的写作。

基本概念

赛事　赛事文案　赛事策划　赛事报道

第一节　赛事文案写作概述

一、赛事文案的概念

（一）赛事

作为会展产业的一部分，赛事纷繁众多。赛事也可以称作是比赛活动，比较通行的定义是指所有参赛方都遵守相同规则，有组织的比赛。

（二）体育赛事

关于体育赛事，一般指比较有规模、有级别的正规体育比赛。

目前，全球规模大、影响力大的体育赛事有世界杯、奥运会、一级方程式赛车、美国男子篮球职业联赛以及各类洲际体育赛事和各单项体育组织的世界锦标赛等。又例如，足球赛事有意大利足球甲级联赛、法国足球甲级联赛、德国足球甲级联赛、西班牙足球甲级联赛、英格兰足球超级联赛、欧洲联盟杯、欧洲冠军杯、世界杯、欧洲足球锦标赛和美洲杯等。

（三）赛事文案

赛事活动需要有文案工作的支持。在大型赛事活动中，有专门负责大型赛事活动文案工作的人员，他们需要协助项目经理、媒体经理完成赛事的新闻发布会、开赛仪式、闭幕式以及媒体联系、跟进和落实，负责配合赛事执行部门完成相关活动的前期筹备和现场组织工作等。

从广义上来说，凡是围绕赛事活动所做的文案都可以称为赛事文案，如赛事公告、赛事计划、赛事新闻等。

二、赛事活动的策划与组织

对于赛事的组织者来说，策划与组织是赛事运作的核心环节。

为了完成赛事目标，需要开展相关的市场调研，进行项目立项，确定赛事主题，实施赛事计划，开展一系列的赛事管理与服务工作，这些工作的顺利实施都需要有科学、合理的赛事策划与组织。

赛事策划与组织是一个进行专业分工和建立使各部分相互有机协调配合的系统过程。由于赛事策划与组织的根本目的是为了保证赛事目标的实现，因而，要做到"事事有人做"，亦即每一个部门都应明确任务和职责，目标统一，协调一致。

以竞技体育为代表的赛事蕴含着巨大的商机和社会效益。尤其是国际体育赛事，具有窗口的作用，它可以向世界展示举办地政治、经济、文化、教育、科技、交通和国民素质的综合水平，既能加深与世界各国的理解、交流与联系，又能推动本地的国际化进程。因此，赛事活动也得到越来越多的重视。

随着经济全球化的持续发展，国际性赛事也呈现出新的特点，例如，现代奥林匹克运动会每一届都会显示出新的时代特征。赛事的策划与组织必须要遵循时代性、创新性、系统性、规范性、可行性等原则；而这些原则在执行层面，也体现在赛事文案的写作要求上。

三、赛事文案的写作要求

（一）系统专业

在赛事文案中，对各类赛事活动的策划方案的写作，包括赛事项目的前期调查、市场分析、方案策划、方案培训等具有很强的专业性和系统性。文案人员必须具有一定的策划与组织能力，这样才能准确把握赛事文案的写作要领，写好赛事文案。

（二）规范可行

文案人员一般要具有较强的创作、编辑及写作能力，能独立创意、组织和完成赛事整体策划项目,包括制定项目策略、撰写策划方案等;熟悉国内外重大赛事、球队及明星,了解体育项目商务运作规律,尤其是具有体育赛事方面的撰稿实践经验很重要;不仅如此,还应当有良好的沟通和应变能力,善于发现问题和解决问题,能撰写出赛事活动所需要的规范可行的文案。

(三) 品牌高度

随着市场化程度的越来越高,大型赛事活动的策划及组织实施,越来越要求组织者要具有敏锐的感知、把握市场动态和方向的能力。文案人员在撰写赛事的策划及营销方案过程中,要注意收集和分析与公司服务、客户品牌及业务有关的各种信息(包括竞争品牌的最新动向);能为意向客户撰写有针对性的体育赛事营销方案、媒体投放计划及活动执行方案等,并能独立向客户陈述提案。

此外,赛事文案的写作者要能够站在维护赛事品牌形象的高度上,进行赛事品牌策划与流程管理。

(四) 写作形式的多样化

大型赛事活动的特定功能,在特定时期往往容易凸显,作为振奋民族精神、增强民族凝聚力、提升国际地位、展示国家形象的重要手段,当代赛事活动尤其是大型竞技体育已经成为实现国家政治诉求的一种重要渠道。因此,赛事活动特别注重宣传报道工作。对于大型体育赛事来说,媒体是至关重要的营销传播者和平台搭建者。例如,北京奥运会新闻报道的基本理念可以表述为:大奥运、宽体育、专新闻、泛传播、全报道、多媒体、跨国界、小特色。

在写作上,赛事报道的方式多种多样,有专题、消息和评论。一般大型系列赛事,如欧冠、世界杯、奥运会、美国男子篮球职业联赛总决赛等,通常以专题的形式来报道。专题里一般有消息、通讯、特写和评论,种类比较齐全;而比赛中出现的突发事件,一般是用评论和消息的形式来呈现。

第二节 赛事活动策划文案

一、赛事活动策划文案的特性

作为项目策划的一种,赛事活动策划是一种具有建设性、逻辑性的思维过程,目的是将所有可能影响决策的决定汇总,对赛事项目的执行起到指导与控制作用,最终达到赛事活动所期待的目标。

赛事活动策划文案的核心是策划书,是以赛事活动为策划对象的文案,其主要的特性是具有目的性、社会性、创造性、时效性和前瞻性。

二、赛事活动策划文案的构成

赛事活动策划文案主要有以下几个部分构成。

（一）封面

封面包括策划组办单位、策划组人员、日期等。

（二）前言

前言阐述赛事项目策划的目的、主要构思、策划的主体层次等。

（三）目录

赛事策划文案内容的层次排列,给读者以清楚的全貌。

（四）正文

赛事策划文案的主体部分。

三、赛事活动策划文案的主要内容

赛事种类繁多,情况复杂,因此,策划文案的内容也各不相同。赛事项目策划书的格式可以根据实际情况进行增减,文字要做到简明扼要、逻辑性强,可适当运用图表、照片、模型等来增强项目的主体效果。具体方案应具有可操作性,数字准确无误,运用方法科学合理,层次清楚。

一般而言,赛事策划书的主要内容包括以下方面。

（一）赛事项目概述

对赛事项目策划书进行整体、概括性陈述,内容包括：赛事活动项目主题、项目背景、项目目标、项目实施地点、项目时间、主要问题、预期风险以及预期所要达到的目标等。

（二）赛事项目实施计划

赛事项目实施计划主要介绍赛事项目执行过程中的具体实施步骤,起指导作用。

（三）赛事项目经费预算

为了更好地指导赛事项目活动的开展,需要把项目预算作为一部分在策划书中体现出来。

（四）赛事时间进度表

赛事时间进度表包括策划部门创意的时间安排以及赛事项目活动本身进展的时间安排，在时间安排上要留有余地，并且具有可操作性。

（五）相关附件

赛事项目策划书还会有相关的参考资料，其中所运用的二手信息材料要注明出处，以便查阅。此外，一些赛事的基本要求，如报名须知、竞赛规程等通常也会作为附件列入策划书（参见相关链接9-1）。

 相关链接9-1：2012上海国际马拉松赛竞赛规程

一、主办单位

中国田径协会、上海市体育总会

二、承办单位

上海市体育竞赛管理中心

三、协办单位

上海市田径协会、黄浦区体育总会、静安区体育总会、徐汇区体育总会、上海东亚体育文化中心有限公司、五星体育、东方卫视、上海市对外服务有限公司。

四、竞赛日期及地点

2012年12月2日（星期日）7:00

起点：上海中山东一路外滩陈毅广场；

马拉松、半程马拉松终点：上海体育场火炬台广场；

健身跑终点：上海展览中心。

五、报名日期：

报名时间：全、半程：10月6日～11月10日，健身跑：11月1～18日。

报名办法详见《2012上海国际马拉松赛报名须知》。

六、比赛项目

1. 男、女马拉松（42.195公里）。
2. 男、女半程马拉松（21.097 5公里）。
3. 男、女健身跑。

七、路线

马拉松（42.195公里）

外滩(陈毅广场)—中山东一路—金陵东路—河南南路—南京东路—广西北路—九江路—南京西路—华山路—常熟路—淮海中路—西藏南路—高雄路—制造局路—龙华东路—日晖东路—龙华中路—龙华路—宛平南路(全半程分流)—云锦路—龙耀路(逆行)—龙腾大道(逆行)—瑞宁路(逆行)—江滨路(逆行)—富润路(逆行)—龙华东路(逆行)—半淞园路(逆行)—花园港路—苗江路—半淞园路—龙华东路(逆行)—富润路(逆行)—江滨路(逆行)—瑞宁路(逆行)—龙腾大道(逆行)—龙水南路—龙吴路—龙耀路(折返)—龙吴路—龙华西路—中山南二路—上海体育场(终点)

半程马拉松(21.0975公里)

外滩(陈毅广场)—中山东一路—金陵东路—河南南路—南京东路—广西北路—九江路—南京西路—华山路—常熟路—淮海中路—西藏南路—高雄路—制造局路—龙华东路—日晖东路—龙华中路—龙华路—龙华西路—中山南二路—上海体育场(终点)

健身跑

外滩(陈毅广场)—中山东一路—金陵东路—河南南路—南京东路—广西北路—九江路—南京西路—上海展览中心(终点)

八、参赛办法

1. 参加马拉松赛比赛者必须年满20周岁(1992年12月2日前出生),参加半程马拉松比赛者必须年满16周岁(1996年12月2日前出生)。坚持长跑锻炼,并经注册医疗机构体格检查,证明身体健康,适宜参加该项比赛。

2. 参加健身跑比赛者必须年满10周岁(2002年12月2日前出生),身体健康者均可参加。

以下疾病患者不宜参加比赛:先天性心脏病和风湿性心脏病患者/高血压和脑血管疾病患者/心肌炎和其他心脏病患者/冠状动脉病患者和严重心率不齐者/糖尿病患者/其他不适合运动的疾病患者。

3. 马拉松限报8 000人、半程马拉松限报10 000人、健身跑限报12 000人,额满为止。

4. 按《报名须知》要求每人必须填写报名表,办理报名手续。

5. 关于参赛者参加运动员等级达标活动的事宜。

(1) 达标项目仅限全程项目,且只进行二级(包括二级)以上等级达标活动。报名参加运动员等级达标活动的参赛者须按照组委会专设的程序进行报名,并提交本人1寸正面免冠照片和第二代身份证的电子版扫描件。

(2) 参加运动员等级达标者,参赛时须持身份证与专业运动员一起单独检录,组委会在现场将认真查验报名信息。

(3) 组委会将为参加运动员等级达标者编排单独颜色或号段的号码布,以利于区分其他参赛选手。

(4) 组委会将在赛后1天将比赛成绩在官方网站上进行公示,参加运动员等级达标者可于成绩公示无异议后10天内到赛事组委会申请开具成绩确认函,随同成绩证书一起提交到地方体育局办理等级证书,没有确认函者不能办理等级证书。

(5) 申请等级运动员需在报名时另外缴纳100元申请费。

九、竞赛办法

1. 采用国际田径联合会最新竞赛规则和中国田径协会竞赛规则。根据需要对参赛运动员进行兴奋剂检查。

2. 运动员比赛号码由组委会统一编发。

3. 参赛运动员必须于12月2日上午6:00到起点按竞赛项目分别进行检录。7:00鸣枪起跑。

4. 关门距离和时间(小时)。

健身跑终点	半程马拉松终点	10公里	30公里	35公里	37公里	全程马拉松终点
1小时	3小时	1小时45分	4小时15分	5小时	5小时20分	6小时

5. 有关竞赛的具体要求和安排,详见《参赛运动员须知》(在领取号码布和计时芯片时发给)。

十、奖励办法

(一) 马拉松项目

1. 名次奖(美元)。

名次	一	二	三	四	五	六	七	八
奖金	45 000	25 000	12 000	6 000	5 000	4 000	3 000	2 000

2. 破纪录奖。

(1) 破马拉松世界纪录,奖励100 000美元。

(2) 破上海国际马拉松赛马拉松赛会纪录,奖励10 000美元(只奖励第一名)。

(3) 上述奖励只按获得的最高一项奖颁发,不累加。

3. 在6小时内跑完马拉松者发给赛事奖牌、成绩证书。

(二)半程马拉松项目

1. 名次奖(美元)。

名次	一	二	三	四	五	六	七	八
奖金	1 000	700	600	500	400	300	200	100

2. 破上海国际马拉松赛半程马拉松赛会纪录奖励1 000美元(只奖励第一名)。

3. 在3小时内跑完半程马拉松者发给赛事奖牌、成绩证书。

(三)健身跑

不计取成绩和名次,参加者均发给"参赛纪念证书"。

十一、处罚办法

对犯规证据确凿,违反赛风赛纪的参赛者,组委会将至少给予以下处罚。

1. 取消该参赛者(包括被冒名顶替参赛者)在本次马拉松比赛中所取得的比赛成绩和名次。

2. 两年内暂停该参赛者(包括被冒名顶替参赛者)参加上海国际马拉松赛。

3. 在组委会官方网站上公布处理结果,如该参赛者(包括被冒名顶替参赛者)涉及参加运动员等级达标,将向其办理等级证书的有关体育局致函公布处理结果。

4. 将处罚名单上报中国田径协会进行进一步的处罚。

十二、技术官员、技术代表、裁判员

由中国田径协会和上海市田径协会负责选派。

十三、机构

上海国际马拉松赛组委会

地址:上海市中山南二路1500号东亚大厦602室

电话:021-64397092、64285971

传真:021-64811020

邮编:200030

上海国际马拉松赛网址:www.shmarathon.com

上海国际马拉松赛电子邮箱:general@shmarathon.com

十四、未尽事宜,另行通知

上海国际马拉松赛组委会

二○一二年十月二十三日

(资料来源:上海国际马拉松赛网 http://www.shwarathon.com)

第三节　赛事报道文案写作

一、赛事报道文案的概念

赛事报道是广泛运用于各类报纸、杂志、电视、电台、网络等新闻传媒的赛事文案。赛事报道，分赛前、赛后报道，它以大量新鲜的实例做分析，或简略或细解赛事新闻。

从赛事策划与组织的角度来说，赛事报道属于宣传报道工作的主要内容之一。从新闻发布会的制定到确定新闻报道的主题、撰写新闻宣传计划、组织实施新闻宣传活动等都离不开赛事报道这一中心工作。

二、赛事报道文案的特征

（一）新闻性

赛事活动最具有新闻性。一般来说，新闻价值的体现，关键在于该新闻是受众想知道又无法预料的事实；越能吸引受众，越具有新闻性；赛事新闻亦是如此。

在国际体育综合性竞赛中，最具影响、最扣人心弦的就是各种不确定性新闻。

（二）丰富性

据统计，全世界几乎每天都有一项国际级的大型运动会举行。同时，各个国家还会每年定期举行国家级运动会。

赛事项目十分丰富。例如，在2012年夏季奥运会上，共有26个大项的竞赛：田径、赛艇、羽毛球、跆拳道、篮球、拳击、皮划艇、自行车、马术、击剑、足球、体操、举重、手球、曲棍球、柔道、摔跤、游泳（包括跳水、花样游泳和水球）、现代五项、网球、乒乓球、射击、射箭、排球、帆船、铁人三项，总计300个小项。

赛事的丰富性、多样性，使报道内容的信息源源不断，从而吸引着热爱与关注各种赛事的受众。

（三）娱乐性

在实际生活中，赛事活动始终与人们的休闲娱乐需要紧密地联系在一起。娱乐休闲性是赛事新闻的基本特征。由于赛事活动本身具有健身、娱乐、健康、向上、大众化、普及化等积极因素，因此，人们对赛事的认识、了解和参与也随之成为日常生活中必不可少的内容。

（四）国际性

随着竞技运动竞赛的频繁举行，各个项目、各个地区的国际性运动竞赛组织也相继成立,使当代国际竞技运动竞赛组织形成了规模大、数目多的特点。这些组织为竞技运动竞赛的国际化创造了条件。

赛事新闻主要是以报道赛事活动为主,赛事活动具有国际性特征,决定了赛事报道的国际性特点。

(五)情感性

赛事活动本身就是一种高情感体验的运动形式。例如,在各种场合的国际竞技运动大赛中,经常能看到参赛者胜利后,激动与眼泪交织在一起,在运动场上狂喜地奔跑和跳跃;也常会看到参赛者失败后,抱成一团悲痛的哭泣的场景。

赛事报道是以人为核心的新闻,既然是以人为核心的报道,就应该充分地展现对人的情感的尊重、对新闻背后人的内心世界的揭示。

三、赛事报道文案的写作要点

(一)注意平时积累,全面掌握信息

平时要注意积累赛事知识,对各种体育赛事项目要深入了解。报道某一赛事不能只单纯地报道那些结果性的东西;文案是否耐读,是否信息量充分,写起来是否能做到游刃有余,这和平时的积累有很大关系。

赛事活动之前,文案人员要全面的查阅与赛事相关的资料,掌握的资料越翔实越好。掌握资料的途径包括阅读相关报刊、文献以及利用网络查询等。

网络是获取信息的最重要的来源。各大门户网站都会时时关注国外各种体育赛事网站和著名报刊网站的信息,也可以直接到国外网站上浏览、收集信息,从而保证新闻的时效性。

(二)做好先期采访,力求客观真实

掌握信息最重要的途径是实地调查采访,对于二手资料一定要注意去伪存真,避免以讹传讹。

赛事报道先期对情况的了解和采访很重要。一般来说,赛事开始后,运动员和教练员都很紧张忙碌,不会有时间和精力接受采访,像对比赛成绩的预测、对比赛的想法可以事先进行采访。

(三)报道要出特色,避免简单描述

赛事报道要报道什么、重点在哪里,应该事先策划好。这样,在调查采访与写作中才能做到心中有数,重点突出。整个报道过程要有计划性,要报道什么,采用什么样的形式,

怎样达到自己需要的报道效果,每一步都要有规划,这样出来的报道才有力度。

只是对于赛事进程繁琐描述的文案往往不受欢迎,还需要有其他信息融入赛况里面。在互联网、电视报道铺天盖地的情况下,很难有什么特别的独家新闻。赛事报道要有特色,应在分析能力、预见能力上下功夫,不人云亦云,特色自然就会出来。

第四节 赛事文案范例

一、2013世界超级模特大赛中国冠军赛

(一)大赛总则

1. 大赛名称:2013世界超级模特大赛中国冠军赛
2. 主办及承办单位

主办机构:世界超级模特组织

运营机构:世界超级模特组织有限公司

承办机构:北京福腾影视文化发展有限

联合承办:中央人民广播电台央广视讯 北京青年报——北青新媒体

特别支持:中国儿童少年基金会圆梦基金

首席网络视频媒体:风行网

独家网络支持:新浪网

(二)关于世界超模组织

世界超级模特组织(World Super Model Organization,WSMO)是由美国加利福尼亚州政府批准注册的公益性法人社团组织,总部位于美国洛杉矶,在英国、澳洲、南非和中国香港都设有分支机构。与全球各大模特经纪机构建立了长期的合作关系,拥有一批世界顶级水平的赛事管理团队和专家评审团。旗下的各项模特赛事一直以来都坚持专业性、艺术性和思想统一性,侧重在各国模特选手之间的交流,为选手的后续发展提供了广阔的业务空间。

经世界超级模特组织批准中国再次成功取得了2013世界超级模特大赛中国冠军赛的举办权。本届大赛全国各分赛区将在5月全面启动。世界超级模特大赛作为国际知名品牌被引入中国,已经在中国连续举办了四年,引起社会广泛关注。预计未来五年,全国各分赛区将有数万名佳丽报名参加比赛。中央电视台、凤凰卫视、香港卫视和举办分区赛的各省、直辖市、自治区电视台,上百家报纸、通讯社、电台、期刊、新华网及国外新闻机构和电视台都将报道这一盛事,全国将有数亿观众通过电视转播和现场观看大赛盛况。世界超级模特大赛的成功举办,必将引领中国文化时尚,推动梦想起航。

（三）举办时间和地点

2013世界超级模特大赛中国冠军赛于2013年4月在中国举行。

（四）中国冠军赛规则

（1）在任何情况下，评判委员会的裁决都是最终的，且不回复任何询问。

（2）如果选手不能遵守大赛的规则章程，大赛组委会有权取消她作为参赛候选人或获奖者的资格。

（3）如果有选手被取消参赛资格或在决赛中参赛选手弃权，大赛组委会拥有更换决赛选手的权力。

（4）如果获奖者不能兑现依照大赛章程和规则中所作的承诺，大赛组委会有权收回她的头衔并收回所有的奖励，并把该奖项依次颁给下一名选手。

（5）参赛选手需同意大赛组委会有全权使用其照片以及在大赛期间所拍摄的所有照片和影像资料，同意大赛组委会为了宣传目的在任何公众媒体上无偿使用。在这种情况下，参赛者的照片和影像资料将不再归还其本人。

（6）比赛期间，参赛选手在大赛组委会安排组织下参加商务推广宣传（包括时装表演等形式）或进行慈善爱心等活动均为义务行为。

（7）参赛选手须参加大赛组委会组织的宣传推广活动，在电视、广播、网络等任何媒体上的活动均为义务行为。

（8）参赛选手有义务按大赛组委会的要求，决赛结束后在举办地滞留必要的时间，以参加组委会在决赛后安排的各项活动，如个人展示、赞助商回报或商业推广活动等。

（9）中国区总决赛冠、亚、季军获得者及各单项奖获得者，有义务为支持大赛作出贡献的企业和企业品牌进行商务推广活动，并在赛事期间签署必要的法律文书。

（10）在中国区总决赛期间，大赛组委会应对参赛者投保以防范事故风险。中国分赛区比赛期间，分赛区承办方仍需为参赛者投保以防事故风险。

（11）中国区总决赛期间，中国赛区组委会须做好选手的安全保卫工作。中国分赛区比赛期间，分赛区承办方需做好分赛区选手的安全保卫工作。

（五）参赛选手须知和必须遵守的事项

（1）参赛者必须于规定的时间到达大赛举办地，按时参加比赛。

（2）参赛者从到达大赛举办地时起至大赛结束期间，言谈举止要得体，不得有不良行为，自觉维护大赛的品牌形象。

（3）参赛者在比赛期间应遵守组委会的安排，积极认真地参加组织者安排的所有活动，除非提前向组委会提出书面申请，并获得批准，否则不可以任何借口拒绝参加。

(4) 参赛选手在大赛期间不可接受任何私下的约会和雇佣,不得在未经大赛组委会批准的情况下接受新闻记者的采访、拍照。

(5) 在赛事举办期间,参赛者须妥善保管自己的钱物,如有丢失责任自负。

(6) 参赛选手必须积极认真地参加大赛组委会安排的培训、排练。

(7) 自觉遵守大赛章程、规则和大赛组委会有关的制度规定,服从评委的评判,自觉维护大赛秩序。

(8) 参赛选手应做到和谐友好,公平竞争。

(9) 参赛选手参加分赛区初赛时,应携带报名表、身份证复印件(参赛者提交身份证复印件时,请参赛者在复印件的身份证复印部分上注明"仅限参加世界超级模特大赛中国冠军赛使用"字样)。

(六) 中国区总决赛区域划分及比赛程序

本次大赛分赛区分别是:辽宁、黑龙江、吉林、北京、天津、河北、山西、内蒙古;上海、江苏、浙江、山东、安徽、福建、江西;广东、广西、湖北、湖南、海南;河南、重庆、四川、云南、贵州、西藏;陕西、宁夏、甘肃、青海、新疆;台湾、澳门、香港。大赛由分赛区比赛(预选、复赛、决赛)、中国区总决赛、全球总决赛三个阶段完成。

分赛区选送分赛区决赛的前3名选手参加中国区总决赛。选送选手须由分赛区承办方提供该选手参加分赛区所有轮次比赛的记分表和相关照片,组委会要求的其他资料,以及中国区总决赛报名表。如发现有虚假、伪造等违规者,大赛组委会有权核实并取消该选手参加决赛资格,并对相应责任机构或责任人进行追究。

上述选送人数为原则人数,中国赛区组委会有权根据实际情况对各分赛区选送人数进行调整,但必须按分赛区名次进行按优选送,其他所需资料不变。

(七) 中国区总决赛赛程安排

1. 预告期

时间:2012年5月至6月

2. 各地分赛区的酝酿、设立,选手开始网上统一报名

时间:2012年5月中旬至2012年9月中旬

3. 分赛区赛事阶段

时间:2012年9月下旬至2013年1月30日前

各地分赛区展开选手培训、初赛、复赛、决赛等各项赛事活动,完成分赛区全部比赛项目。

4. 中国区总决赛阶段

时间:2013年2月至2013年4月

(1) 入围选手报到、培训,举办相应的主题活动;
(2) 举办分站式比赛;
(3) 举办单项奖比赛;
(4) 举办总决赛及颁奖晚会,冠、亚军获得者代表中国参加在美国举行的世界超级模特大赛全球总决赛资格。

(八) 中国区决赛比赛内容

比赛包括以下内容。
(1) 镜头前的表现;
(2) T 型舞台的表演;
(3) 综合访谈;
(4) 英语水平;
(5) 泳装展示;
(6) 晚礼服展示;
(7) 民族服装展示;
(8) 休闲服饰展示;
(9) 才艺比赛(才艺比赛部分设声乐和舞蹈单项比赛)。

(九) 中国区总决赛评委组成

大赛组委会将组织国内外著名艺术家、著名的时尚人物和模特经纪人、影视明星、社会名人、服装设计师、世界超级模特组织代表等担任大赛各阶段评委。中国区总决赛组委会指定1~2名评委担任分赛区评委。各分赛区之各轮评委应事先报中国赛区组委会同意。

各轮比赛的评委数量必须是单数。各分赛区评委名单和相应资料应在该轮次比赛开始前7天由分赛区承办方向中国赛区组委会递交,由大赛组委会审核、批准。

初赛、复赛评委名单限定在当日比赛现场对外公布,分赛区决赛评委,可提前3天对外公布。中国区总决赛的评委名单将在比赛前3天内公布。

(十) 中国区大赛决赛奖项设立

(1) 中国区总决赛设冠、亚、季军各一名。
(2) 中国区总决赛冠、亚、季军获得者在中国区各级分赛区获奖选手中产生。
(3) 中国区总决赛冠、亚、季军获得选手代表中国参加2013世界超级模特大赛全球总决赛。
(4) 中国区总决赛组委会举办中国区总决赛及颁奖晚会。

(5) 中国区总决赛单项奖设置如下。

最佳身材奖、最佳才艺奖、最佳网络人气奖、最佳上镜奖、最佳风采奖、最具活力奖、最佳气质奖、最佳舞台表现力奖等。

(6) 中国区大赛决赛设十佳超模。

(7) 中国区大赛分赛区的奖项设置参照中国区决赛的奖项设置。

（十一）获奖选手奖励

中国区总决赛奖项设置：冠、亚、季军，单项奖，十佳超模。

均可以得到中国区组委会奖励，奖励分奖杯、荣誉证书、奖品或奖金。

冠、亚军可代表中国参加在美国举行的2013世界超级模特大赛全球总决赛。

（十二）中国区大赛组委会组织机构设置

中国赛区组委会设：

组委会名誉主席；

组委会主席；

组委会执行主席；

组委会执行秘书长；

组委会副秘书长。

组委会设办公室，组委会办公室是组委会的日常办事机构。

组委会设运营中心，组委会运营中心是整个赛事的工作机构。运营中心设策划导演部、赛事活动部、招商合作部、财务部、接待保障部、媒体统筹部、法务和安全部。

（十三）附则

(1) 分赛区选手报名费不超过100元人民币，此外均不得向选手收取任何参赛费用。参加中国区总决赛的选手，不需缴纳报名费。

(2) 赛事日程以及其他事宜如有变动，将按照中国区总决赛组委会通知为准；

(3) 大赛章程最终解释权归2013世界超级模特大赛中国冠军赛组委会。

（资料来源：http://www.worldsupermodel.com.cn）

范例分析：

本范例全面介绍了"2013世界超级模特大赛中国冠军赛"的举办总则和规则、时间和地点、参赛选手须知和必须遵守的事项、赛程安排、奖项设置以及大赛组委会组织机构设置等的详细情况。这是一般赛事最常见的一种推介性文案，多用于对赛事活动的宣传与推广。作为广为宣传的赛事材料，要求在文案写作上做到简洁、明了、清晰、可行。

二、"李宁杯"全国极限精英邀请赛策划书

（一）赛事简介

赛事名称："李宁杯"全国极限精英邀请赛

主办单位：国家体育总局、中国极限运动协会

策划推广：首都体育学院体育赛事研究所

举办时间：××××年××月

赛程时长：比赛计划3天（周五、周六、周日）

举办地点：北京工人体育馆

参赛选手：国内选手——国内各单项排名前6位选手均将参赛；其他国内各省市极限俱乐部与个人选手可公开报名参赛。

赛事奖励：总奖金15万元，各单项奖励前八位选手。

竞赛办法：

(1) 全国各俱乐部选手和个人选手公开报名参赛，在华的外籍选手也可报名参赛。

(2) 大赛分初赛、总决赛/全明星赛两个阶段进行。

(3) 采用公开赛赛制，所有选手可报名参加任一分赛站的比赛，在任一赛站中获前3名成绩即可进入全国总决赛；在全国总决赛中获得滑板/BMX小轮车/直排轮滑街区赛3个项目前三名的选手可参加全明星赛与世界极限明星进行对抗。

比赛项目：

BMX小轮车街区赛

滑板街区赛

直排轮滑街区赛

（二）赛事商业推广计划提纲

1. 赛前

① 新闻发布会。

② 征集大赛标志。

③ 征集服务志愿者。

④ 街舞、街球、乐队选秀。

⑤ DV大赛宣传及报名。

⑥ 数码摄影比赛宣传及报名。

⑦ 涂鸦表演作品征集。

⑧ 大赛门票推广派赠活动。

2．赛中

① DV大赛。

② 数码摄影比赛。

③ 涂鸦作品大赛。

④ 乐队演出。

⑤ DJ打碟表演。

⑥ 炫闪街舞秀。

⑦ 动感街球。

⑧ 极限体验营。

⑨ 录像游戏区。

⑩ 极限运动装备展。

⑪ 赞助商产品展示及推广活动。

⑫ 现场有奖游戏活动。

3．赞助计划（略）

① 赞助商结构。

② 赞助商权益。

③ 名誉礼遇权。

④ 现场广告权。

⑤ 公关活动权。

4．媒体推广计划

1）媒体曝光权

冠名赞助商：

（1）保证冠名与赛事名称同时出现在各类宣传品和计划媒体报道中；

（2）赞助商广告牌在电视播出画面中将得到充分曝光；

（3）安排冠名赞助商代表接受媒体采访；

（4）在媒体报道中充分体现冠名赞助商品牌，并在部分报道中对冠名赞助商进行介绍；

（5）大赛官方网站的报道中将显示冠名赞助商LOGO，并建立网站连接。

指定赞助商：

（1）赞助商广告牌在电视播出画面中将得到充分曝光；

（2）在报刊报道中提及赞助商品牌；

（3）大赛官方网站的报道中将显示指定赞助商LOGO、建立网站连接。

指定供应商：

（1）赞助商广告牌在电视播出画面中将得到充分曝光；

(2) 大赛官方网站的报道中将显示指定赞助商 LOGO,并建立网站连接。

2) 宣传品广告权

主要宣传品包括:工作证、裁判证、嘉宾证、各类车证、秩序册、海报、门票及其他印刷品。

3) 主要合作媒体

(1) 电视。

(略)

(2) 通讯社:新华社。

(3) 报纸:(略)。

(4) 杂志。

《博》、《运动休闲》、《户外探险》等。

(资料来源:首都体育学院体育赛事研究所,作者:王平 http://www.docin.com/p-172929650.html)

范例分析:

本范例主要介绍了"李宁杯"全国极限精英邀请赛策划的"赛事商业推广计划提纲"。在赛事策划与组织中,这只是系列文案的一个部分,提纲中的每一个小标题在实际操作时都需要细化,最终要形成具有可操作性的系列方案。

三、中央电视台 2012 年伦敦奥运会报道方案

- CCTV 伦敦奥运会报道规模和理念

历届奥运会之所以能在全世界获得这么大的支持和关注,与新闻媒体的报道,尤其是电视媒体的转播是分不开的。据统计,北京奥运会期间,全球有 400 多亿人次通过电视收看了比赛,伦敦奥运会的电视收看人次可能还会更多。

中央电视台是伦敦奥运会在中国的独家持权转播机构,届时将形成以 CCTV-1 为旗舰频道、CCTV-5 为主频道、CCTV-7 为辅频道的组合报道体系。奥运期间,CCTV-新闻等频道发挥新闻报道优势,自由灵活报道奥运;高清频道与 CCTV-5 并机播出。

伦敦奥运会期间,中央电视台将在伦敦国际广播中心建立 1 000 平方米的前方报道中心,在开、闭幕式、田径、游泳、体操、乒乓球、羽毛球、篮球、排球、射击、赛艇、皮划艇等重点项目设立现场评论席、混合区直播点等单边报道资源。在奥林匹克中心区的电视塔上(TV Tower)还将建立一个外景演播室。

中央电视台将继承"充分利用奥运品牌资源,全方位、多渠道地实现传播效益最大化"的总体报道思路。在报道中强调"以人为本",并用多种制作方式最大限度突出现场,最大限度突出现场中的中国元素。在报道理念中,还将强调"充分展示竞赛魅力,传递爱国主

义和体育精神"。

竞赛魅力——突出的是"赛事"。把赛事播出放到最核心的地位,投入的所有频道都将围绕赛事资源展开。

爱国主义——是所有奥运会电视转播机构都强调的理念。奥运会在各项体育赛事中拥有最广泛的收视人群,而联结家庭的纽带就是"爱国主义"。

体育精神——挖掘每一个比赛过程,通过一个个竞争、胜利、失败、坚持的故事,感染电视观众。

- CCTV伦敦奥运会开、闭幕式播出方案

(一)开、闭幕式转播原则:充分利用开、闭幕式资源,精心安排重播时间

(1)开、闭幕式的直播时间均在深夜时段,可以充分利用各频道深夜时段的大量闲置资源。

开幕式直播时间:2012年7月27日凌晨3点12分

闭幕式直播时间:2012年8月12日凌晨3点

(2)根据雅典奥运会和北京奥运会开、闭幕式的重播收视情况看,半数以上重播取得了超出上月同期的收视成绩,开、闭幕式资源的重复利用具备高收视的潜力。

(3)国外奥运会开幕式转播:由于时差原因,美国NBC将2008年奥运会开幕式进行了推迟播放。NBC认为推迟播放有利于收视,因为此前,媒体已经对北京奥运会开幕式美轮美奂的宏大场面作了大量的图文并茂的报道,加上各国媒体对北京奥运会的一片赞誉之声,使得美国观众已经迫不及待地要"后"睹为快。以此来看,伦敦奥运会开闭幕式的重播是很有收视基础的。

(二)开、闭幕式播出方案

(1)直播:在CCTV-1、CCTV-5、CCTV-新闻和高清频道直播。

① CCTV-1、CCTV-5和高清频道按照常规方式进行开、闭幕式直播。

② CCTV-新闻借鉴广州亚运会的成功经验,用新闻的方式全程直播开、闭幕式。

(2)重播:鉴于伦敦和北京存在时差,重播价值更大。CCTV-1、CCTV-3、CCTV-5和CCTV-7各频道适时安排开、闭幕式文艺演出部分的重播。

(3)伦敦残奥会开、闭幕式:在CCTV-5播出。

- 伦敦奥运会赛事播出方案

(一)赛事报道原则:赛事资源利用效率最大化,形成各有侧重、互为补充的频道组合体系

(1)CCTV-1是旗舰频道,在收视率和影响力等方面能够实现整体效益的最大化,因此是精品赛事的优先选择频道;CCTV-1在保证《新闻联播》、《焦点访谈》、《晚间新闻》等

重要新闻节目正常播出的前提下,对奥运会项目特别是赛事直播优先安排。

(2) CCTV5 是专业报道奥运会的主频道。体育频道从 2012 年 7 月 1 日 0:00 起,将采用"奥运频道"的台标和呼号。奥运会 16 天,奥运频道将采取全天直播,节目编排围绕伦敦奥运会展开。赛事转播突出现场、突出中国元素,以精良的制作展现竞技的魅力。

(3) CCTV-7 具有覆盖高、往年奥运会赛事转播收视效果突出的优势,奥运期间 CCTV-7 作为赛事报道的辅助频道。以充分利用赛事资源为目的,协助 CCTV-1 和 CCTV-5,播出高水平、精彩赛事。

(二) 赛事播出方案

1. CCTV-1 赛事报道方案:直播最精彩的奥运赛事

1) 赛事直播时间安排

2012 年 7 月 27 日至 8 月 11 日 16:00～19:00、20:00～22:00、22:30～次日 6:30

2) 直播赛事类型安排

根据 2004 年及 2008 年奥运会收视表现,重点选择射击、体操、举重、乒乓球、游泳、跳水、柔道、蹦床、羽毛球、皮划艇、排球、篮球等中国代表队夺金概率高的优势项目和观众关注度高的赛事进行直播。

在直播赛事上 CCTV-1 具备优先选择权。

3) CCTV-1(香港)特殊编排

CCTV-1 转播奥运赛事期间,CCTV-1(香港)进行特殊编排。新闻节目保留《新闻联播》、《焦点访谈》,整个频道采取特殊编排。

2. CCTV-5 赛事报道方案

1) 赛事直播时间安排:突出体育专业化特色

赛事期间每天 16:00－次日 06:30 为赛事直播时段,以比赛直播为主要形态,播出中国优势项目、国际高水平赛事。转播中突出现场、突出中央电视台的单边报道;强化比赛的专业解说;利用多种表达方式和节目形态介绍相关人物、背景、知识,丰富转播内容。

2) 赛事重播

重播一档:每天 08:30－12:00 为赛事精选时段,以直播精编、录像等多种方式,利用白天时段弥补因时差造成的收视困难,选择关注度高、影响大的高水平精彩赛事做录像首播或重播。利用多种形式发布比赛结果、预告当日各频道转播的赛事资源。

重播二档:每天 13:00～16:00 赛事精选时段,同样以直播精编、录像等多种方式,进一步选择关注度高、影响大的高水平精彩赛事,并加入解读性的表现形式以及多种形式发布比赛结果、预告当日各频道转播的赛事资源。

3. CCTV-7 赛事报道方案

1) 赛事直播时间安排:充分利用其他赛事资源

伦敦与北京存在 7 个小时的时差,北京时间 19:00～20:00 为伦敦时间的 12:00～

13:00,该时间赛事资源较少,保留 CCTV-7 原有的精品栏目。

在 7 月 28 日～8 月 12 日每天 16:00～次日 6:30 安排赛事直播,每天 8:30～16:00 安排精彩赛事录像。后方完成制作、播出。

2) 直播赛事安排

安排在 CCTV-1 和 CCTV-5 容纳不下的赛事直播资源。

4. CCTV-高清频道将与 CCTV-5 并机播出,满足电视观众收看高清信号的需求

5. CNTV 奥运报道方案:体育新媒体

中国网络电视台 CNTV 将同以上开路频道达成互相促进的传播策略,充分运用奥运会赛事信号,及单边、ENG 素材进行直播、录播、点播。充分利用网络技术以分享、评论、聊天等方式报道赛事、新闻、人物。IPTV、手机电视等其他媒体终端将围绕个性需求打造内容,突出新的传播方式对奥运资源的利用。

- 伦敦奥运会新闻专题报道方案

奥运专题栏目

1) CCTV-1 新闻专题栏目

在 7 月 28 日～8 月 12 日 13:00～14:30 安排新闻专题节目《全景奥运》(暂定名),以新闻资讯与专题报道相结合的方式,全面报道奥运会赛事、人物、花絮。弘扬主旋律,突出新闻性、故事性和鲜活性。

2) CCTV-5 新闻专题栏目

每天 06:30～08:30 为早新闻《早安奥林匹克》(暂定名)。以大量资讯为主,充分利用持证优势。

每天 12:00～13:00 为午间新闻专题节目《奥运午间报道》。根据时差特点、利用午间时段,盘点、梳理全天赛事,推动新一个比赛日的开始。

伦敦残奥会报道方案

8 月 29 日至 9 月 9 日将举行伦敦残奥会,只在体育频道和新闻频道报道。

(资料来源:http://1118.cctv.com/sqecial/2012aoyan/20120302/118040.sheml)

范例分析:

第三十届夏季奥林匹克运动会于 2012 年 7 月 27 日至 8 月 12 日在英国伦敦举行。奥运会是中央电视台重要的战略性节目资源,作为国内独家持权转播机构,中央电视台对奥运会进行了全程转播。由于伦敦与北京存在 7 个小时的时差,如何做到既保证赛事直播和奥运报道安排上的全台一盘棋,又能兼顾到中国观众的收视实际情况,这需要对各频道进行统筹协调,统一布局。范例中的报道方案充分显示出中央电视台作为主流媒体的策划组织水平和播报赛事活动的实力。

本章前沿问题

大型体育赛事是一个宏大的组织与运作工程,它与会展的属性——众人集聚、交流交易、集体活动等既相融,又有其特殊性。关于"大会展"的概念,目前在学术界仍处于争论中。

练习与思考

1. 名词解释:赛事文案。
2. 简述赛事文案的写作要求。
3. 试述赛事策划文案的构成。
4. 试述赛事策划文案的主要内容。
5. 试述赛事报道的特征与写作要点。
6. 阅读下列材料并思考问题。

斯诺克该不该有主场气氛

客观地说,斯诺克中国公开赛已经进驻北京8年,尽管赛场内工作人员会不停地示意观众安静,但手机铃声、板凳的声音、照相机快门的声音、咳嗽声以及观众走动的声音仍然此起彼伏。一些观众对观赛礼仪缺少了解,成为了不当行为频发、困扰球员和比赛的主要原因。随着中国公开赛关注度的增加,怎样引导观众正确观赛成了赛事主办者亟待解决的问题。

然而,除了这些必要的礼仪之外,斯诺克比赛需不需要主场气氛呢?

"当然需要!"一位裁判告诉记者,尽管斯诺克是一项绅士的运动,但如果没有了激情,任何一项运动都会消亡,"国外的球迷看球也有倾向性,甚至会去想办法干扰对方球员的情绪,不过这要挑选时机,不能在比赛进行的时候干扰比赛正常进行,而是通过比赛间隙,通过'嘘'声和口哨声去干扰。当然,如果对方球员发挥出色,作为观众应当大方地给予掌声。"这位裁判表示,其实本次中国赛的观众算是很懂球的,"昨天,现世界排名第一的塞尔比以5:0横扫中国选手李行晋级,迎来的只是现场观众如潮般的掌声"。

(资料来源:杜涛.扬子晚报.2012-03-29)

思考题:
1. 结合材料分析赛事报道中"对新闻背后人的内心世界的揭示"的特点。
2. 结合材料从赛事报道的写作要点分析"报道要出特色,避免简单描述"的问题。

第十章

会展评估与总结文案

学习目标

1. 了解会展评估和总结文案的概念。
2. 掌握会展评估报告和会展总结报告的撰写。

基本概念

会展评估　会展总结　评估报告

第一节　会展评估文案

一、会展评估的概念

会展评估是对会展环境、会展工作和会展效果进行系统地、深入地评价,主要是指对一个会展项目的运营状态、实际效果和各方反映等情况进行调查、取证、分析和评价,从而使各会展项目之间或同一项目的各届会展活动之间能够进行客观的比较评价。作为会展运作流程中一个承上启下的环节,会展评估是一个从根本上解决重复办展、无序竞争的最有效手段。

会展评估是会展工作的重要组成部分,一般包括对会展前台工作和后台工作两方面的评估。评估后台工作主要是对会展环境以及会展筹备和组织工作进行评估,在会展结束时完成;评估前台工作主要是对会展人员工作水平和会展效果进行评估,需要在会展结束时以及后续时间里跟踪调查评估。

会展评估工作,根据其评估内容的侧重点不同,可以有几种分类方法:从宏观角度,可分为对会展社会效果的评估和对其经济效果的评估;从表现形式角度,可分为对会展交易效果的评估和会展本身效果的评估;从时间角度,可分为对会展即时效果的评估和潜在效果(长期效果)的评估。

二、会展评估的工作程序

会展评估是一项时间性强、涉及面广、内容复杂的工作,因此,在开展评估工作时,一定要合理地组织和有计划地进行。会展评估一般可为评估前准备、组织评估小组、制订评估计划、调查收集资料、分析测算和撰写评估报告六个阶段。

(一) 评估前准备

在签订委托评估合同后,开始准备工作,主要是熟悉会展项目情况,分清评估的重点和难点,与评估将会涉及的相关人员建立起沟通渠道,指定项目负责人和联络人等。

(二) 成立评估小组

根据会展项目的行业特征和繁简程度,由项目经理选择专家组成评估小组。其成员一般包括:市场分析人员,负责会展项目举办的必要性、市场分析等评估内容;工程技术人员,负责场馆设施的技术要求、设备安装、环境保护等评估内容;财务、经济分析人员,负责会展项目的投资估算、财务分析、资金来源和经济评价等评估内容;其他辅助人员。

(三) 制订评估计划

评估小组成立后,应首先制订一个详细的项目评估计划,以指导评估工作的正常进行。评估计划包括以下内容。

(1) 评估内容。按照会展项目的特点、性质,提出需要解决的问题,明确评估目的。

(2) 评估重点。根据会展项目的具体情况,提出评估重点。例如,会展题材所在市场状况及其发展趋势、会展地点选择是否恰当、投资估算及资金落实情况、会展本身的先进适用性、主要参展商及目标观众选择的合理性、财务及经济效益等。

(3) 资料清单。包括展出品市场分析资料、投资估算依据、场馆设施的技术资料、财务和经济分析的基础数据、会展服务商(物流、旅游、住宿等)的资质证明等。

(4) 进度安排。

(四) 调查收集资料

围绕评估计划和人员分工情况,分头对评估所需资料和信息进行调查、收集,并加工处理。通常需要收集的资料有:市场资料,包括展出品市场的供求现状、趋势、价格、来源和销售方向等;可行性研究报告中的各项原始数据及必要依据;有关制度、规定、规范和办法等。在调查和搜集过程中,应注意数据资料的可靠性、准确性和完整性。

（五）分析测算

在对调查资料进行加工整理的基础上，对项目进行全面分析，测算会展计划的执行情况，主要包括市场分析、技术分析、基本财务及经济数据预测、财务分析、经济分析、风险分析和社会评价。

（六）撰写评估报告

会展评估报告是评估机构将分析测算的结果按照既定格式形成的文字报告，反映市场状况的有关信息并包括某些调研结论和建议。会展评估报告是会展评估活动过程的直接结果。评估报告不能以会展项目相关利益方的口气来撰写，而应站在第三方的立场上，大量运用比较分析的方法，提供有说服力的评估结论。

三、会展评估报告的撰写

（一）会展评估报告的内容结构

会展评估报告可能因评估的具体内容而有所不同，但一般来说其内容结构主要包括以下内容。

1. 评估背景和目的

调研人员要对评估的具体原因加以说明，还需阐明评估目的，最好引用相关背景资料为依据，分析会展活动等方面存在哪些问题。

2. 评估方法和工具

（1）评估对象。说明从什么样的对象中抽取样本进行评估。

（2）样本容量。例如，抽取多少观众作为样本，或选取多少实验单位。

（3）样本结构。根据什么样的抽样方法抽取样本，抽取样本后的结构如何，是否具有代表性。

（4）资料收集、处理方法及工具。尤其要指出用什么工具、什么方法对资料进行简化和统计处理。

（5）实施过程及问题处理。

（6）调查完成情况。说明调查完成率，及部分未完成或调查无效的原因。

3. 评估结果

评估结果是将评估所获得的资料整理出来，除了用若干统计图表来呈现以外，报告中还必须对图表中的数据资料所隐含的趋势、关系和规律加以客观描述，也就是说要对评估结果加以说明、讨论和推论。评估结果所包含的内容应反映出评估目的，并根据评估标准的主次来突出所要反映的重点内容。一般来说,评估结果中应包含以下内容:展台效果、成本效益比、成交笔数、成交额、接待客户数量、观众质量等。

4. 结论和建议

要用简洁、明晰的语言给出结论,如阐述评估结果说明了什么问题,有什么实际意义;必要时可引用相关背景资料加以解释、论证。建议是针对评估结论提出可以采取哪些措施以获得更好的效果,或者如何处理已存在的问题,最好能提供有针对性的具体方案。

(二)会展评估报告的格式

1. 标题

会展评估报告的标题一般由会展名称和"评估报告"字样组成,如"2013年中国国际文化产业博览会评估报告";如果是对参展商参展评估的报告则要写上"参展"字样,如"2013年中国国际文化产业博览会参展评估报告"。

2. 署名

会展评估报告可以以组办单位或参展单位的名义撰写,也可以委托专业的评估机构撰写,署名一般置于标题之下。

3. 正文

(1)开头。一般是介绍评估的目的、背景、过程和方法;也可以简要介绍展会的基本情况。如果委托专业的评估机构撰写,则撰写人要对评估的由来或委托进行该评估项目的具体原因加以说明。

(2)主体。这部分是具体描述会展评估报告的各项指标和结果。在表述方法上,既可以对应各项评估标准,列出评估结果的各项数据;也可以采用各种形式的图表,辅以文字说明等,要求做到数据准确、材料与观点统一、语言简练。

(3)结尾。用简洁明晰的语言做出结论,提出建议。

4. 附件

附上说明性的图表或资料等。

5. 日期

在正文的右下方写明提交的具体日期。

(三)会展评估报告的写作要求

① 语言简洁,有说服力。
② 报告必须以严谨的结构、简洁的体裁将调研过程中各个阶段收集的全部相关资料

整合在一起,不能遗漏重要的资料,但也不能将一些无关资料统统写进去。

③ 注意仔细核对全部数据和统计资料,务必使资料准确无误。

④ 报告应该针对展会评估活动所要解决的问题提出明确的结论或建议。

第二节　会展总结文案

一、会展总结的含义及作用

会展总结包括两层含义:一是总结工作;二是总结报告。

总结工作贯穿于会展工作的全过程,资料的收集、记录工作从会展项目筹备时就要开始,收集方式与评估资料相同,可结合起来做,但总结所需材料比评估的范围更广泛。

会展活动总结的作用是统计、整理资料,研究、分析在本届会展项目推广过程中已做过的工作,为未来会展项目推广工作提供数据资料、经验和建议。因此,一份客观、公正的展后总结对办好下届展会有重要意义。展后总结应着重从营销效果和项目市场调查——展览会在市场同类项目中所占的市场份额、优劣势比较、竞争者情况等方面进行。

二、会展总结与展后评估报告

会展活动总结与展后评估报告的主要区别是,前者主要用于内部交流或呈报给上级领导作为业绩考核的参考,是主办方、组展方、参展商对办展或参展行为所作出的一个主观总结;展后评估报告主要是给外界的相关利益者看的,要通过媒体对外公布,有些真实的数据或瑕疵不会透露,它更多侧重于展览效果分析方面,多采用定量分析评估的方法,且应委托独立的第三方机构进行客观评估。

相比展后评估报告,展后总结涉及的内容会更广泛、更细化,可以说,它包含展后评估报告,主要侧重于对办展的各项组织工作或参展的工作安排等方面进行自查,较多采用定性描述和分析方法。

三、会展总结报告的主要内容

(1) 对会展项目策划进行总结。主要包括:会展项目举办时间、地点、展品范围、会展项目规模、展览定位、会费和展台的价格、人员分工、展览品牌形象策划等。

(2) 对会展项目筹备工作进行总结。

(3) 对会展招商工作进行总结。主要包括:目标参展商数据库的建立和维护、展区和展位划分、会展题材的契合度、招展价格的合理性、招展分工、招展代理、招展进度、招展宣传推广、招展策略等。

(4) 会展招展和宣传推广进行总结。主要包括:目标观众数据库的建立和维护、招商分工、招商宣传推广、招商进度、招商渠道的建立、招商成本效益比等。

(5) 对会展服务情况进行总结,主要包括服务质量和提供方式两方面。

(6) 对会展现场管理工作进行总结。

(7) 对会展供应商工作进行总结。

(8) 对会展的工作日程表进行总结。

(9) 对会展的客户关系管理进行总结。

第三节　会展评估与总结文案范例

一、第二届中国—东盟博览会评估报告(总体评价部分)

第二届中国—东盟博览会比首届有长足进步,特色更加鲜明,组织管理坚强有力,专业化、国际化水平进一步提高,展会获得政治、经济、文化三丰收。

(一) 特色更加鲜明

本届中国—东盟博览会具有以下不同于国内其他贸易类专业展览会的鲜明特色:进口与出口相结合,以进口为主;投资与引资结合,以中国企业"走出去"为特色;经贸盛会与外交舞台高度融合。

1. 进口与出口相结合,以进口为主

强调中国对东盟市场开放,做东盟商品进入中国的桥梁。对于东盟一些国家补贴展位费,吸引东盟客商参展与会,东盟参展商品据悉,没有运回国的,全部在展会销售或会后留购。本届博览会中,东盟10国及其他国家、地区共使用展位782个,占室内展位的27.4%;境外观众占本次展会观众数的7.07%。这样高的境外参展商和专业观众的比例在国内贸易类专业展会中是不多见的。

2. 投资与引资结合,以中国企业"走出去"为特色

中国企业借助中国—东盟博览会的平台,主动走出国门开展投资合作。本次签约的项目中,有7个是投资越南、印度尼西亚及朝鲜的矿产开采和矿产品加工项目,表明中国与东盟及周边国家在原材料领域的合作也在进一步加强。

3. 经贸盛会与外交舞台相融合

中国—东盟博览会既是一次经贸盛会,又是一次多边国际活动。本届博览会期间共举行了12场国家领导人会见:中共中央政治局常委、国家副主席曾庆红分别会见参会的东盟国家领导人及经贸部长;缅甸和老挝领导人也相互举行了会谈。博览会期间东盟国

家领导人为博览会致辞或写来贺信,柬埔寨驻南宁总领事馆举行了开馆仪式。博览会增进了中国—东盟之间的了解,充分体现中国与东盟睦邻友好、建立面向和平与繁荣的战略合作伙伴关系的宗旨和意图,务实地推动了中国与东盟国家区域经济合作的深入发展。

(二)组织管理坚强有力

广西壮族自治区举全区之力办好第二届中国—东盟博览会。博览会指挥中心各成员单位联合办公,打破部门界限,以任务为中心,条块结合、衔接紧密、调度灵活、运行可靠、统一高效。东盟博览会秘书处在筹备工作中付出极大的心血和汗水,工作卓有成效。

第二届东盟博览会会前做了大量的宣传及客户邀请工作,重视发挥境外商协会的组团参展参会作用,加大境外招商招展力度;更有针对性地邀请专业观众。使本届博览会专业观众也向五大类商品集中,参会人员中专业观众比例扩大,洽谈和成交明显增加。本届博览会协助客商积极开展买卖配对和投资撮合,为国内展会所不多见。展区功能设置更加方便客商,展馆内设置了更多的洽谈区,还常设签约中心,为各国和国内各省市区提供了投资推介、项目签约的平台。专题活动形式创新,内容殷实;重视展会知识产权工作;呼叫中心式客户服务中心国内首创,国际先进;对于众多国家领导人的政治保卫工作十分出色;展会交通疏导总体上比较成功;接待工作考虑到宗教需求,努力提供个性化服务;餐饮多元化,确保提供安全的"绿色食品";展位配套服务总体上能够满足参展商需求。

当然本届博览会也还存在一些不足之处:境外宣传力度不够大;展区划分有待于进一步专业细分;会展中心的交通疏导尚须进一步突出便利客商等。

由表10-1可见,参展商对于本届东盟博览会的组织管理认可程度不太高,博览会的服务水平有待于进一步提高。

表10-1 参展商对本届博览会组织管理和服务水平评价

序号	参展商对博览会组织管理和服务水平评价	选择该项的参展商数	占比例/%
1	非常好	2	0.65
2	好	46	15.03
3	一般	71	23.20
4	差	146	47.71
5	非常差	41	13.40
6		小计:306	

较多的参会客商认为本届博览会专业化程度一般,详见表10-2。

表 10-2　参展商对于本届东盟博览会的专业化程度评价

序号	参展商评价	选择该项的参展商数	占比例/%
1	非常高	0	0
2	高	39	17.11
3	一般	110	48.25
4	低	56	24.56
5	非常低	23	10.09
6		小计：228	

参会客商总体上认为博览会需要改进的服务项目依次为宣传推广、现场服务、参展企业质量、展台配套服务、住宿、交通、卫生服务、餐饮、安全服务、旅游、娱乐等，详见表10-3。

表 10-3　参展商认为东盟博览会需要改进的服务项目

序　号	博览会需要改进的服务项目	选择该项的参展商数
1	宣传推广	286
2	现场服务	278
3	参展企业质量	266
4	展台配套服务	164
5	住宿	103
6	交通	87
7	卫生服务	53
8	餐饮	42
9	安全服务	36
10	旅游	20
11	娱乐	16

（三）专业化、国际化水平进一步提高

第二届东盟博览会的专业化、国际化水平进一步提高，在专业化方面达到国家经贸委制定的专业性展览会等级的划分及评定的有关标准，在国际化方面达到国际展览联盟规定的注册标准。

1. 本届东盟博览会的专业性展览会等级评定

国家经贸委制定的《中华人民共和国商业行业标准 SB/T 10358—2002 专业性展览会等级的划分及评定》中将专业性展览会的等级评定分为四个级别,由高到低依次为 A 级、B 级、C 级、D 级。等级的划分是以专业性展览会的主要构成要素为依据,包括:展览面积、参展商、观众、展览的连续性、参展商满意率和相关活动等方面。其中对专业展览会等级的具体评定标准做出规定。

本届博览会的参展商满意率由表 10-4 可见。

表 10-4　参展商对于本届东盟博览会的整体印象

序号	参展商对博览会整体印象	选择该项的参展商数	占比例/%
1	非常好	33	11.91
2	好	170	61.37
3	一般	58	20.94
4	差	14	5.05
5	非常差	2	0.72
6		小计:277	

从现场随机抽样调查结果看,参展商对于本届东盟博览会的整体印象感觉"非常好"和"好"的占 73.28%,说明参会客商总体上对于本届东盟博览会的满意率为 73.28%。

对照上述标准,第二届东盟博览会达到 D 级标准。D 级标准为:展览面积不少于 1 000 平方米;展览期间专业观众人次与观众总人次的比值不少于 30%;同一个展业性展览连续举办不少于 2 次;参展商满意率调查的总体评价结论为"很满意"和"满意"的数量总和,应不低于参展商总数的 60%。本届博览会展览面积共 7.6 万平方米,远大于 1 000 平方米;展览期间专业观众占现场所有观众数量的 43.92%,大于 30%;东盟博览会具有展览连续性,已经连续举办 2 次;参展商对本届博览会总体印象的满意率达 73.28%,超过 60%。

2. 本届东盟博览会达到国际展览联盟规定的注册标准

国际展览联盟规定的注册标准为:国际展览至少需要 2 万平方米的面积,20%国外参展商,4%的海外观众,展览会主办机构收入费用的 20%要用于海外推广和组织宣传活动。

第二届东盟博览会展览面积达 7.6 万平方米,27.4%的国外参展商,境外观众占本次展会观众数据的 7.07%,展览会主办机构收入费用的 20%以上要用于海外推广和组织宣传活动。显然该博览会已经达到国际展览联盟规定的注册标准。

(四）展会效果较之首届有长足进步

本届东盟博览会比首届东盟博览会有长足进步，很好地贯彻了曾庆红副主席的指示："中国—东盟博览会要常办常新，越办越好。"

与首届中国—东盟博览会相比，本届博览会展馆面积6万平方米，增加了22%。设国家专题、商品贸易专题、投资合作专题、旅游专题四大展区，共16个展厅，总展位3 300个，比首届增加800个；参展企业近2 000家，比首届（1 506家）增加33%；东盟10国及其他国家、地区共使用展位782个，占室内展位的27.4%；客商总数达到2.5万人，比上届增长29%，其中中国大陆采购商1.2万人，境外采购商6 000人。重点引导中国与东盟贸易额较大、相互有市场的5大类170种商品参展，即机械设备、电子电器、五金建材、轻工工艺、农产品和食品，更加集中反映双边经贸合作的实际情况。

与上届博览会相比，本届博览会的贸易、投资等成果更为显著：商品交易更加活跃，投资促进活动更加务实，贸易配对和项目对接更加优化，展区功能设置更加方便客商，政界、商界对话平台更加健全，"10＋1＞11"的效应初步显现，中国与东盟共享合作成果与实际利益等方面。本届涉外项目签约较之上届的变化：一是合作企业所在国家和地区增多。东盟国家由7个（越南、印度尼西亚、新加坡、泰国、马来西亚、柬埔寨、缅甸）增加到9个（新增菲律宾、老挝），东盟以外的国家和地区由第一届的13个增加到22个。二是优势资源深加工项目成为境外投资焦点。来自香港和澳大利亚的3家企业与广西百色市签订了3个铝工业生产项目，总投资达10.25亿美元。三是合作开采矿产与加工成为新热点。四是旅游方面的投资也是外商投资的重点。

关于本届东盟博览会与上届相比进步，境内参展商问卷调查显示，13.29%参展商认为"非常显著"；38.15%认为"显著"；22.54%认为"不明显"；18.50%认为"没进步"；7.51%认为"退步了"。半数以上的参展商认为本届东盟博览会比上届进步显著。

境外参展商36.36%认为"非常显著"（extremely better）；13.94%认为"显著"（rather better）；36.36%认为"有所进步"（little better）；13.34%认为"退步了"（worse）。50.3%以上的境外参展商认为本届东盟博览会比上届进步显著。

境外专业观众中51%认为"显著进步"（rather better）；49%认为"有所进步"（little better）。

境内参展商对于参加下届东盟博览会的意向度调查结果：340人作答，281人选择"参加"，占82.65%；59人表示"不参加"，占17.35%。这意味着超过80%的参展商明年将连续参展。

境外参展商参加下届东盟博览会的意向度调查结果：91人作答，11人选择"一定参加"，占12.09%；79人表示"可能参加"，占86.81%；1人表示"不参加"，占1.10%。绝大多数境外参展商明年将继续参展东盟博览会。

境外专业观众参加下一届东盟博览会的意向度：12.5%表示"一定参加"；73.4%表示"可能"参加；14.1%明确表示"不参加"。大多数境外专业观众明年将会继续参会。

（五）展会获得政治经济文化三丰收

第二届中国—东盟博览会是在中国与东盟经贸合作不断深入，规模迅速扩大、中国—东盟自贸区建设进入全面实施阶段的背景下举办的。东盟国家是中国的友好邻邦，自2003年中国和东盟签署《面向和平与繁荣的战略伙伴关系联合宣言》以来，双边关系进入了全面快速发展的新阶段，各领域合作取得新的进展。今年上半年，东盟已跃升为中国第四大贸易伙伴。特别是今年7月启动了中国—东盟自由贸易区降税计划，标志着中国—东盟自贸区进入全面实施阶段。中国—东盟博览会依托这一大背景，它的举办无疑对中国与东盟经贸合作发展起到进一步的促进作用，同时自贸区建设也为博览会发展提供了条件。本届东盟博览会取得圆满成功，政治、经济、文化三丰收。

1. 政治价值

国家副主席曾庆红指出："我国的外交方针是大国是关键，周边是首要，发展中国家是基础，多边是重要舞台，中国东盟博览会很好地体现了我国的外交战略。"

本届东盟博览会密切了中国与东盟各国的友好往来，为双边政界加强对话与理解提供了很好的平台。博览会会期共举行了12场国家领导人会见，增进了中国与东盟各国的互信与了解，起到了经济促外交的良好效果。东盟博览会已经成为中国与东盟国家之间政治、外交交往的重要场所，密切了战略伙伴关系，扩大了中国和东盟作为一个整体在世界的影响力，初步呈现"10+1>11"的效应。

博览会推动了广西的对外开放，目前，越南、柬埔寨、泰国等东盟国家开始在南宁设立总领事馆或办事处，这将进一步推动广西的对外开放，从而使广西能更好地服务全国、服务东盟。

2. 经济价值

中国—东盟博览会很好地促进了中国与东盟自由贸易区的商品贸易与国际经济合作。

（1）促进中国与东盟自由贸易区的商品贸易

直接促进中国与东盟自由贸易区的商品成交，比上届更富有经贸成效，详见表10-5。

广西得地利之便，在国内各省团成交额中名列第二，仅次于广东省；广西企业成交总金额为16 649.79万美元，占第二届博览会累计成交额的14.46%。南宁的城区道路建设进一步加快，南宁及其周边城市的宾馆、酒店等城市基础设施建设步伐加快，体现了会展对举办地广西壮族自治区地方经济的巨大拉动作用。

表 10-5　第二届中国—东盟博览会商品成交情况比较

项　　别	第二届东盟博览会/万美元	第一届东盟博览会/万美元	第二届比首届增长率/%
累计成交总额	115 127.86	108 366	6.24
出口额	82 259	87 491	5.7
进口额	16 617	11 015	54.5
国内贸易额	16 251.56	9 860	60
合同金额	52 143.05	50 097	4.1
意向金额	62 984.81	38 754	62.52
其中境外企业合计	7 212.15	2 568	180.85
合同金额	4 816.54	159	2 929
意向金额	2 395.6	1 857	29
其中广西企业成交金额	16 649.79	15 392	8.17
出口额	12 370	8 503	45.48
进口额	4 049	2 600	55.73
国内贸易额	230.79	4 289	91.12
合同金额	3 120.89	7 186	56.57
意向金额	13 528.9	7 860	72.12

博览会帮助客商更多地了解中国—东盟自由贸易区知识,对于东盟自由贸易区的商机判断更为明晰。据问卷调查结果,通过参加本届博览会,7%的参展商"原先不了解中国—东盟自由贸易区,参会后了解较多";45.18%的参展商"原先知道一些中国—东盟自由贸易区知识,参会后了解更多";27.19%的参展商"原先了解不少,参会后了解更深入"。对于中国—东盟自由贸易区内存在的商业机会,34.64%的参展商认为"非常多";33%的参展商认为"多";23.53%的参展商认为"一般化";7.84%的参展商认为"少";只有不到1%的参展商认为"没有"。

(2) 促进中国—东盟自由贸易区的国际经济投资合作

本届博览会共收集投资推介项目 6 655 个。其中,中国招商引资项目 5 592 个;对外投资("走出去")项目 336 个;东盟及其他国家和地区招商引资项目 727 个,其中东盟国家 359 个。据不完全统计,本届博览会共签订国际投资合作项目 126 个,总投资 52.9 亿美元,同比增长 5.9%,项目涉及工业、农林牧渔业、矿产开采与加工、商贸物流、房地产开发、能源、旅游、基础设施建设和高新科技等行业,合作方来自亚洲、大洋洲、欧洲、北美洲的 22 个国家以及中国港澳台地区;签订中国内地投资合作项目 263 个,总投资 501.8 亿元,同比增长5.5%。其中投资额超过亿元的项目65个,涉及国内22个省区市。中国农垦、大连市、河北省在大会期间还举办了专场项目签约仪式。

与上届博览会相逼,本届签约项目来自更多的国家(地区)。涉及的东盟国家由首届的7个增加为9个,东盟以外国家和地区由13个增加到22个,不仅促进了相互投资,也促进了世界各国投资商与中国和东盟的合作交往。中国与东盟及周边国家在原材料领域的合作进一步加强,合作开采矿产与加工成为新热点,签订了7个中国企业到越南、印度尼西亚及朝鲜投资矿产开采和矿产品加工的项目。科技继续成为服务贸易的亮点。本届博览会设先进适用技术展区,来自中国科技部"星火计划"、科工委和中科院的248家企业414个项目到会参展,有66个项目达成成交意向,金额7.1亿元人民币。

第二届博览会推出"中国—东盟魅力之城"特别推介,作为今后几届国家专题的主要内容。"魅力之城"精彩纷呈,将中国与东盟的交往、合作由国家层面延伸到城市之间。博览会举行了"魅力之城"主题活动,签署了《"魅力之城"南宁合作宣言》。各国"魅力之城"表示将进一步利用好博览会这个平台,加强各国地方政府、企业之间的交流合作。博览会促进了中国与东盟的合作不断深入,领域不断拓宽。

博览会期间万商云集,各国商协会在组织本国企业参展参会的同时,也开展了相互之间的交流。组委会邀请东盟10国27家国家工商会和重要商协会作为博览会的支持单位,邀请商协会会长作为博览会顾问。10月18日,举行了第四届中国—东盟商务理事会,会议通过了《中国—东盟工商会南宁共同宣言》,宣布将进一步提升中国与东盟国家合作水平,全力推动中国—东盟自由贸易区建设。

东盟博览会成为11国商界交流与合作的桥梁与纽带,成为中国与东盟各国商界相互了解的窗口,联系的渠道,寻求合作的平台,打开市场的钥匙,成为中国与东盟各国企业家的俱乐部。

3. 文化价值

博览会将一些先进的科技新产品向国内外观众进行展示,具有很好的文化教育功能。境内外客商不同国家、地区、制度、历史文化背景的生活方式、观念、思想、信息、知识在博览会平台得以交流传播。

"大地飞歌"艺术节暨博览会开幕式文艺晚会、博览会闭幕式"风情东南亚"歌舞晚会堪称国内顶级水平的文艺晚会,晚会上俄罗斯、瑞典的艺术家带来欧洲风格的艺术节目,中国港台地区的顶级当红歌手登台献艺,与台下的数万名国内外观众双向互动交流,文化交流效果极佳。"大地飞歌"艺术节文艺晚会的实况录像后在中央电视台综艺频道播放,放大了东盟博览会的文化价值。

博览会秘书处与南宁青秀山高尔夫球会在青秀山国际高尔夫球场共同举办第二届CAEXPO高尔夫名人邀请赛、"高尔夫文化周"活动;以"饮食走廊"形式设宴,同时举办为获奖选手颁奖的篝火晚会;广西电视台"寻找金花"节目表演,展现民族新生活,为嘉宾提供一个轻松、愉快的文化交流平台。

(资料来源：商务部国际贸易经济合作研究院、中国会展经济研究中心 http://wenku.baidu.com/view/6196ecd626fff705cc170abe.html)

范例分析：

本范例选取的是第二届中国—东盟博览会评估的"总体评价"部分，评估紧紧围绕东盟博览会的特色、组织管理、专业化、国际化以及政治经济文化价值等指标进行定性与定量的评价与分析，数据翔实、论证有力、语言简洁，堪称会展评估中的典范案例。

二、第 18 届中国义乌(国际)小商品博览会参展商数据分析

本届义博会共有 2 477 家企业 4 265 个展位：五金、电子电器、工艺品、文化办公用品、体育及休闲用品、箱包及皮具、日用品、饰品及饰品配件、针纺织品、玩具及儿童用品 10 个行业，另设贸易服务及电子商务、进口商品、全国妇联来料加工、浙江省山海协作 4 个专区。

(一) 各行业数据比较及占比情况

本届义博会十个展馆分布于一层、二层，共设展位 4 265 个，参展企业 2 477 家，展位总数较上届略有增加。增长行业主要以五金、针纺织品、日用品三个大行业为主，工艺品、文化办公用品、饰品及饰品配件等行业展区规模缩水较明显。

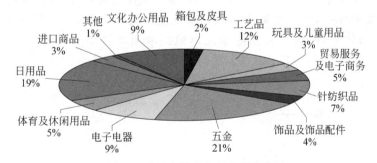

图 10-1　本届义博会各行业所占比例

(二) 老企业参展情况

今年共有 873 家老企业共计 1 843 个展位参展，老企业参展率是 43.2%，与上届相比略有减少，详见图 10-2。

(三) 区域分布情况

本届义博会共有来自国内 29 个省、市、自治区，及中国港澳台地区和境外 63 个国家

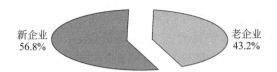

图 10-2　本届义博会老企业和新企业展位数比例

与地区的企业产品参展,与上届相比,义乌的参展企业比例略有缩减,而省内其他各地市企业相对有所增加,境外、中国港澳台地区与外省比例基本不变,详见图 10-3。

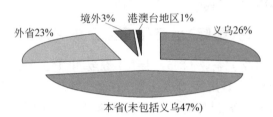

图 10-3　本届义博会参展企业区域分布比例

（四）特装修企业与标准展位占比情况

今年特装修企业有 267 家企业 1 139 个展位占总展位数的 26.72%;标摊有 2 210 家企业 2978 个展位,占总展位数的 69.86%。较去年同期的特装、标摊比例而言,今年特装企业的企业数量与展位数相对减少,其中一部分是因为本身特装企业相对减少,另外今年把采洽区、客商休息区、进口商品活动区单独提取出来共 146 个展位,占总展位数的 3.42%,上届这一部分算入特装比例,详见图 10-4。

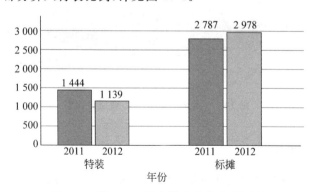

图 10-4　第 17、18 届义博会特装、标摊比较

（五）品牌企业参展情况

本届义博会国家级品牌企业有 53 家企业的 291 个展位参展,占总展位数的 6.83%;

省级品牌有 39 家企业 88 个展位,占总展位数的 2.06%。国家级参展企业的展位数上升了 16 个百分点,而省级和市级品牌企业较上届相对减少,详见图 10-5。

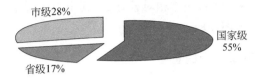

图 10-5　各级别品牌占比

（六）企业参展主要目的

企业参展的主要目的是促进产品销售、展示企业形象、寻求合作,这与义博会的办展目的非常契合,即为企业搭建一个贸易的平台、展示企业形象的平台,详见图 10-6。

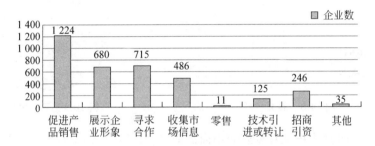

图 10-6　企业参展主要目的

（七）参展商展台的布置方式

参展商展台的布置方式详见图 10-7。

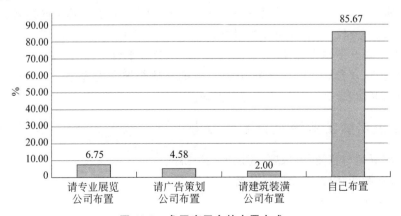

图 10-7　参展商展台的布置方式

（八）展会成效

本届义博会参展企业的成效还是相对较好的，其中表示对本届义博会满意或基本满意的企业占 62.01％，详见图 10-8。

（九）参展商参加下次展会的意愿

图 10-9 显示的是对明年参展商是否选择继续参展的调查结果，其中有 42％ 的参展商表示肯定参加下一届义博会，另有 35％ 的参展商持保留态度，对来年参展有待考虑。这个数据与今年的老企业回头率基本相近，因此义博会每年的老客户都稳定在半数以上。

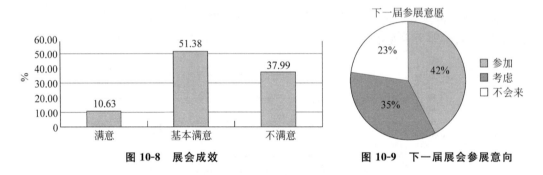

图 10-8　展会成效　　　　图 10-9　下一届展会参展意向

（资料来源：第 18 届中国义乌（国际）小商品博览会组委会 http://www.chinafairs.org）

范例分析：

中国义乌（国际）小商品博览会简称义博会，是唯一经国务院批准的日用消费品类国际性展览会。其前身是中国义乌小商品博览会，创办于 1995 年，从 2002 年开始升格为由国家商务部参与主办的国际性展会。到目前为止，已成功举办 18 届。义博会在专业化程度、国际化水平、信息功能、对外贸易等方面已十分突出，成为我国经贸类展会中档次较高、规模较大、外商较多、成效明显的国家级展会；品牌效应日渐显现，成为国内众多日用消费品生产企业开拓国内、国际两个市场重要的窗口和平台。作为品牌展会，义博会很注重展会评估工作，"参展商数据分析"就是重要的评估与推介内容之一。数据分析就是用数据来说话，简洁、直观、明了，而且说服力强。

三、2012 汉诺威工业博览会展后报告

——以"绿色与智能"为主题，迎接现代新挑战
——观众踊跃，海外观众数量新增长
——合作伙伴国中国展现风采

2012 汉诺威工业博览会在各方面显示出了顶级水准。"契合市场的话题、增长的海

外参展、获益满满的展商,这些因素的整合使 2012 汉诺威工业博览会取得了全面成功。"德国汉诺威展览公司董事局主席冯睿实博士在展会闭幕日的新闻发布会上说道,"汉诺威工业博览会为工业企业带来了新的商机,5 000 多家展商通过展会找到了匹配的买家"。

在"绿色与智能"的主题下,2012 汉诺威工业博览会诠释了以下三点:绿色技术是一种可行的、能推动增长的经营模式;工业能够为生产业的持续发展提供解决方案;绿色技术能够转化成更高的利润率。市场对展会"绿色"方面的兴趣浓厚。近 25% 的观众驻足于 26 号馆的"环保技术与设备"展。

为期 5 天的展会表现出了主办方将能源、环境、电动车、大都市等全球趋势有效得融入活动所做出的努力。"在最近几年提出的展会新主题,现都已成为最新热点,并且为整个展会蓄力。这意味着我们的长期战略是正中目标的。"冯睿实博士说。

汉诺威工业博览会还证明了能源转换为工业带来的巨大机遇。他继续说道:"工业领域有它的专业需求;现在正是我们付诸于行动的时候。"

为期 5 天的展会共吸引观众超过 19 万人。冯睿实博士提道:"今年的观众数超过 2010 年,这在我们的预期内,因为 2010 年受到了火山灰的影响。但是我们没有想到今年能超越 2008 年,并且今年的海外观众人数也取得了显著的增长。今年的展会成绩尤佳。"

今年共有 50 000 名海外观众,较 2008 年增长 1/3 多。其中 20 000 名来自欧洲以外的国家和地区。冯睿实博士说:"不仅来自中国的观众比往年要多,还有来自印度、韩国、巴西和美国的都如此。"欧洲其他国家的参观人数也有所增长。

本次展会进一步证实了其行业领先地位,为高层决策者提供了绝佳的贸易平台。"每五个参观者中就有一位是 CEO 或公司总裁。"专业观众比例达 95%,较 2008 年增长 5%。"国际参与度、优质主题展和高端决策者的结合将汉诺威工业博览会定义成工业、政府和研究领域里缔结新贸易、建立新联系的国际性展会标杆。"冯睿实博士补充道。

作为合作伙伴国,中国在"绿色·智能"的主题下进行可持续增长解决方案的展示。"此次在汉诺威,中国的表现为未来的合作伙伴国设定了更高的标准。中国是一个平等的伙伴国、一个重要的市场和技术驱动者。"中国在汉诺威工业博览会的展出是有史以来规模最大的海外展出。500 家参展的中国企业涵盖了展会的所有板块。国务院总理温家宝和德国总理安格拉·默克尔共同为展会揭幕。

冯睿实博士对下一届汉诺威工业博览会信心满满,他总结道:"目前已有 600 多家公司提交了 2013 汉诺威工业博览会的注册信息。过去几天还不断接到他们的问询关于是否能够预订更大的展位。所以来年的展会很有可能所有展馆都没有虚席。"

(资料来源:http://www.iianews.com/ca/-01-ABC00000000000203567.Shtml)

范例分析:

汉诺威工业博览会始创于 1947 年 8 月,经过六十多年的不断发展与完善,已经成为当今规模最大的国际工业盛会,被认为是联系全世界技术领域和商业领域的重要国际活动。近年来,有越来越多的亚洲、美洲及非洲国家的企业不远万里前往洽谈,使博览会成为一个真正的全球性的盛会。作为会展总结报告的一种形式,"2012汉诺威工业博览会展后报告"在写法上很有特点。

报告抓住这次展会的三个特别之处：以"绿色与智能"为主题,迎接现代新挑战,观众踊跃,海外观众数量新增长以及合作伙伴国中国展现风采。主要引用德国汉诺威展览公司董事局主席冯睿实博士在展会闭幕日的新闻发布会上观点来作印证,从而给人以数据翔实、观点无可争议的印象。这是展后总结报告具有代表性的一种写法。

本章前沿问题

会展评估属于会展运作流程中一个承上启下的环节,是一个从根本上解决重复办展、无序竞争的最有效手段。对会展项目的评估可以由项目主办方自己进行,当然,更多情况是作为今后发展方向的第三方评估。会展评估本身并不是目的,通过确实可靠的评估结果,把好的会展项目推广和扶持起来才是其根本目的。会展评估可以为客户和专业观众选择参观不同的会展项目提供客观标准。

练习与思考

1. 名词解释：会展评估。
2. 简述会展评估的内容结构。
3. 试述会展评估报告的写作格式。
4. 试述会展评估报告的写作要求。
5. 试述会展总结报告的主要内容。
6. 阅读下列材料并思考问题。

关于评估总结报告

评估工作要有报告,从正反两方面反映展览工作、展览效果以及看法。出于宣传需要写的新闻总结稿等不要与评估报告混淆。有关部门急于要展出结果,为满足这方面的需要,可以每天统计一份情况简报,并在展览会结束时尽快写小结报告作为评估素材提供给有关方面。展览的效果是长期的,完整的评估报告往往要在展览会闭幕6个月甚至1年后才能完成。因为,此时后续工作已完成,贸易效果和效益也逐渐显露,参展的总支出已经明了,因而可以判断展出开支是否值得。虽然有关人员和部门(主要是展览业务部门和人员)的兴趣可能已大为减弱,但是,真实地反映展览长期结果和效益的评估报告仍应当交给管理层和决策层。能反映真实情况的评估报告对展出者经营管理有很大参考价值。

会展财务总结报告对企业经营管理有着非常重要的意义和作用。财务总结报告除了应当有基本统计（包括预算、决算等），还应当有反映经营效益、效率、利润的计算和推算。对企业来说，效率、效益和利润是最为重要的。由于展览效果和效益需要比较长的时间才能反映，因此，财务报告可以根据实际情况分为近期的开支报告和远期的效益报告。

会展总结报告还有许多其他种类，比如，展台表现报告、参观者情况报告、展台经理工作报告、展台工作人员工作报告等。展览各方面情况、各环节工作几乎都可以列为专题写出报告。但是否编写要根据需要和条件决定。专题性质的报告大多是为了了解具体情况，解决具体问题。

（资料来源：许传宏. 会展策划与组织. 北京：高等教育出版社，2010）

思考题：
1. 会展财务总结报告的基本内容有哪些？
2. 除了材料中提到的会展总结报告之外，说说看还有哪些种类的会展总结报告？

第十章

会展文案人员的专业素质与培养

学习目标

1. 了解会展文案人员的基本素质要求。
2. 熟悉会展文案人员的专业素质培养问题。

基本概念

文化素质　能力素质　经验素质

第一节　会展文案人员的素质要求

会展文案写作工作是会展策划、会展创意设计工作的延伸,因此,会展文案写作人员应了解会展策划、会展创意设计工作,还应该掌握从事会展工作所应具备的一般知识和能力,以便所撰写的会展文案能符合会展运作的整体要求。

一、文化素质

文化素质也可以说是知识积淀方面的素质。会展文案写作人员的知识素质表现在三个方面:知识结构、知识量和知识更新程度。

从会展学科的应用性特色来看,它牵涉会展信息学(会展信息管理、会展管理信息系统、信息系统分析与设计、决策支持系统、电子商务、互联网技术、多媒体技术、网页制作与网站设计、数据仓库与数据挖掘)、会展传播学(传播学、信息传播学、大众传播)、会展管理学(会展营销管理、会展服务承包商管理、会展项目管理、会展后勤管理、会展场馆管理、会展风险管理、会展融资管理、会展预算管理、会展人力资源管理)、会展经济、会展旅游、会展策划(展览策划、大型会议策划、体育运动会策划、大型文艺晚会策划)、展示设计、会展广告、会展建筑(会展场馆建设规划、建筑设计)、会展政策法规、会展环境、会展美学、会展物流、会展营销、会展文艺、会展文秘、会展安全、会展口岸管理、会展统计、会展外语等方面的内容。

因此,在知识结构方面,会展文案写作人员应该在知识量上做到专与博,即专业知识要专,人文科学知识要博;在知识更新程度方面,会展文案写作人员要能把他的专业知识和每一个业务的实际情况相结合来思考问题。

信息时代知识更新速度不断加快,会展业是密切追随和反映社会变化的行业,会展文案写作人员的知识更新速度一定要紧跟社会的知识变化速度。兴趣广泛、虚心好学也是会展文案写作人员应有的素质。

二、能力素质

能力素质主要表现在以下几方面。

1. 策划能力

会展文案写作人员要具有优秀的策划能力和实际操作能力;要熟悉各类媒体的运作和经营;能对原始的调查资料展开分析;能洞察会展项目的亮点、机会点以及优势和劣势;具有对会展项目宏观把握和统筹分析的能力。

2. 表现能力

会展文案写作人员的表现能力主要指的是文字表达能力,即通过文字把会展策划与创意表达出来。会展文文案写作人员需要文字功底扎实,有较强的语言驾驭能力,熟练掌握各种文体写作,能胜任各类文字工作。

3. 创新能力

创新能力如何、创新成果多少,成为决定一个行业、一届展会、一个企业能否赢得市场竞争成功的重要因素,因此,鼓励会展创新、推进会展创新,已成为实现会展业发展进步的迫切需要。在这种背景下,要能创作出有新意的会展文案,文案写作人员必须具有创新能力。

4. 沟通能力

会展文案人员要有良好的合作精神,能在最短的时间内建起与工作有关的信息网;还要具备优秀的外联和公关能力,具备解决突发事件能力。会展业务的完成,需要会展组办方、策划、文案、设计等人员的通力合作。会展文案写作人员要与其他工作伙伴密切配合,为了保持良好的沟通,会展文案写作人员除了要有团队精神外,对其他工作伙伴所负责的业务也应有一定的了解,如果存在隔行如隔山的现象,是无法进行良好的沟通的。

三、经验素质

会展业有两大显著特点:高度综合性和极强实践性。对于会展文案人员来说,必须具备一些实践的基本素质：如很强的活动能力、组织能力、语言表达能力和沟通能力，思维活跃、知识面广等。业界对会展人才的知识、能力等方面的要求也更多强调具有在实践上的综合素质和应用能力。

所谓经验素质指的是人的特殊的职业感觉力。和其他应用型社会学科一样，会展学科的理论是会展实践经验的总结与升华。这也就在客观上要求会展文案写作人员，除了认真学习已有的专业理论外，平时也要注意总结自己或者他人的会展工作实践经验。今天的经验也许就是明天的理论，是否善于总结经验并应用于日后的工作，往往能反映出会展文案写作人员经验素质的优劣。

此外，随着会展国际化与信息化程度的不断提升，文案人员还应该具有良好的中英文写作、口语、阅读能力，以及熟练使用办公自动化设备与办公软件等的基本经验与素养。

第二节　会展文案人员专业素质的培养

一、学校教育

学校教育是会展从业人员进行专业训练的主要场所。目前，我国开设有会展专业的院系主要集中在旅游、管理、艺术设计、人文和经济商贸等院系。其中，开设在人文和文化传媒类院系的会展专业比较重视对学生的会展文案写作能力的培养。在这些会展专业的教学计划里，往往安排了足量的写作、文学等课程。例如，把基础写作、应用写作、会展文案等写作类课程设置为必修课；把古代文学、现当代文学、外国文学、文学名著赏析等文学作品选读类课程设置为选修课。

会展文案写作人员的学习应包含如下几个方面。

（1）系统地学习会展理论知识，如会展概论、会展策划、会展设计、会展服务与管理、会展法规等；如果能多学习一些会展设计知识，对日后与会展设计人员的沟通与配合也很有帮助。

（2）加强会展文案写作的学习与训练。

（3）尽量多学习文学、美学、社会学、心理学、逻辑学等人文学科的知识，拓宽知识面，提高思维能力的广度与深度。

（4）有意识地去观摩一些优秀的会展文案典型案例，学会自己分析和理解案例中值得学习的地方。

二、公司实践

会展公司是会展从业人员实战的场所。对会展文案写作人员来说，实战既是检验学习成果的时刻，也是增长经验的机会。在日常工作中，会展文案写作人员应勤于实践，善于总结;会展公司则应创造一种既宽松又严格的工作氛围,既要鼓励会展文案写作人员大胆尝试、不断突破自我;也应要求他们严于律己,不能随心所欲地卖弄文字技巧,而应对工作负责,对项目负责。

实践是把理论知识转化为能力的必要途径。无论是学生阶段的模拟练习,还是参加工作后的具体的会展工作,会展文案写作人员都应该全力以赴,对分配到的任务尽量多想几种方式去解决和表现,敢于突破、敢于做新的尝试,以期找到最佳的解决方案。同时,有意识地将具体的会展工作与文案写作联系起来,尝试各种文字表达方式,增长处理各种业务的经验,培养自己全方位的写作能力。

三、其他途径

除了学校和会展公司,会展文案写作人员应该多拓展学习与锻炼的途径。无论是同行的优秀作品,还是一则新闻、一篇杂文,也许都有可以借鉴和学习的地方。在互联网时代,互联网蕴藏着大量信息,它本身就是一个知识的宝库。在不少的会展专题网站,都有值得借鉴的会展文案,借助网络的便利,适时和同行交流经验,取长补短,对会展文案写作人员的水平提高大有裨益。

会展文案写作人员平时应善于总结经验,无论是自己的还是别人的。一个有效的方法是做工作日记——记录自己或他人的工作心得,也可记录生活中所见的会展见闻或一件有趣的事,甚至一句有趣的话,或者自己的即兴创意等。卓越的写作能力来源于日常点滴的积累。

第三节　与会展文案写作人员共勉

一、会展对你来说很重要

荷兰会展专家戴丝瑞·奥瓦内尔在《会展 一门特殊的艺术》中如下写道。

会展对你来说很重要。

会展正是一个吸引顾客的好地方,在很短的时间内,你就有幸遇见一大群你所感兴趣的目标客户群。这个目标客户群特地选择到你的会展来,愿意投入时间和精力这真的给了你一个绝妙的机会,让你可以一下子展现出你公司的不同方面,特别是你的产品或服务。

会展最有效地支持您的销售活动。

① 成果很容易衡量。

② 有一个现成的目标顾客群。

③ 节省一定的费用。

④ 节省一定的时间。

你必须把具体的目标和会展联系起来,这样会展一结束,你就可以查证你是否达到目标。没有任何的营销工具能给你这样及时的衡量。

① 直截了当的接触,面对面的交流。

② 会展实质上是活广告;来访者有机会了解公司产品或服务的多个方面。

③ 不同的感官(眼、耳、鼻等)对交流都会发生作用,这意味着来访者会接受到额外的刺激,因此能更快地被说服,而且事后的记忆会更加清晰。

④ 来访者有机会在同一地点、短暂的时间内见到许多参展单位。

⑤ 参展商面对的是一个已经发生兴趣并特地抽时间来参观这个会展的客人。

⑥ 您有机会使自己在会展竞争对手中脱颖而出;您有机会清醒地、最大限度地展示您的产品或服务的独到之处。

戴丝瑞·奥瓦内尔在揭示会展工作重要性的同时也给会展文案人员提供了另外一个写作角度——参展商与顾客。

对于展会的组织者来说,参展商与顾客是最重要的,文案人员在写作过程中必须适时考虑这个"最重要的"因素。

二、要有惊人的统筹力

做会展,需要有惊人的统筹力、规划力、沟通斡旋能力,需要你反应迅速,为人强硬而又进退有度;同时,对于文案人员来说,你还需要能说善写。

就算是一场最简单的新闻发布会,也需要筹划场地斟选、场地租赁、现场摆台、流程、设计、搭建、道具、人员安排、表演、主持人台本、AV灯光音响、软件视频、摄影摄像、网络直播、礼品购买与包装、记者媒体、新闻通稿、媒体车马费用、接送飞机、嘉宾邀请、安排车辆、酒店入住、嘉宾台本,甚至是盒饭、停车证等无比烦琐的事物。就文案而言,一场新闻发布会,仅落在电脑上的各种演示文稿,数据表格与文字文案就可能有数万字之多,更别提前期各方面的沟通与修改。确切地说,只要客户方面有一点点的修改,便是牵一发而动全身,这要求会展文案人员做出最及时的应变,通过各方面协调,修改文案,最终才能定稿。

三、充满挑战与机会

美国学者桑德拉·L.莫罗在《会展艺术展会管理实务》一书中,录有通过行业成员调查收集的、在会展行业工作的近100种职位的名称、具体工作职责以及学历要求、薪酬范围等。虽然其中没设"文案"这一职位,但是,从相关的职位描述可以看出,"文案"人员大体相当于"行政助理"或"参展商服务助理",对应的职位要求中都有整理文档、数据录入或策划及制作展会相关文案等。

据《会议》杂志进行的一项调查显示,现代的会议策划与文案人员每年要花去几千个小时进行业务活动,从简单的培训会到涉及几千个与会者和几百个参展人员的大型会展等。这是一个令人激动的、丰富多彩的和不断发展着的职业。

现代会议策划与文案人员有以下典型特征。

(1) 男性(54%为男性,女性占46%);

(2) 与大约11个同事共事于同一个部门;

(3) 有8年的业内工作经验;

(4) 年薪52 400美元(工资20 000美元到90 000美元不等,或者更多)

其主要职责从业务谈判到制订活动计划和贸易展览计划、进行会后总结,包括向参会人员进行调查并对每项活动所牵扯的接待设施和服务进行评估。

为获得最佳市场条件,许多人同时附属于几家专业协会。对其专业而言,以下技术最为有用:杰出的文案水平、口笔头沟通能力和组织能力、领导素质、灵活性、应对压力的能力。

本章前沿问题

会展文案工作牵涉很多方面。国外这一职位多由行政助理、助理编辑、参展商服务助理或销售主管、会展经理等承担。

练习与思考

1. 名词解释:经验素质。

2. 简述会展文案人员能力素质所包含的内容。

3. 试述会展文案写作人员应学习的主要课程。

4. 如何理解"将具体的会展工作与文案写作联系起来,尝试各种文字表达方式"这句话?

5. 试述会展文案工作人员的未来挑战与机会。

6. 下面是某会展企业招聘会展文案人员的具体要求,阅读并思考问题。

会展文案岗位职责与要求

(1) 有过会展类工作经验者优先。

(2) 文字功底扎实,有较强的语言驾驭能力,熟练掌握各种文体写作,能胜任各类文字工作。

(3) 良好的合作精神,能在最短的时间内建立起与工作有关的信息网。

(4) 优秀的策划能力和实际操作能力。

(5) 熟悉各类媒体的运作和经营。

(6) 优秀的外联和公关能力，具备解决突发事件能力。

(7) 良好的中英文写作、口语、阅读能力。

(8) 熟练使用操作办公自动化设备及办公软件。

(9) 我们重资质不重资历，重能力不重学历。

（资料来源：http：www.jbo1001.com/Job_Defail.php? companyDetail=cm1276938386183&ZhoapinDetail=43852066）

思考题：

1. 你认为在会展文案岗位职责与要求中，最重要的是哪一条？

2. 比较一下，你如果从事会展文案岗位工作，与材料中的"职责与要求"相比是否还有差距。

参 考 文 献

[1] 毛军权,王海庄.会展文案[M].上海:复旦大学出版社,2005.
[2] 向国敏.会展文案[M].上海:立信会计出版社,2006.
[3] 谭红翔,季永青.会展文案写作实务[M].大连:东北财经大学出版社,2010.
[4] 韦晓军.会展文案写作[M].重庆:重庆大学出版社,2009.
[5] 刘松萍,吴建华.会展文案[M].天津:南开大学出版社,2010.
[6] 伯灵,唐实.实用策划文案范本全书[M].北京:北京工业大学出版社,2012.
[7] 贾振鑫.文艺晚会艺术原理与策划实施[M].北京:中国社会科学出版社,2011.
[8] 许传宏.会展服务管理[M].北京:北京大学出版社,2010.
[9] 许传宏.会展策划[M].2版.上海:复旦大学出版社,2010.
[10] 陈念祖.节庆晚会编导手册[M].上海:上海音乐出版社,2006.
[11] 程淑丽,赵贵廷.会展公司规范化管理操作范本[M].北京:人民邮电出版社,2007.
[12] 朱迪·艾伦.活动策划完全手册[M].北京:旅游教育出版社,2006.
[13] Milton T. Astroff, James R. Abbey.会展管理与服务[M].5版.宿荣江,译.北京:中国旅游出版社,2002.
[14] Leonard Nadler.成功的会议管理——从策划到评估[M].刘祥亚,译.北京:机械工业出版社,2003.
[15] Robinson,A.会议与活动策划专家[M].沈志强,译.北京:中国水利水电出版社,2004.
[16] Arnold M,K.展会形象策划专家[M].周新,译.北京:中国水利水电出版社,2004.
[17] JeAnna Abbott, Agnes DeFranco,王向宁.会展管理[M].北京:清华大学出版社,2004.
[18] 刘松萍,郭牧,毛大奔.参展商实务[M].北京:机械工业出版社,2005.
[19] Deborah Robbe.如何进行成功的会展管理[M].张黎,译.北京:高等教育出版社,2004.
[20] 卢晓.节事活动策划与管理[M].上海:上海人民出版社,2006.
[21] 戴丝瑞·奥瓦内尔.会展一门特殊的艺术[M].上海:上海教育出版社,2004.
[22] 马青.会展设计与布局[M].北京:高等教育出版社,2004.
[23] 李莉.会展服务礼仪规范[M].长沙:湖南科学技术出版社,2005.
[24] 张策.会展业务流程[M].北京:高等教育出版社,2008.
[25] 许传宏,郑耀星,胡林.会展策划与组织[M].北京:高等教育出版社,2010.
[26] Robinson.A.会议与活动策划专家[M].沈志强,译.北京:中国水利水电出版社,2004.